OEUVRES COMPLÈTES

DE MESDAMES

DE LA FAYETTE,

DE TENCIN ET DE FONTAINES.

—

TOME IIIe.

—

IMPRIMERIE DE GUIRAUDET,
RUE SAINT-HONORÉ, N° 315.

OEUVRES COMPLÈTES

DE MESDAMES

DE LA FAYETTE,

DE TENCIN

ET DE FONTAINES.

PRÉCÉDÉES

DE NOTICES HISTORIQUES ET LITTÉRAIRES,

PAR

MM. ÉTIENNE ET A. JAY,

MEMBRES DE LA CHAMBRE DES DÉPUTÉS.

Nouvelle Édition,

ORNÉE DES PORTRAITS DE MESDAMES DE LA FAYETTE ET DE TENCIN.

Tome Troisième.

PARIS,

P.-A. MOUTARDIER, LIBRAIRE,

RUE GIT-LE-CŒUR, N° 4.

1852.

MÉMOIRES

DE

LA COUR DE FRANCE,

POUR LES ANNÉES 1688 ET 1689.

SECONDE PARTIE.

La chasse, le billard et la comédie de Saint-Cyr partageaient les plaisirs innocens du roi. Il allait à Marly tous les quinze jours, et jouait aux portiques, qui est un jeu de nouvelle introduction, où il n'y a pas plus de finesse qu'à croix et pile. Le roi y était pourtant très-vif. Monseigneur donnait un peu plus dans les plaisirs de la jeunesse; car il fut trois ou quatre fois au bal. Monseigneur en donna un; M. de La Feuillade en fit un autre d'une magnificence qui approchait de la profusion. Monseigneur avait fait une partie avec la princesse de Conti d'y aller; le roi ne l'approuva pas, disant que jamais on n'allait à ces sortes d'endroits qu'il n'y eût quelque conte désagréable, et que les femmes d'un certain air n'y devaient pas aller. Cela fit que la princesse, qui aime bien les plaisirs, s'en priva à son grand regret.

A Versailles il y en eut aussi : Monseigneur donna le sien au public; M. le duc et M. le prince de Conti en donnèrent aussi à Monseigneur. Il n'y eut point d'aventure remarquable : madame la comtesse du Roure s'y trouva ; mais Monseigneur est un amant si peu dangereux, que l'on ne parla pas seulement de lui. Il n'y a que madame la dauphine, qui se défie de la force de ses charmes, qui croie qu'il y ait autre chose que les lorgneries qu'elle lui voit ; ainsi la pauvre princesse ne voit que le pire pour elle, et ne prend aucune part aux plaisirs. Elle a une fort mauvaise santé et une humeur triste, qui, jointes au peu de considération qu'elle a, lui ôtent le plaisir qu'une autre que la princesse de Bavière sentirait de toucher presque à la première place du monde. Le goût de Monseigneur aux bals est de changer souvent d'habit, par le seul plaisir de n'être pas reconnu, et de parler à des personnes indifférentes. Les bals de la cour étaient si tristes, qu'ils ne commençaient qu'à près de minuit, et ils étaient toujours finis avant deux heures. La princesse de Conti ne s'y masquait que pour un moment.

Elle a des yeux qui la font reconnaître de tout le monde, et ces yeux-là, quelque beaux qu'ils soient, s'ils lui donnaient le plaisir de les entendre admirer, faisaient éloigner les personnes qui l'auraient pu amuser, par la peur d'avoir le lendemain une affaire auprès du roi. Ainsi la pauvre princesse n'y prenait guère de plaisir, et Monseigneur était assurément celui qui s'y attachait le plus, sans prendre d'autre plaisir que celui du bal.

Les plaisirs n'étaient pas assez grands pour empêcher que l'on n'eût beaucoup d'attention aux affaires de la guerre. Vers ce temps-là, M. de Bavière vint sur le Rhin, à l'heure que l'on s'y attendait le moins, pour reconnaître un peu le pays où il devait faire la guerre l'été, et pour se montrer à ses troupes. Il vint se faire tirer du canon à toutes les places que nous tenions, et s'avança avec beaucoup d'escadrons à la portée d'Heidelberg. Il se retira après s'être montré, et laissa un poste retranché à un quart de lieue de la ville : mais il n'y demeura pas long-temps; car Melac, qui est un vieux officier de cavalerie, sortit sur lui avec de la cavalerie, des dragons et des grenadiers en croupe. On entra très-vigoureusement dans le retranchement, et on tua beaucoup d'ennemis. Ce fut une assez jolie action.

Le maréchal de Lorge partit dans ce temps-là pour s'en aller commander en Guyenne, et le maréchal d'Estrées pour s'en aller commander sur les côtes de Bretagne. On fit marcher des troupes de tous ces côtés-là, parce qu'on avait une très-grande appréhension que les Anglais, joints aux Hollandais, ne fissent des descentes; et cela était sûr, pour peu que les affaires d'Angleterre allassent au gré du prince d'Orange.

Vers les derniers temps du carnaval, lorsque les beaux jours commençaient, le roi voulut faire voir son jardin et toutes ses fontaines au roi d'Angleterre avant son départ : car le passage de ce prince en Irlande commençait à être certain. On avait déjà nommé les officiers qui y devaient passer avec lui; et, comme charité bien ordonnée commence par soi-même, ceux que l'on nomma étaient d'une habileté très-médiocre. On retira beaucoup de vieux officiers, de qui l'on croyait que l'âge avait diminué la force et le courage, des postes où ils étaient, pour en mettre de plus jeunes, en cas que les places fussent attaquées; et on les fournit généralement de ce qui était nécessaire. Calais, entre autres, fut celle pour laquelle on eut plus de peur. Aussi y fit-on travailler très-vigoureusement, et l'on y mit deux ou trois commandans pour se succéder les uns aux autres, en cas qu'il y arrivât quelque chose. Il semblait enfin que tout le monde attendait avec une grande impatience de savoir sa destinée.

Mais sur quoi l'on était encore plus impatient, c'était sur les pensions qui ne se payaient point du tout. La plupart des officiers n'avaient pourtant que cet argent de sûr et de solide. Cela faisait appréhender la continuation de la guerre, quoique d'abord on l'eût souhaitée démesurément; car il paraissait certain, que, puisque après dix ans de paix, ou peu s'en fallait, et le roi jouissant d'un aussi grand revenu, on ne trouvait pas un sou dans ses coffres, deux ans de guerre mettraient un tel désordre dans les finances, que l'on serait obligé de prendre le bien de tout le monde. Pour trouver de l'argent, on commença par créer deux charges de trésorier de l'épargne. On obligea Bremont et Brunet, qui étaient les financiers les plus à leur aise, de prendre ces charges. C'était une taxe fort honnête : il leur en coûtait à chacun sept cent mille livres. Ensuite on créa six nouvelles charges de maître des requêtes, que l'on vendit deux cent mille francs chacune. On rechercha les partisans, dont on tira beaucoup d'argent. M. Betan fut un des plus recherchés, et il paya quatre cent mille francs. Les villes firent des présens considérables au roi;

celle de Toulouse commença, et lui donna cent mille écus; celle de Paris suivit son exemple peu de temps après, elle donna quatre cent mille francs; et puis celle de Rouen donna aussi cent mille écus. Le roi reçut ceux qui lui venaient porter la parole de ces présens avec une douceur et une humanité qui les payaient assez de leur argent.

On avait averti, il y avait déjà quelque temps, le maréchal de Duras qu'il fallait qu'il songeât à partir. Les ennemis se remuaient beaucoup sur le Rhin. Il y en arrivait tous les jours, et l'on était dans de grandes appréhensions à la cour, que la paix de l'Empire ne se fît avec le Turc, et que tous les efforts ne tombassent de ce côté-là. Le maréchal sut profiter de l'occasion : il remplissait la plus grande place de l'état, et il n'avait jamais roulé sur M. le prince et sur M. de Turenne d'aussi grandes affaires qu'il en allait rouler sur lui. De plus, il souhaitait passionnément l'établissement de sa famille avant sa mort, sans quoi, son fils demeurait un très-médiocre gentilhomme de quinze mille livres de rente au plus. Mademoiselle de La Marck, qui était le plus grand parti de France, était déjà trop âgée pour une fille, car elle avait passé trente ans; mais l'incertitude de sa mère en était cause. Il y avait eu des propositions très-avancées, entre autres son mariage avait presque été fait l'année précédente avec le duc d'Estrées. Rien n'était plus sortable, et cependant cela fut rompu tout d'un coup. Tout nouvellement son mariage avait presque été conclu avec le comte de Brione, fils aîné de M. Le Grand, que la naissance et les établissemens de son père rendaient le parti de France le plus considérable. L'affaire avait été si avancée, que les deux partis l'avaient publiée faite ; mais cela s'était rompu, et même avec beaucoup d'aigreur des deux côtés. On proposa donc au maréchal de Duras de faire épouser mademoiselle de La Marck à son fils, s'il pouvait avoir le duché passé au parlement. Il se servit de la conjoncture ; il obtint du roi le duché à cause du mariage, et la fille à cause du duché ; ainsi, quelque disproportion d'âge qu'il y eût, car le fils de M. de Duras n'avait que dix-sept ans, le mariage se fit, au grand contentement du maréchal de Duras, de voir son fils si bien établi ; et à celui de la fille, d'être mariée et d'avoir pour mari un aussi joli garçon que le petit Duras : c'était de tous les jeunes gens le plus joli et le mieux fait.

Vers la fin du carnaval (il n'en restait plus que trois jours, qui étaient destinés à passer en cérémonie, c'est-à-dire un jour un grand souper dans l'appartement du roi, et le mardi-gras un grand bal, en masque, dans le grand appartement), l'on apprit la mort de la reine d'Espagne, fille de Monsieur. Toute la cour en fut affligée, et cela retrancha les plaisirs sérieux dont je viens de parler. La nouvelle en vint le soir assez tard. M. de Louvois, qui est toujours mieux informé de tout que M. de Croissi, quoique celui-ci ait les affaires étrangères, vint l'apprendre au roi, une demi-heure avant que M. de Croissi eût reçu son courrier. Le roi n'en voulut rien dire à Monsieur, le soir, et ne le dit à personne ; mais le lendemain, à son lever, il le dit tout haut ; et, quand il fut habillé, il se transporta à l'appartement de Monsieur, le fit éveiller, et lui apprit cette triste nouvelle. Monsieur en fut affligé autant qu'il est capable de l'être. Dans le premier mouvement, ce furent des transports, et quatre ou cinq jours après tout fut calme. Monsieur l'aimait naturellement ; mais il était encore plus flatté de voir sa fille reine, et d'un aussi grand royaume que l'Espagne. A la vérité, la manière dont elle mourut ajoutait quelque chose à la douleur de Monsieur ; car elle mourut empoisonnée. Elle en avait toujours eu du soupçon, et le mandait presque tous les ordinaires à Monsieur. Enfin, Monsieur lui avait envoyé du contre-poison, qui arriva le lendemain de sa mort. Le roi d'Espagne aimait passionnément la reine; mais elle avait conservé pour sa patrie un amour trop violent pour une personne d'esprit. Le conseil d'Espagne, qui voyait qu'elle gouvernait son mari, et qu'apparemment, si elle ne le mettait pas dans les intérêts de la France, tout au moins l'empêcherait-elle d'être dans des intérêts contraires ; ce conseil, dis-je, ne pouvant souffrir cet empire, prévint par le poison l'alliance qui paraissait devoir se faire. La reine fut empoisonnée, à ce que l'on a jugé, par une tasse de chocolat. Quand on vint dire à l'ambassadeur qu'elle était malade, il se transporta au palais; mais on lui dit que ce n'était pas la coutume que les ambassadeurs vissent les reines au lit. Il fallut qu'il se retirât, et le lendemain on l'envoya querir dans le temps qu'elle commençait à n'en pouvoir plus. La reine pria l'ambassadeur d'assurer Monsieur qu'elle ne songeait qu'à lui en mourant, et lui redit une infinité de fois qu'elle mourait de sa mort naturelle. Cette précaution qu'elle prenait augmenta beaucoup les soupçons, au lieu de les diminuer. Elle mourut plus âgée de six mois que feue Madame, qui était sa mère, et qui mourut de la même mort, et eut, à peu près, les mêmes accidens. Cette princesse laissa, par son testament, au roi son mari, tout ce qu'elle lui put laisser, donna à la duchesse de Savoie, sa sœur, ce qu'elle avait de pierreries, avec une garniture entière de toutes pièces, et à M. de Chartres et à Mademoiselle ce qu'elle avait apporté de France.

Dans le temps que la reine d'Espagne mourut, on assurait qu'il allait se faire un échange de places considérables de Flandre, qui nous étaient nécessaires, contre les places de Catalogne. Cet échange ne devait pas être à perpétuité; mais il servait de gage de fidélité entre les deux rois. Tout cela fut démanché par la mort de la reine. On envoya ordre à l'ambassadeur de se retirer le plus tôt qu'il pourrait.

Pendant ce temps-là, le roi d'Angleterre songeait à son départ pour l'Irlande. M. de Tirconel, qui en était le vice-roi, lui manda qu'il croyait que sa présence était nécessaire. Cela fut fort débattu dans le conseil. Enfin, on jugea à propos que Sa Majesté britannique s'y en allât incessamment. Elle fit partir le duc de Berwick, un de ses enfans naturels, avec ce qu'il y avait ici d'Anglais, d'Écossais et d'Irlandais, pour se rendre à Brest, où ils devaient s'embarquer. Les officiers généraux que l'on avait nommés pour servir avec lui s'y rendirent aussi. M. de Lausun avait envie d'y suivre le roi d'Angleterre; mais il voulait faire ses conditions bonnes. Les ministres n'étaient point fâchés de le voir partir; ils appréhendaient toujours le goût naturel que le roi avait eu pour lui. Ils opinèrent fort à ce qu'il suivît le roi d'Angleterre; mais, quand il fut question de partir, il demanda qu'on le fît duc, et en fit la première proposition à M. de Seignelay, pour la porter au roi. M. de Seignelay lui dit de bien songer à ce qu'il faisait. Le roi reçut très-mal cette proposition, et, quand Lausun parla au roi, Sa Majesté lui répondit très-rudement. Lausun s'excusa, en disant que le roi d'Angleterre lui avait dit de le faire, et prévint le roi et la reine d'Angleterre, afin qu'ils dissent la même chose au roi; ce qu'ils ne manquèrent pas de faire l'un et l'autre. M. de Lausun s'étant vu refusé, ne voulut plus aller en Irlande, et trouva que ce voyage ne lui convenait plus. On nomma Rosen pour y aller en qualité de lieutenant général. Les autres officiers que l'on y avait envoyés étaient Maumont, capitaine aux gardes, pour maréchal de camp; Pusignan, colonel du régiment de Languedoc, pour brigadier d'infanterie; Lesy-Girardin, brigadier de cavalerie; et Boeslo, capitaine aux gardes, pour major général. Ils étaient tous fort honnêtes gens, mais des plus médiocres officiers des troupes du roi. Le seul Rosen, qui est Allemand, était celui sur qui l'on pouvait se confier pour faire tenter quelque chose par lui. Avec cela, l'on envoya cent capitaines et cent lieutenans des corps qui n'étaient pas destinés à servir en campagne, et deux cents cadets. Cela ne laissait pas d'être considérable, et pouvait en peu de temps servir à discipliner des troupes. On travailla à l'équipage du roi d'Angleterre. Le roi lui fit tenir prêt tout ce qui lui était nécessaire, et avec profusion, meubles, selles, housses; enfin, tout ce que l'on peut s'imaginer au monde : le roi lui donna même sa cuirasse.

Le roi d'Angleterre voulut, avant que de partir, laisser quelque marque à M. de Lausun de sa reconnaissance. Sa Majesté britannique vint à Paris faire ses dévotions à Notre-Dame, et y donna à M. de Lausun l'ordre de la Jarretière. En le lui donnant, il mit à son ruban bleu une médaille de Saint-Georges enrichie de diamans, qui était la même que le roi d'Angleterre, qui eut le cou coupé, avait donnée à son fils le feu roi, en se séparant de lui : les diamans en étaient très-considérables. Comme il n'y a que vingt-cinq personnes qui aient cet ordre, il n'y en avait qu'un de vacant, qui était celui de l'électeur de Brandebourg : le roi le donna ici à M. de Lausun, et le prince d'Orange le donna en Angleterre à M. de Schomberg, à quoi il ajouta vingt mille écus de pension, avec la charge de grand-maître de l'artillerie du royaume. Il dispensa beaucoup d'autres grâces à ceux qui l'avaient suivi.

Le roi d'Angleterre, après avoir donné l'ordre à M. de Lausun, alla dîner chez lui avec le nonce du pape, qui résidait à sa cour, M. l'archevêque de Paris et beaucoup d'autres gens. Ses amis les jésuites y vinrent lui dire adieu. Ensuite il alla chez des religieuses anglaises, où il toucha des écrouelles, qu'il ne touche, et dont il ne prétend guérir qu'en qualité de roi de France. Il vint ensuite voir Mademoiselle au Luxembourg, qui n'allait point à la cour, parce qu'elle était fort mécontente du roi, sur le sujet de M. de Lausun. Elle prenait le prétexte de la mort de madame de La Menuille, qui était morte de la petite vérole, dans sa maison de la ville à Versailles. Il est vrai qu'elle en était tombée malade dans le château au sortir de chez Mademoiselle. Le roi d'Angleterre alla aussi aux filles de la Visitation de Chaillot, qui étaient ses amies du temps qu'il avait demeuré en France, parce que la reine d'Angleterre, sa mère, y faisait d'assez longs séjours, et il repassa ensuite par Saint-Cloud, pour faire compliment à Monsieur sur la mort de la reine sa fille, et pour voir Saint-Cloud, qu'il n'avait jamais vu. De là, il alla à

Versailles dire adieu au roi, et s'en retourna à Saint-Germain, où il faisait son séjour ordinaire. Le lendemain, le roi lui alla aussi dire adieu à Saint-Germain. Leur séparation fut fort tendre. Le roi dit au roi d'Angleterre, que tout ce qu'il pouvait lui souhaiter de meilleur, était de ne le jamais revoir. Il nomma M. d'Avaux pour le suivre comme ambassadeur, et le comte de Mailly, qui avait épousé une nièce de madame de Maintenon, pour l'accompagner jusqu'à Brest, où il s'embarquait. La reine d'Angleterre demeura avec son fils, le prince de Galles, à Saint-Germain, et pria qu'on ne lui allât faire sa cour que les lundis, trouvant qu'il ne lui était pas convenable de se livrer beaucoup au public, dans le temps que, selon les apparences, son mari allait essuyer de grands périls.

Le roi d'Angleterre alla en chaise jusqu'à Brest; mais sa chaise se rompit à Orléans; les gens superstitieux trouvèrent cela de mauvais augure. Il arriva un autre malheur à son équipage, qui s'était embarqué. Il y eut un bateau qui se rompit contre les arches du pont de Cé, et un de ses valets de garde-robe, nommé la Bastie, qui était celui qui l'avait toujours suivi fidèlement, se noya. Il prit, à sa place, un des valets de chambre de Mailly. Sa Majesté britannique arriva à Brest, sans avoir souffert d'autre accident. Elle y trouva une escadre de treize vaisseaux toute prête à la transporter; mais le temps fut si mauvais, qu'il fallut demeurer un assez long-temps à Brest. Le vent ayant tourné, le roi s'embarqua; mais à peine l'était-il que, dans le moment, il changea si bien, qu'il fallut rentrer dans le port. Comme il y rentrait, un autre vaisseau, qui sortait à pleines voiles, vint donner sur celui du roi d'Angleterre, et ce prince courut grand risque, sans l'habileté du capitaine, qui, dans le moment, fit faire une manœuvre excellente, et le vaisseau du roi en fut quitte pour le mât de beaupré qui fut rompu.

Après que le grand deuil de la reine d'Espagne fut passé, on recommença les comédies, et l'on croyait que les appartemens recommenceraient aussi; mais le roi retrancha ses plaisirs, et dit qu'il avait beaucoup d'affaires, que l'heure des appartemens était celle qui lui convenait le plus pour travailler, et qu'il aimait mieux employer le beau temps à aller à la chasse. Ainsi ce fut là une occupation de moins pour les courtisans. M. de Duras partit alors avec Chanlay, pour se rendre sur les bords du Rhin, et prendre toutes les mesures pour la campagne. Il y avait de temps en temps de petites escarmouches entre les troupes du roi et celles des Allemands, et le plus souvent nous n'y trouvions pas notre avantage. On jugea que l'on ne pourrait pas soutenir les places du pays de Cologne, qui étaient Nuits, Kayserswerd, Lintz et Rhinberg : le roi avait besoin de ses troupes, et ne les voulait pas exposer sans en tirer quelque avantage, outre que les places étaient si mauvaises, que la prise en était sûre.

Le départ du roi d'Angleterre pour l'Irlande ne laissa pas une grande espérance au roi de le voir remonter sur le trône. Il n'avait pas été long-temps en France sans qu'on le connût tel qu'il était : c'est-à-dire, un homme entêté de sa religion, abandonné d'une manière extraordinaire aux jésuites. Ce n'eût pas été pourtant son plus grand défaut à l'égard de la cour ; mais il était faible, et supportait plutôt ses malheurs par insensibilité que par courage, quoiqu'il fût né avec une extrême valeur, soutenue du mépris de la mort, si commun aux Anglais. Cependant c'était quelque chose qu'il eût pris ce parti-là. On en était défait en France ; et, selon les apparences, les troupes que le prince d'Orange s'était engagé d'envoyer sur les côtes pour faire une diversion, allaient passer en Irlande. On donna donc à Sa Majesté britannique une escadre de dix vaisseaux, et il arriva enfin heureusement en Irlande avec beaucoup d'officiers français, et avec tous les Anglais et Irlandais qui l'étaient venus trouver, ou qui avaient demeuré en France. Le roi les fit conduire tous à Brest par différentes routes, à ses frais, et ils y firent un désordre épouvantable. Le roi d'Angleterre, qui avait été homme de mer, étant duc d'Yorck, ne fut pas content de la marine, et le manda au roi : cela donna des vapeurs à M. de Seignelay. Il y eut des ordres pour faire conduire à Brest toutes les choses nécessaires pour l'Irlande : elles y furent expédiées avec promptitude et en grande quantité, parce que M. de Louvois s'en mêla. On y envoya aussi tout ce qui était nécessaire pour un corps raisonnable de cavalerie, et pour armer l'infanterie. L'armée du roi d'Angleterre produisit une grande joie en Irlande dans l'esprit des peuples : il y avait un temps infini qu'ils n'en avaient vu, et ils étaient comme les esclaves des Anglais. Le roi leur conserva leurs priviléges, les augmenta même, et confisqua aux catholiques les biens que l'on avait autrefois confisqués aux grands seigneurs de la religion anglicane. Il fit Tirconel duc, pour le récompenser du soin qu'il avait pris de lui conserver cette île, et de sa fidélité personnelle.

La mort de la reine d'Espagne avait entièrement indisposé la cour du Roi Catholique contre la France. La passion que ce prince avait pour son épouse l'avait empêché de se déclarer contre nous, malgré les menées de la cour de l'empereur, qui tenait auprès du Roi Catholique l'homme d'Allemagne qui avait le plus d'esprit : c'était M. de Mansfeld, qui avait épousé mademoiselle d'Aspremont, veuve du duc de Lorraine, et qui était maître de l'esprit du conseil d'Espagne. On sut à la cour à quoi l'on devait s'attendre des Espagnols, et l'on prévint leurs desseins en leur déclarant la guerre. On ordonna à Rebenac, ambassadeur en Espagne, de revenir incessamment, et tout fut fini de ce côté-là.

La cour était fort occupée pour les affaires de la guerre. Il y avait peu d'argent ; il en fallait beaucoup ; et le contrôleur général était homme peu capable et peu stylé à son emploi. Il fallait que M. de Louvois, qui l'avait porté à cette place, l'y soutînt, et travaillât pour lui ; et lui-même avait déjà tant d'affaires, qu'il était étonnant comment il n'y succombait pas. Cependant il n'y avait point à reculer ; il fallait cheminer, quoi qu'il en fût ; car les ennemis se préparaient très-fortement. On fit la destination des armées : il y en devait avoir une en Allemagne, commandée par M. de Duras ; une en Flandre, par le maréchal d'Humières ; une en Roussillon, par M. de Noailles, gouverneur de la province ; et une au milieu de la

France, pour prévenir les désordres dont on était menacé par les gens de la religion, et aussi pour qu'elle pût être transportée en quelque endroit que ce fût, en cas que les ennemis fussent assez forts pour faire une descente. Pour le roi, il demeurait à Versailles, afin d'être toujours dans le milieu du royaume, et, de là, pouvoir plus aisément donner ses ordres partout. On envoya M. le maréchal de Lorge commander en Guyenne; M. le maréchal d'Estrées, dans les deux évêchés de Saint-Pol et de Cornouailles en Bretagne, où les ennemis pouvaient plus aisément faire des descentes; M. de Chaulnes dans le reste de la Bretagne, qui était son gouvernement; M. de La Trousse, en Poitou et pays d'Aunis, quoique Gacé, qui était gouverneur de la province, y fût actuellement; mais, afin de lui faire supporter plus patiemment ce désagrément, on le fit maréchal de camp. On laissa le commandement de la Normandie aux lieutenans généraux de la province, Beuvron et Matignon, gens de qualité, et honnêtes gens, mais fort peu capables pour la guerre. Beuvron était frère de madame d'Arpajon, que madame de Maintenon avait faite dame d'honneur de madame la dauphine. Les Beuvron s'étaient attachés à madame de Maintenon; cela suffisait pour ne point recevoir de désagrément, et l'on ne pouvait pas bien traiter l'un sans faire le même traitement à l'autre. Beuvron, dont je parle, était beau-frère de M. de Seignelay, et faisait fort bien sa charge quand il n'y avait rien à faire. On lui donna La Hoguette, officier des mousquetaires, pour maréchal de camp, qui était celui sur lequel roulaient les affaires de la guerre. On mit, pour commander en Languedoc, Broglio, lieutenant général, parce qu'il se trouvait beau-frère de l'intendant, qui était homme d'esprit, et en qui la cour avait beaucoup de confiance. On laissa en Provence Grignan, lieutenant du roi de la province, qui y avait toujours bien fait ce qu'il avait à faire. En Dauphiné, l'on y mit Lassai, maréchal de camp, qui était d'une famille de robe, mais qui avait toujours eu la réputation de bon officier. En Béarn, on envoya le duc de Grammont, pour représenter seulement; car l'on savait bien qu'il n'y avait rien à faire. Telle était la disposition des commandemens. On changea beaucoup de gouverneurs de villes particulières, parce qu'ils étaient trop vieux, et que les affaires présentes demandaient des gens un peu plus actifs qu'ils ne pouvaient être. On fit faire le tour du royaume à M. de Vauban, pour visiter les places maritimes, qui étaient en fort mauvais état, parce qu'elles n'étaient pas du district de M. de Louvois; outre que, tandis que la France n'avait point d'affaire avec l'Angleterre, il ne pouvait rien arriver de mauvais de ce côté-là. Cependant l'on y fit travailler très-vigoureusement. La Rochelle fut en fort peu de temps mise en bon état : on travailla à Bordeaux, et Brest fut mis en représentation de défense; car la place vaut si peu de chose par sa situation, que rien ne la peut rendre bonne. M. de Vauban ordonna aussi des redoutes le long des côtes, dans les endroits où l'on pouvait faire des descentes, et fit planter des palissades, en manière de cheval de frise, le long des rivages de la mer. On posta beaucoup de pièces de canon, selon la situation des endroits, pour battre les bâtimens qui pourraient tenter la descente. Enfin, toutes les côtes furent, au mois de mai, en état de défense. On déclara la guerre au prince d'Orange et aux Anglais qui l'avaient suivi, et qui avaient contribué à chasser leur prince naturel; on fit marcher des troupes aux endroits de France où l'on croyait en avoir le plus de besoin : tout en fourmillait, depuis le Béarn jusqu'à la Normandie.

Cependant chacun, à la cour, songeait à son départ. Le prince de Conti, qui n'était pas encore rentré dans les bonnes grâces du roi, lui avait demandé, dans le commencement de l'hiver, et avec instance, un régiment : le régiment lui fut refusé. Il demanda ensuite d'être brigadier, croyant qu'un régiment tirait à conséquence, parce que l'on s'y fait des créatures : sa demande lui fut aussi refusée. Enfin, il demanda d'aller volontaire dans l'armée d'Allemagne : on ne lui put refuser; et il se prépara à y aller avec M. le duc, qui fut prêt à n'y avoir non plus aucun commandement; car l'on mit son régiment d'infanterie dans Bonn, et celui de cavalerie aussi; et, quand il s'en plaignit, on dit que c'était la faute de M. de Sourdis, à qui l'on avait mandé d'y mettre un régiment de dragons, et qu'il avait lu *Bourbon*. On crut que l'on ne pourrait pas aisément tirer le régiment de Bourbon de Bonn, on lui donna un brevet pour commander le régiment de Condé. Cependant, à la fin, on l'en tira, et il servit à la tête de son régiment. M. du Maine, qui devait aussi servir en Allemagne, n'y fut pourtant pas employé. On fit venir son régiment en Flandre; mais, en entrant en campagne, on lui donna une brigade à commander, pendant que les princes du sang avaient à peine la simple permission de servir : encore fût-ce beaucoup, que l'on leur épargnât le désagrément d'être dans la même armée.

Vers ce temps-là, il ne se passa rien de considérable à la cour, que le combat du comte de Brionne avec Hautefort - Saint - Chamand, qui était exempt des gardes du corps, honnête garçon, et assez bien traité de tout le monde. Il avait, chez madame la princesse de Conti, la fille du roi, une sœur qui était fort laide ; cependant, elle se fit aimer du comte de Brionne, et cette passion dura fort long-temps. Ils se brouillèrent et se raccommodèrent plus d'une fois, comme il arrive dans toutes les passions. Enfin, la demoiselle, que l'exemple de la comtesse de Soissons avait gâtée, comme bien d'autres qui croyaient que l'on ne les aimait que pour les épouser, parla de mariage. Je crois que le comte de Brionne le sut : il s'en moqua. Le frère, en sortant du coucher de Monseigneur, attaqua le comte de Brionne de conversation. Ils allèrent sur le bord de l'étang auprès de l'hôtel de Soissons, qui était un chemin peu passant, surtout à l'heure qu'il était, et ils s'y battirent. Hautefort fut blessé d'abord ; mais il donna un coup d'épée dans la cuisse du comte de Brionne, et lui laissa son épée. Le coup de Hautefort ne l'empêcha pas de paraître encore le soir ; mais le lendemain tout se sut. Le grand prevôt fit des informations. Hautefort s'écarta, et fut cassé ; on fit si bien, que cela ne passa pas pour duel. Le parlement en prit connaissance, et on les mit tous deux en prison, le comte de Brionne à la Bastille, et l'autre à la Conciergerie. La demoiselle alla, du château où elle demeurait, à l'hôtel de Conti. Elle fut trois semaines ou un mois sans paraître ; ensuite elle revint, et voulut faire comme auparavant. On lui dit de se retirer. Elle se mit dans le Port-Royal.

Il partit, dans ce temps-là, un secours considérable pour l'Irlande. Il y eut une escadre de vingt-deux ou vingt-trois vaisseaux, commandés par le comte de Château-Regnault, qui sortirent de Brest avec beaucoup de bâtimens de charge, tous chargés de ce que l'on avait pu assembler, depuis trois ou quatre mois, de choses nécessaires à une armée. Le prince d'Orange avait aussi mis une flotte en mer, inférieure de deux ou trois vaisseaux à celle du roi. Cette flotte était commandée par Herbert, dont la réputation et la capacité étaient beaucoup supérieures à celle de M. de Château-Regnault. On voulait aller débarquer à Kinsale, petit port d'Irlande, où le roi d'Angleterre avait descendu quand il était arrivé dans l'île ; mais l'on apprit que les ennemis étaient postés à portée de là. On tint conseil de guerre : on trouva le hasard trop grand de faire un débarquement à la vue des ennemis ; on prit donc le parti d'aller chercher un autre port à l'occident de l'Irlande ; on le trouva propre, et on travailla avec beaucoup de vitesse au débarquement à la baie de Bantry. Comme il n'y avait plus que deux brûlots à décharger, les ennemis parurent : on appareilla pour aller au-devant d'eux ; on se canonna beaucoup, mais on ne s'approcha guère. Enfin, les ennemis prirent le large, et voilà ce que l'on appela un combat gagné. Herbert s'y trouva blessé, et les ennemis confessèrent que, si l'on avait voulu, on aurait mis leur flotte hors d'état de servir, et qu'on leur aurait pris quelques vaisseaux, quoique les Anglais soient beaucoup meilleurs voiliers que les nôtres. M. de Château-Regnault se contenta d'avoir fait heureusement son débarquement, et d'avoir par devers lui l'idée ou la représentation d'une bataille gagnée. Il s'en revint content avec un bon vent à Brest, ayant fort peu de monde de tué, et un seul de ses vaisseaux incommodé, qui était celui qu'avait Coëtlogon, dont la dunette et la galerie avaient sauté en l'air. Quand le comte de Château-Regnault fut arrivé, il envoya son neveu à la cour. D'abord, la joie y fut grande ; mais deux ou trois jours après, que chaque officier général, et les plus éveillés des particuliers eurent envoyé des relations, on ne fut plus du tout content. Ils se jetaient la faute les uns sur les autres, de ce que l'on n'avait pas davantage battu les ennemis; aussi en eurent-ils tous des réprimandes de la cour.

Cependant, on travaillait dans les ports avec une grande activité à mettre une grosse flotte en mer; on travaillait aussi à Toulon, où l'on devait mettre vingt-deux vaisseaux, à ce que l'on disait, pour la Méditerranée. A Brest et à Rochefort, on en devait mettre plus de quarante. On envoyait courriers sur courriers à Brest, pour faire avancer; et cependant cela allait avec une lenteur extraordinaire. M. de Seignelay faisait marcher Bonrepos, son premier ministre, et tout manquait.

Malgré cela, il y avait déjà quelque temps que M. de Duras avait eu ordre de partir pour se rendre en Allemagne, sur ce que les troupes de l'empereur et celles de l'électeur de Bavière avaie nt marché sur le Rhin. Elles s'étaient déjà saisies des postes que les troupes du roi avaient abandonnés de l'autre côté, et commençaient à se retrancher dans une île dans le Rhin, entre Philisbourg et le Fort-Louis, qui en ôtait la communication. Ils nous eussent trop incommodés, s'ils s'y fussent établis. Ils avaient encore un poste fort considérable à portée de là, qui était Hausen, où le prince Eugène de

Savoie avait pris poste avec beaucoup de troupes. Le reste de leurs troupes s'étendait dans le Wirtemberg, et dans le petit état de M. de Bade-Dourlac jusqu'à Huningue. On avait grand peur qu'ils n'attaquassent cette place, qui est fort voisine des Suisses; et l'on n'était pas encore trop sûr de leur amitié. Le parti des ennemis y était très-puissant; la religion mettait entièrement contre nous les cantons protestans. Le nonce du pape affectait de persuader aux catholiques que cette affaire-ci n'était point une affaire de religion, et se servait de toutes sortes de raisons pour les mettre contre nous. De plus, nous avions déjà souvent abusé de leur bonne foi. Enfin, tout les portait à nous devenir contraires; et, quoique les levées eussent été faites l'hiver, comme nous les souhaitions, cependant nous étions peu certains de leur amitié. On avait fait revenir Tamboneau, qui y était ambassadeur, il y avait déjà quelque temps, parce qu'il parlait beaucoup, et ne faisait que peu de chose. A sa place, on y avait envoyé M. Amelot, qui n'était pas un homme tout-à-fait consommé dans les négociations; mais aussi, il avait un esprit plus posé, plus froid, et par conséquent plus convenable à l'humeur et au naturel des Suisses. Peu de temps après qu'il y fut, il renvoya le traité ratifié, et scellé de tous les cantons. Si nous eussions encore eu les Suisses contre nous, il eût été bien difficile de résister, parce que c'est l'entrée de France la moins fortifiée. Nous n'avions plus alors dans l'Europe que le Danemarck, qui fût notre allié; mais il était trop séparé de nous, pour se pouvoir soutenir l'un l'autre. Tous ses voisins étaient ligués contre lui, et parce qu'il était allié de la France, et parce qu'il s'était saisi des états du duc de Holstein-Gottorp, par droit de bienséance. Mais ce seul allié, nous le pouvions perdre encore : les intérêts de son frère, le prince Georges, qui naturellement devait succéder au prince d'Orange, parce qu'il avait épousé la seconde fille du roi d'Angleterre, et que le prince d'Orange n'avait point d'enfant, le pouvaient détacher en peu de temps de l'alliance qu'il avait avec le roi.

Le projet de la campagne fut très-sage. Les ministres supposaient que tant de différens princes ne pouvaient pas demeurer long-temps unis. La plus grande partie de ceux d'Allemagne sont très-pauvres, et ne peuvent subsister, quand ils ont des troupes, que par les quartiers d'hiver qu'ils prennent, ou dans le pays ennemi, ou les uns sur les autres. Le roi était bien sûr qu'en ne hasardant rien, les ennemis ne pouvaient pas prendre de quartiers dans son pays. En Allemagne, il y avait les pays des princes ecclésiastiques, qui, d'ordinaire, fournissent les quartiers aux princes protestans : nous tenions la plus grande partie des trois électorats; le roi avait Mayence et toutes les petites villes qui en dépendent en-deçà du Rhin; le pays de Trèves était au moins partagé, car le Mont-Royal d'un côté, et Bonn de l'autre, nous laissaient un grand terrain à notre disposition. A la vérité, les ennemis avaient Coblentz, que l'on avait manqué l'hiver dernier. Pour celui de Cologne, nous étions maîtres des quatre places fortifiées de l'électeur, qui étaient Bonn, Rhinberg, Nuits et Kayserswerd. On avait abandonné Nuits au commencement de l'hiver; et ce fut en se retirant que les ennemis battirent la garnison, et que M. de Sourdis, qui commandait dans tout ce pays, la laissa battre, et s'enfuit. Kayserswerd demeura sous le commandement de Marconié : c'était une mauvaise place, d'où l'on retira toute la garnison française, pour y en laisser une allemande. M. de Furstemberg avait mis dans Rhinberg un Allemand, domestique de feu M. l'électeur de Cologne, en qui il avait beaucoup de confiance; mais l'Allemand le trahit, et, avant le commencement de la campagne, prêta serment à M. le prince Clément, concurrent de M. de Furstemberg pour l'électorat de

Cologne, et appuyé par les bulles du Saint Père. Dans Bonn, on avait mis huit bataillons de campagne, un régiment de cavalerie, et un de dragons : Asfeld commandait, et on lui avait donné de bons officiers subalternes. Mayence était garni à foison; on y avait mis le marquis d'Huxelles pour y commander. M. d'Huxelles était l'officier d'infanterie à la mode, et la créature de M. de Louvois. On dit qu'on lui avait donné quatre cents milliers de poudre, avec douze bataillons des meilleurs qui fussent en France, le régiment des bombardiers, la compagnie des mineurs, un régiment de cavalerie, un de dragons, M. de Choisi, habile ingénieur, et qui avait défendu Maestricht sous M. de Caylus, pour commander sous lui, et trois ou quatre autres bons officiers, en cas qu'il mésarrivât aux premiers. La place n'était pas excellente; mais on y avait travaillé tout l'hiver, et on l'avait assez bien raccommodée. Le Mont-Royal, qui était encore une place pour laquelle il y avait beaucoup à craindre, d'autant plus qu'elle n'était pas encore achevée, était fournie de même, et avait M. de Montal pour y commander. Philisbourg et Landau étaient encore pourvus de la même manière. Outre cela, le roi avait beaucoup de troupes répandues dans le Palatinat, pays qu'on avait juré de ruiner entièrement, parce qu'il était trop voisin de l'Alsace, et que celui qui avait le plus de part à la guerre était M. l'électeur palatin. Quoiqu'on l'appelât alors le *Nestor germanique*, sa prudence s'était bien endormie d'aigrir le roi au point qu'il l'avait aigri : il devait se reconnaître trop petit prince, et trop sous la coulevrine de la France, pour ne pas s'accommoder au temps. Toutes les places du Palatin étaient garnies des troupes du roi, et pendant l'hiver on avait tiré tout l'argent qu'on avait pu du pays. D'abandonner ces places, et de les laisser dans leur entier, c'était presque mettre les ennemis du roi dans son pays. On commença par évacuer la plus avancée, qui était Heidelberg, capitale du Palatinat. On fit sauter la moitié du château, qui avait l'air grand et méritait des égards. On brûla la moitié de la ville, avec des excès qu'une guerre moins vindicative aurait empêchés. Ensuite, on évacua Manheim; on rasa la ville et la citadelle, en sorte qu'il n'y resta pas une maison, et les ruines mêmes en furent jetées dans le Rhin et dans le Necker. On brûla Worms, qui était une petite république sur le Rhin. On en fit autant à Spire, ville appartenant à l'électeur de Trèves, comme évêque de Spire, parce qu'on trouvait qu'elle pressait trop l'Alsace. Pour Franckendal, il fut rasé seulement, parce que, comme l'on avait Mayence, il était difficile à nos ennemis de s'en rendre les maîtres. On fit un pareil traitement à un grand nombre de petits mauvais châteaux, que les troupes du roi avaient occupés pendant l'hiver, et qui pouvaient servir de postes aux ennemis. M. de Duras alla s'établir à Strasbourg, pour attendre le commencement de la campagne. Les Allemands ne s'y mettent jamais de bonne heure; mais nous ne pouvions rien faire pour les prévenir : il fallait voir à quoi ils s'attacheraient. Il y avait deux places qui n'étaient point achevées, qui étaient Bedfort et Landau. On y travaillait à force; ainsi il fallait laisser les troupes, et surtout l'infanterie, tout le plus long-temps que l'on pouvait, dans les places. A l'égard de la cavalerie, il n'était pas bon non plus qu'elle campât de trop bonne heure, parce qu'il y en avait beaucoup de nouvelle, et que, même dans la vieille, on avait été obligé d'y fourrer beaucoup de compagnies qui venaient d'être tout fraîchement faites. Ainsi tout demeura dans les places ou dans des quartiers, jusqu'à ce que les Allemands commencèrent à paraître du côté de la Flandre. M. le maréchal d'Humières, qui était à Lille, eut ordre de s'en aller à Philippeville, pour mettre de bonne heure l'armée en campagne. Il eut ordre de l'assembler auprès de Maubeuge, et le fit au commencement de mai, que les ennemis n'avaient pas encore songé à assembler leurs troupes. Il reprit quelques châteaux, dont les ennemis s'étaient saisis pendant l'hiver, et les fit raser. Il eut le même ordre qu'ont tous les généraux en France : ce fut de ne pas combattre. M. de Valdec, informé de cet ordre, assembla son armée, l'assembla faible, et donna au maréchal d'Humières de fort belles occasions de le battre. Même le peu de précaution qu'il prenait, allait ou à la malhabileté ou à l'insolence. Cependant le maréchal, suivant son ordre aveuglément, n'en profita point.

Le premier exploit qui se passa, fut en Catalogne, où M. de Noailles, qui commandait l'armée, composée de deux ou trois vieux régimens d'infanterie, avec quelque cavalerie nouvelle, des dragons de même, et le reste des milices de la province, se saisit de Campredon, mauvais village, et d'une tour qui était à deux lieues de là. Comme c'était là son premier exploit, il envoya un courrier en porter la nouvelle à la cour, et l'on y parla de cette conquête comme de quelque chose de fort considérable. Le poste était pourtant de lui-même fort mauvais; il y avait peu de gens à le défendre; point d'armée à le secourir, les Espagnols n'étant pas assez puissans pour mettre deux mille hommes ensemble dans leur pays.

On espérait toujours en France que l'humeur hautaine du prince d'Orange deviendrait insupportable aux Anglais, et, comme nous nous flattons très-volontiers, on ne doutait point de voir, en très-peu de temps, une révolte en Angleterre. Cependant, le prince d'Orange avait été couronné roi d'Angleterre, avec de très-grands applaudissemens. La convention d'Écosse lui avait aussi envoyé la couronne, quoique le roi eût encore des partis fort puissans dans le nord de l'Écosse. Le prince d'Orange avait fait assembler le parlement, qui lui avait accordé généralement tout ce qu'il lui avait demandé; c'est-à-dire, de l'argent pour payer les troupes hollandaises, et pour rembourser les avances que lui avait faites la Hollande pour son dessein, de l'argent pour sa subsistance, et les moyens d'en tirer pour faire la guerre à la France. Tout cela s'était fait avec une tranquillité étonnante. Londres, qui n'était point accoutumée à avoir des troupes, en était remplie, sans oser souffler, et le prince d'Orange, en deux mois, était devenu plus maître de l'Angleterre, qu'aucun roi ne l'avait jamais été. Les Anglais, qui avaient chassé leur roi, sous prétexte de défendre et conserver leur religion, la voyaient changer entièrement; car le prince d'Orange, tout en faisant semblant d'accommoder les deux religions, c'est-à-dire l'anglicane et la sienne, prétendue réformée, laissait les ministres de la dernière entièrement les maîtres, et professait publiquement son calvinisme, à quoi tous les Anglais applaudissaient.

Le prince d'Orange faisait travailler avec un grand soin à l'armement de la flotte anglaise, pour la joindre avec celle des Hollandais. On ne pouvait pas s'imaginer, dans ce pays-là, qu'après les dépenses que le roi avait faites, il fût en état de mettre sur pied une flotte assez considérable pour leur opposer, et ils comptaient d'être entièrement les maîtres de la mer. Dans les combats particuliers, qui s'étaient donnés de vaisseau à vaisseau, les Français avaient presque toujours eu l'avantage, et on avait fait plus de prises aux ennemis, qu'ils ne nous en avaient fait. Ils ne comptaient pas que l'on laissât la Méditerranée entièrement abandonnée, et gardée seulement par les galères. Ils savaient que nous avions la guerre contre les corsaires d'Alger, et jugeaient que cette guerre suffisait pour occuper un nombre assez considérable de vaisseaux : on traitait pourtant de la paix ; mais, en traitant, nous continuions dans cette hauteur à quoi nous sommes si bien accoutumés, et depuis si long-temps. Quoique nous ne vissions que des ennemis autour de nous, nous voulions que les Algériens se contentassent d'une trêve, parce qu'il y avait un grand nombre de leurs gens qui étaient esclaves sur nos galères, qui nous servaient bien, et que par la trêve on ne rendrait pas; mais les Algériens n'y voulurent point consentir.

Le prince d'Orange comptait donc que l'armée de mer n'apporterait aucun obstacle à ses desseins; et, par-là, il regardait l'affaire d'Irlande comme une très-petite affaire. Ceux qui, dans le commencement, y avaient tenu son parti, avaient été battus, et tous s'étaient réfugiés dans une place assez bien fortifiée pour une province comme l'Irlande, où il n'y en a aucune. Les Anglais l'avaient fait bâtir pour la sûreté du commerce avec l'Irlande : elle s'appelait Derri ; et comme c'étaient les marchands de Londres qui l'avaient fait bâtir, ils y avaient ajouté *London*, qui, en anglais, veut dire Londres, de manière qu'elle s'appelait Londonderri. Tous les partisans du prince d'Orange s'étaient jetés dedans, et en cédèrent le commandement à un Anglais qui avait été ministre. Le roi d'Angleterre donna ses ordres pour la faire investir, sans pourtant quitter Dublin. Sa Majesté britannique avait deux officiers d'infanterie français, que le roi lui avait donnés pour aller avec lui, qui étaient Maumont, capitaine aux gardes et maréchal de camp, et Pusignan, colonel d'infanterie et brigadier. Il y avait long-temps qu'ils servaient tous deux; mais, avec cela, ils étaient au nombre des officiers de médiocre capacité; cependant, ils pouvaient passer pour bons en Irlande, où il n'y en avait point de meilleurs. Les troupes qu'ils commandaient étaient fort mal disciplinées : celles qui étaient dans Londonderri l'étaient tout aussi mal; mais les Anglais ont pour la nation irlandaise un mépris qui leur donnait un air de supériorité. Maumont fut tué en allant reconnaître la place; et l'autre, peu de jours après, voyant une sortie que les ennemis faisaient assez en désordre, crut qu'il n'y avait qu'à les pousser avec le peu de gens qu'il avait. Il ne s'aperçut pas d'une embuscade que l'on avait dressée. Il fut coupé, et il y périt avec beaucoup de gens. Il ne restait plus d'officiers sur qui l'on pût faire rouler le siége; car Rosen, qui était le meilleur que le roi eût envoyé en Irlande, était un Allemand, très-bon officier de cavalerie, mais qui, en sa vie, n'avait rien su qui regardât l'infanterie. On se contenta de tenir bloqué Londonderri, dans l'espérance qu'il serait obligé de se rendre, parce que la quantité de gens qui s'étaient retirés dedans ne pouvaient subsister long-temps; et l'on comptait aussi qu'ils ne seraient pas secourus. On prit deux petits forts qui gardaient la rivière par où l'on y pouvait jeter du secours : on fit faire ensuite une estacade, pour empêcher les bâtimens de passer de nuit, et l'on employa le peu d'atillerie qu'il y avait pour la défendre.

Tous les jours, il nous venait de fausses nouvelles de ce pays-là. Il y eut des vaisseaux anglais qui, après le combat de Bantry, se détachèrent; le bruit fut d'abord qu'ils s'étaient venus rendre au roi; mais il se trouva qu'ils étaient allés pour tenter le secours de Londonderri, qu'ils tentèrent d'abord fort inutilement, mais, dans la suite, ils trouvèrent moyen de rompre l'estacade, et de porter dans la ville un secours considérable, qui fit qu'on leva le blocus, et qu'on ne songea plus au siége de cette place. Il y eut même des révoltés qui se saisirent encore d'une autre petite place dans les marais; mais le roi d'Angleterre y envoya Hamilton, qui était lieutenant-général de ses armées, et qui avait été long-temps colonel d'infanterie en France. On l'avait chassé de la cour, parce qu'il s'était rendu amoureux de la princesse de Conti, fille du roi, et qu'il paraissait qu'elle aimait bien mieux lui parler qu'à un autre. Hamilton défit ces révoltés, qui étaient en fort petit nombre.

Cependant, la reine d'Angleterre était à Saint-Germain, dans une tristesse et un abattement épouvantables. Ses larmes ne tarissaient pas. Le roi, qui a l'âme bonne, et une tendresse extraordinaire, surtout pour les femmes, était touché des malheurs de cette princesse, et les adoucissait par tout ce qu'il pouvait imaginer. Il lui faisait des présens, et, parce qu'elle était aussi dévote que malheureuse, c'étaient des présens qui convenaient à la dévotion. Il avait aussi pour elle toutes les complaisances qu'elle méritait : il la faisait venir à Trianon et à Marly, aux fêtes qu'il y donnait ; enfin, il avait des manières pour elle si agréables et si engageantes, que le monde jugea qu'il était amoureux d'elle. La chose paraissait assez probable. Les gens qui ne voyaient pas cela de fort près, assuraient que madame de Maintenon, quoiqu'elle ne passât que pour amie, regardait les manières du roi pour la reine d'Angleterre avec une furieuse inquiétude. Ce n'était pas sans raison ; car il n'y a point de maîtresse qui ne terrasse bientôt une amie. Cependant, le bruit de cet amour ne fut que l'effet d'un discours du public, fondé sur les airs honnêtes que le roi ne pouvait s'empêcher d'avoir pour une personne dont le mérite était aussi avoué de tout le monde que celui de la reine d'Angleterre, quand même elle n'eût été que particulière.

M. de Lausun était le seul Français considérable qui eût eu part à l'affaire d'Angleterre, parce qu'il était le seul qui y fût.

Cependant, Sa Majesté britannique crut lui avoir des obligations infinies, et le laissa, en partant, dans la confidence de la reine. A proprement parler, M. de Lausun était le ministre d'Angleterre en France. Il n'avait jamais été aimé de M. de Louvois ; mais il faisait tout ce qu'il pouvait pour gagner les bonnes grâces de madame de Maintenon. Il savait bien qu'il n'y avait que ces deux côtés pour pouvoir approcher le roi, et peut-être comptait-il celui de madame de Maintenon comme le plus sûr. Il jugeait, avec tout le monde, que madame de Maintenon ne regardait point M. de Louvois comme son ami : au contraire, elle ne le regardait que comme un ministre utile au roi, un ministre qui était bien avec son maître, sans qu'elle y eût contribué, et qui était bien dans son esprit avant elle. Mais M. de Seignelay, elle le regardait comme sa créature : quoiqu'elle ne fût pas liée de droit fil avec lui, elle l'était par ses sœurs, madame de Beauvilliers et madame de Chevreuse. M. de Lausun crut donc qu'il ferait un grand coup pour lui, et qui plairait fort à madame de Maintenon, de tirer l'affaire d'Irlande des mains de M. de Louvois, pour la mettre dans celles de M. de Seignelay. Il persuada si bien la reine d'Angleterre, que cela fut fait, et peut-être au grand contentement de M. de Louvois, qui ne pouvait pas être généralement chargé de tout. Sa santé n'était pas aussi robuste qu'elle paraissait; il n'était jamais long-temps sans avoir des accès de fièvre, et ne savait ce que c'était que de se ménager dans un temps comme celui-ci. M. de Seignelay avait la marine, et il paraissait probable que, comme tous les passages d'Irlande dépendaient de lui, le roi d'Angleterre serait mieux servi. Ce n'est pas que, sous la direction de M. de Louvois, qui fut, à la vérité, pendant peu de temps, il n'y eût une grande profusion de toutes les choses nécessaires, et cela était allé si loin, qu'elles ne purent pas toutes passer avec le roi d'Angleterre, ni avec la flotte qui suivit : il en demeura même encore quantité à Brest.

Il y avait déjà long-temps que la dauphine était malade, et qu'elle ne voyait presque personne. On n'avait aucune foi à son mal; cependant, elle était enflée et maigrissait fort. Les médecins ne lui faisaient rien du tout. A la fin de l'hiver, elle s'était mise entre les mains d'une femme, qui lui avait donné d'abord quelque soulagement, et qui, en effet, l'avait fait désenfler; mais cela était revenu : ensuite, elle s'était remise encore une fois entre les mains des médecins. Enfin, ils avouèrent leur ignorance. Madame la dauphine voulut tâter des empiriques : on en consulta beaucoup. Enfin, elle demanda au roi la permission de se mettre entre les mains d'un prêtre normand, dont le maréchal de Bellefond était entêté, et qui se donnait pour un homme à divers secrets. Son premier métier avait été, demeurant au collége de Navarre, d'apprendre à siffler à des linottes. Un de ses amis, souffleur de sa profession, lui laissa en mourant tous ses secrets, et le prêtre s'en servit heureusement : cela établit sa réputation. Il se trouva, en Normandie, auprès de chez le maréchal, qui est homme à s'entêter fort aisément. Il vanta le prêtre, et, enfin, lui établit une réputation d'habileté qu'il ne méritait nullement. Ce fut l'homme dont madame la dauphine se servit. Elle s'en trouva bien dans le commencement, et redevint ensuite dans le même état. Peu de gens se souciaient de cette princesse, parce qu'elle ne contribuait, ni à la fortune des personnes, ni aux plaisirs de la cour. Il y avait un temps assez considérable que M. de La Trémouille faisait l'amoureux d'elle publiquement. Il était à la vérité parfaitement bien fait, mais d'une laideur choquante, et, l'on peut dire, non commune. On l'accusait d'avoir l'esprit à l'avenant. On était si accoutumé à le voir lorgner, que personne n'y faisait la moindre attention, et l'on ne s'avisait pas de faire le tort à madame la dauphine de croire qu'elle l'aimât. Cependant, quelques gens osèrent à la fin le penser. Madame la dauphine lui parlait, même plus souvent qu'à un autre, parce qu'il se présentait plus souvent à elle. On n'a pu savoir si M. de La Trémouille avait pris la liberté de lui découvrir sa passion un peu plus évidemment que par des lorgneries; mais, enfin, la dauphine lui fit dire par la d'Arpajon, sa dame d'honneur, de ne se plus présenter devant elle.

Cela se serait passé entre eux trois et peut-être Monseigneur, à qui madame la dauphine pouvait l'avoir dit, si M. de La Trémouille ne se fût avisé d'en aller porter sa plainte au roi, qui lui répondit que madame la dauphine était sage, qu'elle avait ses raisons pour cette défense, et que, peut-être, le tort qu'elle avait eu, c'était de ne l'avoir pas faite plus tôt.

Dans ce temps-là, il se passa une autre scène assez considérable, à l'égard de madame la duchesse.

Elle était des plus jeunes et des plus éveillées, et rassemblait chez elle ce qu'il y avait de plus jeunes femmes, à la tête desquelles était madame de Valentinois, fille de M. d'Armagnac, plus coquette, elle toute seule, que toutes les femmes du royaume ensemble.

Dès l'hiver, il y avait eu une grande affaire : M. de Marsan, de qui madame la duchesse s'était moquée, pendant qu'il était amoureux de la cadette Grammont, s'avisa de lorgner madame la duchesse, à ce qu'on dit, pour se venger d'elle, et pour en faire un sacrifice à sa maîtresse. Madame la duchesse répondit aux lorgneries. M. de Marsan écrivit; madame la duchesse fit réponse. Ces sortes de vengeances, avec une aussi jolie personne, et du rang de madame la duchesse, retombent bien souvent sur les maîtresses. Je crois que cela fût arrivé; car les deux meilleurs amis de M. de Marsan, qui étaient Comminge et Mailly, étaient amoureux chacun d'une fille de madame la duchesse; le premier, d'une mademoiselle de Doré, qu'il y avait long-temps qui faisait l'amour, et qui l'avait fait avec le prince d'Harcourt, avant que d'entrer chez madame la duchesse; l'autre, d'une mademoiselle de La Roche-Ainard. Elles étaient toutes deux favorites de madame la duchesse, et lièrent ce commerce. Il fut découvert. M. le prince s'en plaignit au roi. Le roi lui dit qu'il n'avait qu'à faire ce qu'il voudrait, qu'il ne se mêlait plus de la conduite de madame la duchesse. Madame la duchesse fut bien grondée. Le roi ne voulut pas lui en parler; mais il dit à madame de Maintenon de le faire. Madame de Maintenon en parla à madame la duchesse, qui se mit à lui rire au nez, et dit qu'elle n'avait écrit que pour se moquer de M. de Marsan.

A cette affaire, se mêla un autre incident. M. le prince qui, quand il veut savoir quelque chose, y prend tous les soins imaginables, mit des gens en campagne pour savoir ce qui se passait chez madame la duchesse. On lui vint rapporter que l'on avait vu sortir de chez elle un homme qui se cachait. M. le prince envoya querir madame de Mareuil, qui était la dame d'honneur, pour savoir qui était cet homme; madame de Mareuil jura qu'il n'en était point entré, et que madame la duchesse avait demeuré, tout le jour, seule dans son cabinet avec madame de Valentinois. On fit de grandes perquisitions; enfin, on trouva que c'était un peintre que madame de Valentinois avait fait venir, pour avoir un portrait en petit à donner, à ce qu'on dit, à M. de Barbesieux, qui était son amant. Elles furent grondées au dernier point. Elles en fondirent en larmes, et l'on interdit à madame la duchesse tout commerce avec madame de Valentinois; mais elles se rejoignirent bientôt, et puis il n'en fut plus parlé.

Tout cela demeura pendant quelque temps dans une assez bonne intelligence; mais, peu après le départ de M. le duc pour l'armée, il y eut une nouvelle scène, ou plutôt une continuation de la première. M. le prince en reparla au roi, mais avec plus de chaleur. Enfin, les filles furent chassées. Mesdemoiselles de Doré et de La Roche-Ainard allèrent dans des couvens; mademoiselle de Paulmi demeura chez madame la princesse, et se maria peu de temps après. Le roi ordonna que madame la duchesse serait toujours avec madame la princesse; que, quand elle irait à Chantilly, elle ne recevrait pas de visite dans son appartement. Rien de tout cela ne fut exécuté, hormis qu'elle n'eut plus la compagnie de ses filles.

Les armées étaient en campagne : celle de M. le maréchal d'Humières dans le pays ennemi; M. de Duras, dans le pays de Mayence, avec de la cavalerie seulement, ayant laissé toute son infanterie dans les places, et surtout à Landau. La disposition de celle des ennemis était que M. de Bavière devait être à la tête du haut Rhin : on donna de ce côté-là un corps de cavalerie à commander au comte de Choiseul; M. de Lorraine devait occuper le Palatinat et l'électorat de Mayence; M. de Saxe devait être dans le pays de Trèves, et joindre M. de Lorraine quand il en aurait besoin; et M. de Brandebourg, avec les troupes de Munster et des troupes de Hollande, dans l'électorat de Cologne. L'empereur avait laissé M. de Bade en Hongrie, pour faire tête aux Turcs avec une armée médiocre.

L'électeur de Brandebourg fut le premier qui attaqua quelque chose. Il s'était déjà saisi de Nuits, quand les troupes du roi l'avaient abandonné. On avait aussi retiré toutes les troupes françaises de Kayserswerd, et l'on y avait laissé une garnison allemande. Ce fut à cette place, qui était mauvaise, que s'attacha M. l'électeur de Brandebourg. Il ne fut que trois jours devant; le quatrième, la garnison allemande obligea Marconié, qui en était gouverneur, et qui était Français, de se rendre. Le roi n'avait plus de place où il y eût de ses troupes, que Bonn. M. le cardinal de Furstemberg en était parti, quand il avait vu les troupes de M. l'électeur s'approcher du pays de Cologne, et était venu demeurer à Metz. Cependant, M. l'électeur de Brandebourg, n'osant pas attaquer Bonn dans les règles avec son armée, se contenta de l'investir, et, peu de temps après, se résolut de la bombarder. M. de Lorraine était arrivé à

Francfort, et tous les princes dont les troupes composaient l'armée qui devait agir de ce côté-là s'y étaient rendus. On y tenait force conseils de guerre, où l'on ne décidait rien; chacun parlait selon son intérêt : tous voulaient que l'on attaquât une place; mais chacun voulait que ce fût celle qui était la plus près de ses états, et, par conséquent celle qui les pouvait le plus incommoder. La ville de Francfort voulait absolument Mayence, et offrait une somme considérable, et de fournir tout ce qui serait nécessaire pour les frais du siége. Cela était tentant; mais M. de Lorraine n'y opinait pas, parce qu'il avait peur de risquer sa réputation; il savait la quantité de troupes qu'il y avait dans la place. Le marquis d'Huxelles avait de la réputation, parce que M. de Louvois l'avait élevé en très-peu de temps. M. de Duras était en Alsace avec une armée considérable : tout cela faisait douter du succès du siége.

L'Espagne avait une envie démesurée de voir des enfans à son roi. Peu de jours après que la reine fut morte, on proposa au Roi Catholique de se remarier, et on lui fit voir les portraits de l'infante de Portugal, de la princesse de Toscane, et de la troisième fille de l'électeur palatin, dont l'aînée avait épousé l'empereur, et la seconde, le roi de Portugal. On ne sait si ce fut le goût, dont il n'avait guère, qui prévalut, ou les conseils de ses ministres, qui étaient l'écho de M. de Mansfeld; mais il choisit la fille de l'électeur palatin, qui était des trois la moins belle. On demanda des vaisseaux au roi de Portugal, pour l'aller chercher. Le ministre du roi obligea le roi de Portugal à n'en point donner. M. de Mansfeld fut choisi par le roi d'Espagne, pour l'aller épouser. Il s'embarqua sur un vaisseau portugais, passa en Angleterre, vit le prince d'Orange comme roi, ce qu'avait déjà fait l'ambassadeur d'Espagne et l'envoyé de l'empereur, prit des ordres du prince d'Orange, pour qu'on lui fournît, en Hollande, tous les vaisseaux qui seraient nécessaires pour la sûreté du passage de la reine, et s'en alla à la cour de l'empereur.

La flotte de la Méditerranée se mit en mer, sous le commandement du chevalier de Tourville; l'on publiait que ce n'était que pour la Méditerranée : cependant il ouvrit ses ordres secrets, et trouva que c'était pour passer dans l'Océan, et venir à Brest joindre le reste de l'armée navale. Elle était composée de vingt-deux vaisseaux de guerre. Il y en avait beaucoup parmi qui ne pouvaient soutenir ni un combat, ni l'effort d'une tourmente. On n'avait voulu que paraître, et mettre beaucoup de vaisseaux sur mer. La flotte fut long-temps à passer. On pressait extrêmement l'armement de Brest ; on envoyait courriers sur courriers au maréchal d'Estrées, qui était vice-amiral, et qui comptait de commander toute cette flotte. Jamais la France n'en avait mis une si nombreuse sur pied, et jamais elle n'avait paru plus nécessaire. On savait la jonction de beaucoup de vaisseaux hollandais avec les Anglais, et qu'ainsi ils ne manqueraient pas de mettre les premiers en mer. On avait beau presser pour les nôtres ; cela était inutile, parce qu'il manquait une infinité de choses qu'il fallait qui vinssent de différens endroits, et l'on n'allait pas commodément des ports de la Manche à ceux de l'Océan, de manière que les Anglais nous tenaient une infinité de choses bloquées. On attendait un gros vaisseau de Dunkerque, qu'on n'osa faire joindre. Nos matelots n'étaient pas en grand nombre ; la religion en avait fait évader une infinité, et des meilleurs ; et il en fallait un furieux nombre. On fut donc obligé de prendre des bateliers de la rivière de Loire pour les remplacer ; mais il fallait les dresser, tout cela demandait du temps ; et à la cour on n'en voulait pas donner. M. de Seignelay donna ses ordres pour que tout ce qui était nécessaire tâchât au moins d'arriver, et il partit de Versailles pour

se rendre à Brest, où le maréchal d'Estrées le
reçut fort bien, quoique, dans le fond du cœur,
ils ne fussent nullement amis. Ils eurent une
conférence sur la marine; et, dans la conférence, M. de Seignelay lui donna une lettre du
roi, qui lui marquait, qu'étant informé des desseins des ennemis, il le croyait plus nécessaire
à commander le long des côtes les troupes qu'il
avait, qu'à commander l'armée navale. La lettre
était fort douce; mais il n'y avait miel qui pût
faire avaler un tel poison. Le maréchal sentit le
dégoût de celui-ci aussi vivement qu'on le peut
sentir. On lui avait fait toujours, et dans tous
les temps, commander les flottes; il avait toute
l'expérience que l'on peut avoir; il était revêtu
d'une grande dignité, et on lui ôtait sa fonction
dans le temps qu'elle était la plus brillante, sous
un fort mauvais prétexte, pour la donner à un
homme, dont la dignité, le mérite et la naissance étaient fort inférieurs au maréchal; mais
celui à qui on la donnait était un homme soumis, qui, de tout temps, avait été des plaisirs
de M. de Seignelay, et qui était le seul homme
de la marine, pour qui il eût une sorte de confiance et d'amitié. Le maréchal soutint ce coup
avec douleur, mais sans bassesse, et partit pour
aller donner ses ordres où le roi lui ordonnait.
M. de Seignelay cependant trancha du maître

dans la marine, comme font tous les ministres du roi chacun dans leur district, donna des ordres signés Louis, et plus bas *Colbert*. Il était enfin général en tout, hors qu'il ne donnait pas le mot, et même il en avait et les habits et la mine. Dans sa pénible fonction, il parla d'aller attaquer les ennemis jusque dans leurs ports, exagéra le peu de cas que le roi faisait des combats de mer qui s'étaient donnés jusqu'à lui, et dit qu'il prétendait que ces combats fussent dorénavant plus décisifs, et que l'on allât d'abord à l'abordage. Il s'embarqua, demeura quelque temps embarqué, et fit faire de grandes provisions. En un mot, il n'y eut personne qui n'eût cru qu'il allait tout de bon commander l'armée. Quand on sut cette nouvelle à la cour, elle parut fort extraordinaire. Tout le monde, grands et petits, s'y trouvaient intéressés, et il n'y avait personne qui ne songeât que, puisque l'on faisait un aussi grand tort à un homme de la dignité du maréchal d'Estrées, on devait s'attendre à pis. M. de Seignelay s'ennuya bientôt sur son vaisseau. On n'avait nulle nouvelle de la flotte de la Méditerranée; cependant les ennemis parurent à la hauteur d'Ouessant, qui est une petite île à huit lieues de Brest, et parurent au nombre de soixante vaisseaux. On avait de petits bâtimens de garde, qui en vinrent avertir.

Le maréchal d'Estrées s'en revint incessamment à Brest, parce que c'était la grande affaire. M. de Seignelay, qui n'avait plus d'affaires, songea à ses plaisirs, joua gros jeu, fit l'amour aux dames de Brest, conserva peu le *decorum* de ministre, laissa promener les ennemis huit ou dix jours le long des côtes, et souffrit qu'il vînt une escadre de dix-huit ou vingt vaisseaux à demi-lieue de la côte, et à quatre de Brest. Pendant ce temps-là pourtant, le convoi qu'il attendait des ports de la Manche, arriva fort heureusement : il lui vint aussi des vaisseaux de Rochefort, chargés de ce qui manquait pour la flotte; il lui vint des matelots de tous côtés : enfin cette flotte, à qui tout manquait huit jours avant qu'il arrivât, mais à un tel point que les officiers ne voulaient pas même monter sur leurs vaisseaux, fut pourvue de tout au delà de ce qu'il fallait.

Malgré cette heureuse réussite et les plaisirs que prenait M. de Seignelay, il ne laissait pas d'avoir ses heures de chagrin. La flotte de Provence n'arrivait pas; on avait nouvelle qu'elle avait passé à Cadix, il y avait bien du temps. Celle des ennemis était justement au passage pour arriver à Brest; on avait envoyé au-devant des vaisseaux qui ne revenaient pas. On lui rendait aussi compte de l'inquiétude du roi : elle augmentait la sienne, d'autant plus qu'il avait emporté l'armement du roi à lui, et que tous les autres ministres n'en avaient point été d'avis. Il se lassa enfin de voir continuellement cette escadre des ennemis s'avancer du côté de Brest; il en fit sortir une de dix vaisseaux de la rade, pour donner la chasse aux ennemis quand ils paraîtraient : cela leur fit tenir un peu bride en main. Le vent avait toujours été assez bon aux ennemis; il changea un soir, et fut si violent qu'il les obligea de quitter Ouessant, et de se retirer aux côtes d'Angleterre. Ce vent, qui leur était contraire, était bon à l'armée de Provence. Tourville, qui, il y avait deux jours, était à vingt lieues de Brest, et qui avait su, par un petit bâtiment anglais qu'il avait pris, que l'armée des ennemis était à la hauteur d'Ouessant, jugeant qu'ils n'avaient pas pu demeurer en cet endroit, fit donner toutes les voiles, et arriva dans l'endroit où se tenait ordinairement leur escadre. Il y avait vingt-quatre heures qu'ils s'en étaient retirés; ainsi son arrivée fut due à un coup du ciel; car il eût été obligé de s'en retourner, ou d'aller à Rochefort, si les ennemis eussent encore demeuré long-temps là. La joie de son arrivée fut grande à Brest, et encore plus grande à la cour, où l'on commençait d'en désespérer.

On avait déjà commencé à faire marcher en Flandre les troupes de Guyenne; le maréchal de Lorge avait eu aussi avis qu'on l'en tirerait bientôt. Il n'y avait plus d'autres troupes qu'en Bretagne et en Normandie. Elles eurent aussi ordre de marcher en Flandre, aussitôt que le courrier eut apporté la nouvelle de l'arrivée de M. de Tourville.

La chose du monde que l'on souhaitait le plus en France, et qui nous était la plus importante dans la conjoncture présente, était la mort du pape. On apprit qu'il était malade à l'extrémité. Lavardin, qui avait été envoyé ambassadeur à Rome, parce qu'on n'en avait pas pu trouver d'autre qui y voulût aller, dans l'assurance où l'on était à peu près de ne pas réussir à une si pénible négociation, avait été rappelé. Ce ministre s'était fort mal gouverné avec le cardinal d'Estrées, et avait pris des engagemens tout contraires aux siens et à tous ceux que la France avait. Avant que de partir de Paris, il avait commencé à prendre des liaisons avec l'abbé Servien, qui avait été envoyé par le pape pour apporter la barrette aux cardinaux nommés. L'abbé Servien était ennemi particulier du cardinal. Il était Français, mais établi à Rome depuis longtemps avec une charge chez le pape, et voulait faire sa fortune indépendamment de la France.

Cet abbé donna à Lavardin des vues toutes contraires à celles qu'il devait prendre; d'autant plus que l'intention du roi et de M. de Croissi, secrétaire d'état des étrangers, était que l'ambassadeur ne fît rien que de concert avec le cardinal, qui était un homme d'un esprit supérieur; qui, depuis long-temps, était à Rome; qui, outre cela, y avait fait beaucoup de voyages, et, par conséquent, connaissait beaucoup mieux cette cour qu'un homme qui n'y faisait que d'arriver. Dans toutes les affaires qui se rencontrèrent pendant l'ambassade de Lavardin, il jetait la faute sur le cardinal d'Estrées; mais lui, plus sage et plus posé, ne donnait des coups à Lavardin que quand ils pouvaient bien porter. On avait donné à l'ambassadeur beaucoup d'officiers de marine et des gardes pour l'accompagner à Rome, afin qu'il ne lui arrivât rien. Il rendit tous ces gens-là mal contens de ses manières, de sa mauvaise chère, de son peu d'apparat; au lieu que le cardinal d'Estrées gagnait le cœur à tous par ses manières honnêtes et par sa magnificence. Enfin, pendant deux ans et demi que Lavardin fut ambassadeur à Rome, il ne s'attira que beaucoup de brocards, dépensa bien de l'argent, ne parut guère, et ne réussit à aucune de ses négociations. Cela n'était pas bien étonnant, vu l'obstination du pape et la haine qu'il portait au roi et à la nation, haine qui n'a que trop paru, par la manière dont il a engagé toute l'Europe contre nous, et par le peu de secours qu'il voulut accorder au roi d'Angleterre, qui perdait son royaume parce qu'il était trop zélé catholique. Ce roi, en partant de France, avait envoyé M. Porter, homme de beaucoup d'esprit, pour tâcher de tirer du secours de Sa Sainteté, qui ne lui donna, pour tout réconfort, que des chapelets et des indulgences, choses fort peu nécessaires à d'autres qu'à des dévots consommés, et qui n'étaient d'aucune utilité pour reconquérir un royaume. Porter s'en revint fort peu édifié de Sa Sainteté, qui disait envoyer à l'empereur, pour faire la guerre contre les Turcs, un argent que l'empereur employait contre le roi.

Quand on vit le peu de succès de l'ambassadeur dans ces affaires, la dépense furieuse qu'il faisait au roi, et le besoin qu'on avait d'officiers, on lui envoya ordre de revenir. Le pape ne se portait pas bien. La reine de Suède, qui ne nous aimait pas, et le cardinal Azolin, qui était ennemi déclaré de la France, et avait part à la confiance du pape, étaient morts à peu de temps l'un de l'autre. Il y avait eu, disait-on, une prédiction sur leur mort, et l'on y joignait aussi celle du pape. Sa mauvaise santé et son âge, qui passait quatre-vingts ans, étaient la plus sûre prédiction. Quelques gens ont cru que sa mort, que l'on prévoyait prochaine, eut plus de part au rappel de Lavardin, que son peu de progrès dans les négociations.

Dans toutes les petites affaires qui se passèrent en Flandre, les troupes du roi, quoiqu'il y en eût beaucoup de nouvelles dans l'armée, avaient l'avantage sur celles des ennemis; mais ils en avaient un autre, qui était qu'il en désertait un nombre infini des nôtres, et que des leurs il n'en désertait point. L'affaire la plus considérable qu'il y eut, fut un détachement où Saint-Gelais commandait. On tomba sur une partie des gardes à cheval du roi d'Espagne aux Pays-Bas. Ils témoignèrent une bravoure extraordinaire, et revinrent jusqu'à cinq fois à la charge : ils furent pourtant tous tués ou faits prisonniers. Comme la cavalerie des Espagnols n'était pas montée, les gouverneurs des places faisaient ce qu'ils pouvaient pour la monter à nos dépens, et envoyaient beaucoup de partis pour prendre des chevaux au fourrage. Il y en eut un d'assez insolent pour venir se mettre entre les gardes, pour prendre des chevaux, dès le soir, à l'abreuvoir, et il fut assez indiscret pour tirer. Rien ne le pouvait mieux faire découvrir : aussi le fut-il ; et le bruit en vint aussitôt au quartier général, que les gardes étaient attaquées. Tous les jeunes gens qui y étaient montèrent à cheval, et poussèrent sans savoir ce que c'était ; le prince de Rohan, fils de M. de Soubise, eut le genou cassé ; Nogaret, un cheval tué sous lui, et le bras un peu égratigné. Tout le parti fut sacrifié ; il ne s'en sauva pas un seul. C'étaient là les grandes affaires du maréchal d'Humières, à cause des ordres qu'il avait. Pour ce qui regardait l'armée de M. de Duras, on n'y avait point encore vu d'ennemis, et il n'y avait eu que de la cavalerie rassemblée.

M. de Lorraine avait envoyé à l'empereur pour savoir s'il voulait absolument que l'on assiégeât Mayence, et lui en remontrer les inconvéniens. Il en reçut l'ordre et s'y disposa. La nouvelle vint à Versailles de cette résolution. La joie en fut grande ; le roi même et M. de Louvois dirent que, si les ennemis avaient pris un conseil d'eux, ils n'auraient pas fait autre chose. Il y eut beaucoup de paris à la cour qu'ils l'attaqueraient ou qu'ils ne l'attaqueraient pas. Le maréchal de Bellefond, qui tient de l'extraordinaire en tout, paria encore, trois jours après que la nouvelle fut venue de l'ouverture de la tranchée, qu'ils ne l'attaqueraient pas. Mayence était un si grand événement, que

tout le monde avait les yeux attachés dessus.
L'empereur s'avança à Neubourg pour le mariage de la reine d'Espagne. Il devait venir ensuite à Ausbourg, pour tâcher de faire déclarer son fils roi des Romains, qui était déjà roi de Hongrie. Jamais il ne pouvait prendre une plus belle occasion : toute l'Allemagne était dans ses intérêts, et protestans et catholiques; et c'était peut-être la seule fois que cela s'était ainsi rencontré, et, s'il y avait un temps où le roi ne pût lui apporter d'obstacle, c'était celui-là.

M. de Bavière se rendit à Mayence. M. de Lorraine y disposa ses attaques, et en fit trois, qui furent celle de l'Empire, celle des Saxons, et celle des Bavarois. L'armée n'était composée que de quarante mille hommes : la quantité de troupes qu'il y avait dans Mayence, faisait qu'ils étaient obligés de monter une tranchée très-forte, et leurs troupes en étaient fort fatiguées. Quand M. de Duras vit le siége en train, il commença à rassembler son armée, fit joindre la cavalerie et l'infanterie, passa le Rhin à Philisbourg, entra dans le Palatinat, et voulut occuper les postes que remplissaient des troupes de M. l'électeur de Bavière, commandées par M. de Sérini, qui était son général. On en reprit d'abord quelques-uns, et l'on fut à Heidelberg, qui était l'endroit où il y en avait davantage, ne doutant point que l'on ne l'emportât ; mais cela ne réussit pas comme l'on avait espéré. M. de Sérini jeta beaucoup de troupes dedans, et se retira dans les bois avec le reste. On voulut faire attaquer Heidelberg; mais l'on y trouva trop de résistance. M. de Duras jeta la faute de la réussite sur Tessé, maréchal de camp, qui avait eu l'ordre de l'évacuer et de le raser, disant qu'il l'avait assuré que cette place ne pourrait être en un moindre état de défense. Il fallut s'en revenir avec sa courte honte. On prit et brûla un assez gros bourg, où il y avait beaucoup de troupes, et tous les châteaux qui étaient à portée d'incommoder l'Alsace pendant l'hiver. On fit environ quatre mille prisonniers dans toutes ces places, et on les envoya en France, où ils furent dispersés dans les villes.

Dans le temps que l'on commença à parler du siége de Mayence par l'armée d'Allemagne, on eut peur que celle de Flandre n'attaquât Dinant, qui était une place de la dernière importance pour le roi. On fit partir Guiscard, colonel de Normandie et brigadier, pour aller se jeter dedans avec ses deux bataillons. Il était très-brave garçon, et avait beaucoup de mérite ; mais, six mois auparavant, on ne le croyait pas seulement digne d'être colonel de Normandie, et on lui avait donné tous les dégoûts imaginables. Il paraissait à la cour que l'on avait envie de secourir Mayence. On en parlait beaucoup; on disait aussi que le roi avait permis à M. le maréchal d'Humières de donner bataille, de manière que tout le monde était fort éveillé sur les événemens. On ne doutait point aussi de voir un combat naval, de manière que tout était aussi en mouvement sur cela. On fut quelques jours à raccommoder les vaisseaux, et à faire prendre de l'eau à ceux de Provence, en attendant que le vent fût bon pour sortir de Brest. Il y avait des officiers qui devaient passer en Irlande. Gacé, qui était gouverneur du pays d'Aunis et de la Rochelle, avait eu le dégoût que l'on y avait envoyé, à la fin de l'hiver, La Trousse pour y commander. La Trousse se trouva extrêmement mal, et par conséquent dans l'impossibilité de servir. On y envoya Saint-Rhut prendre sa place ; ce dégoût-là fut plus violent pour Gacé que le premier. Il demanda à aller servir en Irlande, et il fut lieutenant général du roi d'Angleterre. Outre lui, le roi envoya encore le marquis d'Escars, vieux brigadier, avec MM. d'Hocquincourt, d'Amanse et de Saint-Pater, qui étaient de jeunes colonels. On fit appareiller un vaisseau pour les porter, et, quand le vent fut bon, la flotte mit à la voile. Le vaisseau destiné pour l'Irlande et une grande flûte, destinée à porter les équipages, se séparèrent de l'armée navale pour aller en Irlande; mais la flotte, sur laquelle était M. de Seignelay, s'en alla descendre à Belle-Isle. Le vaisseau, dont je viens de parler, destiné pour l'Irlande, fut attaqué par les Anglais, à son retour à Belle-Isle, et le capitaine en fut tué. Voilà à quoi se termina, pour lors, l'exploit de la plus formidable armée que le roi eût jusqu'à présent mise sur mer.

FIN DES MÉMOIRES DE LA COUR DE FRANCE.

HISTOIRE

DE MADAME

HENRIETTE D'ANGLETERRE,

PREMIÈRE FEMME

DE PHILIPPE DE FRANCE,

DUC D'ORLÉANS.

PRÉFACE.

Henriette de France, veuve de Charles Ier., roi d'Angleterre, avait été obligée par ses malheurs de se retirer en France, et avait choisi pour sa retraite ordinaire le couvent de Sainte-Marie de Chaillot. Elle y était attirée par la beauté du lieu, et plus encore par l'amitié qu'elle avait pour la mère Angélique[1], supérieure de cette maison. Cette personne était venue fort jeune à la cour, fille d'honneur d'Anne d'Autriche, femme de Louis XIII.

Ce prince, dont les passions étaient pleines d'innocence, en était devenu amoureux, et elle avait répondu à sa passion par une amitié fort tendre, et par une si grande fidélité pour la confiance dont il l'honorait, qu'elle avait été à l'épreuve de

---

[1] Mademoiselle de La Fayette, fille d'honneur d'Anne d'Autriche, reine de France.

tous les avantages que le cardinal de Richelieu lui avait fait envisager.

Comme ce ministre vit qu'il ne la pouvait gagner, il crut, avec quelque apparence, qu'elle était gouvernée par l'évêque de Limoges, son oncle, attaché à la reine par madame de Seneçay [1]. Dans cette vue, il résolut de la perdre, et de l'obliger à se retirer de la cour : il gagna le premier valet de chambre du roi, qui avait leur confiance entière, et l'obligea à rapporter de part et d'autre des choses entièrement opposées à la vérité. Elle était jeune et sans expérience, et crut ce qu'on lui dit : elle s'imagina qu'on l'allait abandonner, et se jeta dans les filles de Sainte-Marie. Le roi fit tous ses efforts pour l'en tirer : il lui montra clairement son erreur et la fausseté de ce qu'elle avait cru ; mais elle résista à tout, et se fit religieuse quand le temps le lui put permettre.

Le roi conserva pour elle beaucoup d'amitié, et lui donna sa confiance : ainsi,

---

[1] Dame d'honneur d'Anne d'Autriche.

quoique religieuse, elle était très-considérée, et elle le méritait. J'épousai son frère quelques années avant sa profession; et, comme j'allais souvent dans son cloître, j'y vis la jeune princesse d'Angleterre, dont l'esprit et le mérite me charmèrent. Cette connaissance me donna depuis l'honneur de sa familiarité, en sorte que, quand elle fut mariée, j'eus toutes les entrées particulières chez elle; et, quoique je fusse plus âgée de dix ans qu'elle, elle me témoigna jusqu'à la mort beaucoup de bonté, et eut beaucoup d'égards pour moi.

Je n'avais aucune part à sa confidence sur de certaines affaires; mais, quand elles étaient passées, et presque rendues publiques, elle prenait plaisir à me les raconter.

L'année 1664, le comte de Guiches[1] fut exilé. Un jour qu'elle me faisait le récit de quelques circonstances assez extraordinaires de sa passion pour elle : Ne trouvez-vous pas, me dit-elle, que, si tout ce

---

[1] Fils aîné du maréchal de Grammont.

qui m'est arrivé et les choses qui y ont relation étaient écrits, cela composerait une jolie histoire? Vous écrivez bien, ajouta-t-elle; écrivez, je vous fournirai de bons mémoires.

J'entrai avec plaisir dans cette pensée, et nous fîmes ce plan de notre histoire, telle qu'on la trouvera ici.

Pendant quelque temps, lorsque je la trouvais seule, elle me contait des choses particulières que j'ignorais; mais cette fantaisie lui passa bientôt, et ce que j'avais commencé demeura quatre ou cinq années sans qu'elle s'en souvînt.

En 1669, le roi alla à Chambord : elle était à Saint-Cloud, où elle faisait ses couches de la duchesse de Savoie, aujourd'hui régnante; j'étais auprès d'elle; il y avait peu de monde; elle se souvint du projet de cette histoire, et me dit qu'il fallait la reprendre. Elle me conta la suite des choses qu'elle avait commencé à me dire : je me remis à les écrire; je lui montrais le matin ce que j'avais fait sur ce qu'elle m'avait dit le soir; elle en était très-contente :

c'était un ouvrage assez difficile que de tourner la vérité, en de certains endroits, d'une manière qui la fît connaître, et qui ne fût pas néanmoins offensante ni désagréable à la princesse. Elle badinait avec moi sur les endroits qui me donnaient le plus de peine, et elle prit tant de goût à ce que j'écrivais, que, pendant un voyage de deux jours que je fis à Paris, elle écrivit elle-même ce que j'ai marqué pour être de sa main, et que j'ai encore.

Le roi revint : elle quitta Saint-Cloud, et notre ouvrage fut abandonné. L'année suivante, elle fut en Angleterre; et, peu de jours après son retour, cette princesse, étant à Saint-Cloud, perdit la vie d'une manière qui fera toujours l'étonnement de ceux qui liront cette histoire. J'avais l'honneur d'être auprès d'elle, lorsque cet accident funeste arriva; je sentis tout ce que l'on peut sentir de plus douloureux, en voyant expirer la plus aimable princesse qui fut jamais, et qui m'avait honorée de ses bonnes grâces; cette perte est de celles dont on ne se console jamais, et qui laissent une amertume répandue dans tout le reste de la vie.

La mort de cette princesse ne me laissa ni le dessein ni le goût de continuer cette histoire, et j'écrivis seulement les circonstances de sa mort dont je fus témoin.

FIN DE LA PRÉFACE.

HISTOIRE

DE MADAME

HENRIETTE D'ANGLETERRE,

PREMIÈRE FEMME

DE PHILIPPE DE FRANCE,

DUC D'ORLÉANS.

PREMIÈRE PARTIE.

La paix était faite entre la France et l'Espagne ; le mariage du roi était achevé après beaucoup de difficultés ; et le cardinal Mazarin, tout glorieux d'avoir donné la paix à la France, semblait n'avoir plus qu'à jouir de cette grande fortune où son bonheur l'avait élevé : jamais ministre n'avait gouverné avec une puissance si absolue ; et jamais ministre ne s'était si bien servi de sa puissance pour l'établissement de sa grandeur.

La reine-mère ¹, pendant sa régence, lui avait laissé toute l'autorité royale, comme un fardeau trop pesant pour un naturel aussi paresseux que le sien. Le roi ², à sa majorité, lui avait trouvé cette autorité entre les mains, et n'avait eu ni la force, ni peut-être même l'envie de la lui ôter. On lui représentait les troubles que la mauvaise conduite de ce cardinal avait excités, comme un effet de la haine des princes pour un ministre qui avait voulu donner des bornes à leur ambition; on lui faisait considérer le ministre comme un homme qui seul avait tenu le timon de l'état pendant l'orage qui l'avait agité, et dont la bonne conduite en avait peut-être empêché la perte.

Cette considération, jointe à une soumission sucée avec le lait, rendit le cardinal plus absolu sur l'esprit du roi, qu'il ne l'avait été sur celui de la reine. L'étoile qui lui donnait une autorité si entière s'étendit même jusqu'à l'amour. Le roi n'avait pu porter son cœur hors de la famille de cet heureux ministre; il l'avait donné, dès sa plus tendre jeunesse, à la troisième de ses nièces, mademoiselle de Mancini ³ ; et, s'il

---

¹ Anne d'Autriche.
² Louis XIV.
³ Depuis madame de Soissons.

le retira quand il fut dans un âge plus avancé, ce ne fut que pour le donner entièrement à une quatrième nièce, qui portait le même nom de Mancini [1], à laquelle il se soumit si absolument, que l'on peut dire qu'elle fut la maîtresse d'un prince que nous avons vu depuis maître de sa maîtresse et de son amour.

Cette même étoile du cardinal produisait seule un effet si extraordinaire. Elle avait étouffé dans la France tous les restes de cabale et de dissension; la paix générale avait fini toutes les guerres étrangères; le cardinal avait satisfait en partie aux obligations qu'il avait à la reine, par le mariage du roi qu'elle avait si ardemment souhaité, et qu'il avait fait, bien qu'il le crût contraire à ses intérêts.

Ce mariage lui était même favorable, et l'esprit doux et paisible de la reine ne lui pouvait laisser lieu de craindre qu'elle entreprît de lui ôter le gouvernement de l'état; enfin, on ne pouvait ajouter à son bonheur que la durée, mais ce fut ce qui lui manqua.

La mort interrompit une félicité si parfaite; et, peu de temps après que l'on fut de retour du voyage où la paix et le mariage s'étaient achevés, il mourut au bois de Vincennes, avec

---

[1] Depuis madame Colonne.

une fermeté beaucoup plus philosophique que chrétienne.

Il laissa par sa mort un amas infini de richesses. Il choisit le fils du maréchal de La Meilleraie [1] pour l'héritier de son nom et de ses trésors : il lui fit épouser Hortense [2], la plus belle de ses nièces, et disposa en sa faveur de tous les établissemens qui dépendaient du roi, de la même manière qu'il disposait de son propre bien.

Le roi en agréa néanmoins la disposition, aussi-bien que celle qu'il fit, en mourant, de toutes les charges et de tous les bénéfices qui étaient pour lors à donner. Enfin, après sa mort, son ombre était encore la maîtresse de toutes choses, et il paraissait que le roi ne pensait à se conduire que par les sentimens qu'il lui avait inspirés.

Cette mort donnait de grandes espérances à ceux qui pouvaient prétendre au ministère ; ils croyaient, avec apparence, qu'un roi qui venait de se laisser gouverner entièrement, tant pour les choses qui regardaient son état que pour celles qui regardaient sa personne, s'abandonnerait à la conduite d'un ministre qui ne voudrait se mêler que des affaires publiques, et qui ne

---

[1] Depuis duc de Mazarin.
[2] Depuis madame de Mazarin.

prendrait point connaissance de ses actions particulières.

Il ne pouvait tomber dans leur imagination qu'un homme pût être si dissemblable de lui-même, et qu'ayant toujours laissé l'autorité de roi entre les mains de son premier ministre, il voulût reprendre à la fois et l'autorité de roi et les fonctions de premier ministre.

Ainsi beaucoup de gens espéraient quelque part aux affaires, et beaucoup de dames, par des raisons à peu près semblables, espéraient beaucoup de part aux bonnes grâces du roi. Elles avaient vu qu'il avait passionnément aimé mademoiselle de Mancini, et qu'elle avait paru avoir sur lui le plus absolu pouvoir qu'une maîtresse ait jamais eu sur le cœur d'un amant; elles espéraient qu'ayant plus de charmes, elles auraient pour le moins autant de crédit; et il y en avait déjà beaucoup qui prenaient pour modèle de leur fortune celui de la duchesse de Beaufort [1].

Mais, pour faire mieux comprendre l'état de la cour après la mort du cardinal Mazarin, et la suite des choses dont nous avons à parler, il faut dépeindre en peu de mots les personnes de la maison royale, les ministres qui pouvaient pré-

---

[1] Gabrielle d'Estrées, maîtresse de Henri IV.

tendre au gouvernement de l'état, et les dames qui pouvaient aspirer aux bonnes grâces du roi.

La reine-mère, par son rang, tenait la première place dans la maison royale; et, selon les apparences, elle devait la tenir par son crédit; mais le même naturel qui lui avait rendu l'autorité royale un pesant fardeau, pendant qu'elle était toute entière entre ses mains, l'empêchait de songer à en reprendre une partie, lorsqu'elle n'y était plus. Son esprit avait paru inquiet et porté aux affaires pendant la vie du roi son mari; mais, dès qu'elle avait été maîtresse et d'elle-même et du royaume, elle n'avait pensé qu'à mener une vie douce, à s'occuper à ses exercices de dévotion, et avait témoigné une assez grande indifférence pour toutes choses. Elle était sensible néanmoins à l'amitié de ses enfans : elle les avait élevés auprès d'elle avec une tendresse qui lui donnait quelque jalousie des personnes avec lesquelles ils cherchaient leurs plaisirs; ainsi elle était contente, pourvu qu'ils eussent l'attention de la voir, et elle était incapable de se donner la peine de prendre sur eux une véritable autorité.

La jeune reine était une personne de vingt-deux ans, bien faite de sa personne, et qu'on pouvait appeler belle, quoiqu'elle ne fût pas agréable. Le peu de séjour qu'elle avait fait en

France, et les impressions qu'on en avait données avant qu'elle y arrivât, étaient cause qu'on ne la connaissait quasi pas, ou que du moins on croyait ne la pas connaître, en la trouvant d'un esprit fort éloigné de ces desseins ambitieux dont on avait tant parlé. On la voyait tout occupée d'une violente passion pour le roi, attachée dans tout le reste de ses actions à la reine sa belle-mère, sans distinction de personnes, ni de divertissemens, et sujette à beaucoup de chagrin, à cause de l'extrême jalousie qu'elle avait du roi.

Monsieur, frère unique du roi, n'était pas moins attaché à la reine sa mère. Ses inclinations étaient aussi conformes aux occupations des femmes, que celles du roi en étaient éloignées. Il était beau et bien fait; mais d'une beauté et d'une taille plus convenables à une princesse qu'à un prince : aussi avait-il plus songé à faire admirer sa beauté de tout le monde, qu'à s'en servir pour se faire aimer des femmes, quoiqu'il fût continuellement avec elles; son amour-propre semblait ne le rendre capable que d'attachement pour lui-même.

Madame de Thianges [1], fille aînée du duc de

---

[1] Mademoiselle de Rochechouart, sœur aînée de madame de Montespan.

Mortemart, avait paru lui plaire plus que les autres; mais leur commerce était plutôt une confidence libertine qu'une véritable galanterie. L'esprit du prince était naturellement doux, bienfaisant et civil, capable d'être prévenu, et si susceptible d'impressions, que les personnes qui l'approchaient pouvaient quasi répondre de s'en rendre maîtres, en le prenant par son faible. La jalousie dominait en lui, mais cette jalousie le faisait plus souffrir que personne, la douceur de son humeur le rendant incapable des actions violentes que la grandeur de son rang aurait pu lui permettre.

Il est aisé de juger, par ce que nous venons de dire, qu'il n'avait nulle part aux affaires, puisque sa jeunesse, ses inclinations et la domination absolue du cardinal étaient autant d'obstacles qui l'en éloignaient.

Il semble qu'en voulant décrire la maison royale, je devais commencer par celui qui en est le chef : mais on ne saurait le dépeindre que par ses actions; et celles que nous avons vues jusqu'au temps dont nous venons de parler étaient si éloignées de celles que nous avons vues depuis, qu'elles ne pourraient guère servir à le faire connaître. On en pourra juger par ce que nous avons à dire : on le trouvera sans doute un des plus grands rois qui aient jamais été, un des plus honnêtes hommes de son royaume, et l'on pourrait dire le plus parfait, s'il n'était point si avare de l'esprit que le ciel lui a donné, et qu'il voulût le laisser paraître tout entier, sans le renfermer si fort dans la majesté de son rang.

Voilà quelles étaient les personnes qui composaient la maison royale. Pour le ministère, il était douteux entre M. Fouquet, surintendant des finances, M. Le Tellier, secrétaire d'état, et M. Colbert [1]. Ce troisième avait eu, dans les derniers temps, toute la confiance du cardinal Mazarin : on savait que le roi n'agissait encore que selon les sentimens et les mémoires de ce ministre ; mais l'on ne savait pas précisément quels étaient les sentimens et les mémoires qu'il avait donnés à Sa Majesté. On ne doutait pas qu'il n'eût ruiné la reine-mère dans l'esprit du roi, aussi-bien que beaucoup d'autres personnes ; mais on ignorait celles qu'il y avait établies.

M. Fouquet, peu de temps avant la mort du cardinal, avait été quasi perdu auprès de lui pour s'être brouillé avec M. Colbert. Ce surintendant était un homme d'une étendue d'esprit et d'une ambition sans bornes, civil, obligeant

---

[1] Depuis contrôleur général des finances.

pour tous les gens de qualité, et qui se servait des finances pour les acquérir et pour les embarquer dans ses intrigues, dont les desseins étaient infinis pour les affaires, aussi-bien que pour la galanterie.

M. Le Tellier paraissait plus sage et plus modéré, attaché à ses seuls intérêts, et à des intérêts solides, sans être capable de s'éblouir du faste et de l'éclat comme M. Fouquet.

M. Colbert était peu connu par diverses raisons, et l'on savait seulement qu'il avait gagné la confiance du cardinal par son habileté et son économie.

Le roi n'appelait au conseil que ces trois personnes, et l'on attendait à voir qui l'emporterait sur les autres, sachant bien qu'ils n'étaient pas unis, et que, quand ils l'auraient été, il était impossible qu'ils le demeurassent.

Il nous reste à parler des dames qui étaient alors le plus avant à la cour, et qui pouvaient aspirer aux bonnes grâces du roi.

La comtesse de Soissons aurait pu y prétendre, par la grande habitude qu'elle avait conservée avec lui, et pour avoir été sa première inclination. C'était une personne qu'on ne pouvait pas appeler belle, et qui néanmoins était capable de plaire. Son esprit n'avait rien d'extraordinaire, ni de fort poli ; mais il était naturel et agréable avec les personnes qu'elle connaissait. La grande fortune de son oncle l'autorisait à n'avoir pas besoin de se contraindre. Cette liberté qu'elle avait prise, jointe à un esprit vif et à un naturel ardent, l'avait rendue si attachée à ses propres volontés, qu'elle était incapable de s'assujettir qu'à ce qui lui était agréable. Elle avait naturellement de l'ambition, et, dans le temps où le roi l'avait aimée, le trône ne lui avait point paru trop au-dessus d'elle, pour n'oser y aspirer. Son oncle, qui l'aimait fort, n'avait pas été éloigné du dessein de l'y faire monter; mais tous les faiseurs d'horoscopes l'avaient tellement assuré qu'elle ne pourrait y parvenir, qu'il en avait perdu la pensée, et l'avait mariée au comte de Soissons. Elle avait pourtant toujours conservé quelque crédit auprès du roi, et une certaine liberté de lui parler plus hardiment que les autres; ce qui faisait soupçonner assez souvent que, dans certains momens, la galanterie trouvait encore place dans leur conversation.

Cependant il paraissait impossible que le roi lui redonnât son cœur. Ce prince était plus sensible en quelque manière à l'attachement qu'on avait pour lui, qu'à l'agrément et au mérite des personnes. Il avait aimé la comtesse de Soissons avant qu'elle fût mariée; il avait cessé

de l'aimer, par l'opinion qu'il avait que Ville-
quier [1] ne lui était pas désagréable ; peut-être
l'avait-il cru sans fondement ; et il y a même
assez d'apparence qu'il se trompait, puisque
étant si peu capable de se contraindre, si elle
l'eût aimé, elle l'eût bientôt fait paraître. Mais
enfin, puisqu'il l'avait quittée sur le simple
soupçon qu'un autre en était aimé, il n'avait
garde de retourner à elle, lorsqu'il croyait avoir
une certitude entière qu'elle aimait le marquis
de Vardes [2].

Mademoiselle de Mancini était encore à la
cour, quand son oncle mourut. Pendant sa vie,
il avait conclu son mariage avec le connétable
Colonne ; et l'on n'attendait plus que celui qui
devait l'épouser au nom de ce connétable, pour
la faire partir de France. Il était difficile de démêler quels étaient ses sentimens pour le roi,
et quels sentimens le roi avait pour elle. Il
l'avait passionnément aimée, comme nous
l'avons déjà dit ; et, pour faire comprendre jusqu'où cette passion l'avait mené, nous dirons
en peu de mots ce qui s'était passé à la mort
du cardinal.

---

[1] Depuis duc d'Aumont.
[2] Dubec Crepin, marquis de Vardes, capitaine des cent-
suisses.

Cet attachement avait commencé pendant le voyage de Calais, et la reconnaissance l'avait fait naître plutôt que la beauté : mademoiselle de Mancini n'en avait aucune ; il n'y avait nul charme dans sa personne, et très-peu dans son esprit, quoiqu'elle en eût infiniment : elle l'avait hardi, résolu, emporté, libertin, et éloigné de toute sorte de civilité et de politesse.

Pendant une dangereuse maladie [1] que le roi avait eue à Calais, elle avait témoigné une affliction si violente de son mal, et l'avait si peu cachée, que, lorsqu'il commença à se mieux porter, tout le monde lui parla de la douleur de mademoiselle de Mancini ; peut-être, dans la suite, lui en parla-t-elle elle-même. Enfin, elle lui fit paraître tant de passion, et rompit si entièrement toutes les contraintes où la reine-mère et le cardinal la tenaient, que l'on peut dire qu'elle contraignit le roi à l'aimer.

Le cardinal ne s'opposa pas d'abord à cette passion ; il crut qu'elle ne pouvait être que conforme à ses intérêts : mais, comme il vit dans la suite que sa nièce ne lui rendait aucun compte de ses conversations avec le roi, et qu'elle prenait sur son esprit tout le crédit

---

[1] La petite vérole.

qui lui était possible, il commença à craindre qu'elle n'y en prît trop, et voulut apporter quelque diminution à cet attachement. Il vit bientôt qu'il s'en était avisé trop tard : le roi était entièrement abandonné à sa passion ; et l'opposition qu'il fit paraître ne servit qu'à aigrir contre lui l'esprit de sa nièce, et à la porter à lui rendre toute sorte de mauvais services.

Elle n'en rendit pas moins à la reine dans l'esprit du roi, soit en lui décriant sa conduite pendant la régence, ou en lui apprenant tout ce que la médisance avait inventé contre elle. Enfin, elle éloignait si bien de l'esprit du roi tous ceux qui pouvaient lui nuire, et s'en rendit maîtresse si absolue, que, pendant le temps que l'on commençait à traiter la paix et le mariage, il demanda au cardinal la permission de l'épouser, et témoigna ensuite, par toutes ses actions, qu'il le souhaitait.

Le cardinal, qui savait que la reine ne pourrait entendre sans horreur la proposition de ce mariage, et que l'exécution en eût été très-hasardeuse pour lui, se voulut faire un mérite envers la reine et envers l'état d'une chose qu'il croyait contraire à ses propres intérêts.

Il déclara au roi qu'il ne consentirait jamais à lui laisser faire une alliance si disproportionnée; et que, s'il la faisait de son autorité absolue, il lui demanderait à l'heure même la permission de se retirer hors de France.

La résistance du cardinal étonna le roi, et lui fit peut-être faire des réflexions qui ralentirent la violence de son amour. L'on continua de traiter la paix et le mariage; et le cardinal, avant que de partir pour aller régler les articles de l'un et de l'autre, ne voulut pas laisser sa nièce à la cour : il résolut de l'envoyer à Brouage. Le roi en fut aussi affligé que le peut être un amant à qui l'on ôte sa maîtresse; mais mademoiselle de Mancini, qui ne se contentait pas des mouvemens de son cœur, et qui aurait voulu qu'il eût témoigné son amour par des actions d'autorité, lui reprocha, en lui voyant répandre des larmes, lorsqu'elle monta en carrosse, qu'il pleurait et qu'il était le maître. Ces reproches ne l'obligèrent pas à le vouloir être: il la laissa partir, quelque affligé qu'il fût, lui promettant néanmoins qu'il ne consentirait jamais au mariage d'Espagne, et qu'il n'abandonnerait pas le dessein de l'épouser.

Toute la cour partit quelque temps après pour aller à Bordeaux, afin d'être plus près du lieu où l'on traitait la paix.

Le roi vit mademoiselle de Mancini à Saint-Jean-d'Angely : il en parut plus amoureux que jamais, dans le peu de momens qu'il eut à être avec elle, et lui promit toujours la même fidélité. Le temps, l'absence et la raison le firent enfin manquer à sa promesse ; et, quand le traité fut achevé, il l'alla signer à l'île de la Conférence, et prendre l'infante d'Espagne, des mains du roi son père, pour la faire reine de France dès le lendemain.

La cour revint ensuite à Paris. Le cardinal, qui ne craignait plus rien, y fit aussi revenir ses nièces.

Mademoiselle de Mancini était outrée de rage et de désespoir : elle trouvait qu'elle avait perdu en même temps un amant fort aimable et la plus belle couronne de l'univers. Un esprit plus modéré que le sien aurait eu de la peine à ne pas s'emporter dans une semblable occasion ; aussi s'était-elle abandonnée à la rage et à la colère.

Le roi n'avait plus la même passion pour elle : la possession d'une princesse belle et jeune, comme la reine sa femme, l'occupait agréablement. Néanmoins, comme l'attachement d'une femme est rarement un obstacle à l'amour qu'on a pour une maîtresse, le roi serait peut-être revenu à mademoiselle de Mancini, s'il n'eût connu qu'entre tous les partis qui se présentaient alors pour l'épouser, elle souhaitait ardemment le duc Charles, neveu du duc de Lorraine, et s'il n'avait été persuadé que ce prince avait su toucher son cœur.

Le mariage ne s'en put faire par plusieurs raisons : le cardinal conclut celui du connétable Colonne, et mourut, comme nous avons dit, avant qu'il fût achevé.

Mademoiselle de Mancini avait une si horrible répugnance pour ce mariage, que, voulant l'éviter, si elle eût vu quelque apparence de regagner le cœur du roi, malgré tout son dépit, elle y aurait travaillé de toute sa puissance.

Le public ignorait le secret dépit qu'avait eu le roi du penchant qu'elle avait témoigné pour le mariage du neveu du duc de Lorraine ; et, comme on le voyait souvent aller au palais Mazarin, où elle logeait avec madame Mazarin, sa sœur, on ne savait si le roi y était conduit par les restes de son ancienne flamme, ou par les étincelles d'une nouvelle, que les yeux de madame Mazarin étaient bien capables d'allumer.

C'était, comme nous avons dit, non-seulement la plus belle des nièces du cardinal, mais aussi une des plus parfaites beautés de la cour. Il ne lui manquait que de l'esprit pour être accomplie, et pour lui donner la vivacité qu'elle n'avait pas : ce défaut même n'en était pas un pour tout le monde, et beaucoup de gens trouvaient son air languissant et sa négligence capables de se faire aimer.

Ainsi les opinions se portaient aisément à croire que le roi lui en voulait, et que l'ascendant du cardinal garderait encore son cœur dans sa famille. Il est vrai que cette opinion n'était pas sans fondement : l'habitude que le roi avait prise avec les nièces du cardinal lui donnait plus de dispositions à leur parler qu'à toutes les autres femmes ; et la beauté de madame Mazarin, jointe à l'avantage que donne un mari qui n'est guère aimable à un roi qui l'est beaucoup, l'eût aisément porté à l'aimer, si M. de Mazarin n'avait eu ce même soin que nous lui avons vu depuis, d'éloigner sa femme des lieux où était le roi.

Il y avait encore à la cour un grand nombre de belles dames, sur qui le roi aurait pu jeter les yeux.

Madame d'Armagnac, fille du maréchal de Villeroi, était d'une beauté à attirer ceux de tout le monde. Pendant qu'elle était fille, elle avait donné beaucoup d'espérance à tous ceux qui l'avaient aimée, qu'elle souffrirait aisément de l'être, lorsque le mariage l'aurait mise dans une condition plus libre. Cependant, sitôt qu'elle eût épousé M. d'Armagnac, soit qu'elle eût de la passion pour lui, ou que l'âge l'eût rendue plus circonspecte, elle s'était entièrement retirée dans sa famille.

La seconde fille du duc de Mortemart[1], qu'on appelait mademoiselle de Tonnay-Charente, était encore une beauté très-achevée, quoiqu'elle ne fût pas parfaitement agréable. Elle avait beaucoup d'esprit, et une sorte d'esprit plaisant et naturel, comme tous ceux de sa maison.

Le reste des belles personnes qui étaient à la cour ont trop peu de part à ce que nous avons à dire, pour m'obliger d'en parler; et nous ferons seulement mention de celles qui s'y trouveront mêlées, selon que la suite nous y engagera.

---

[1] Madame de Montespan.

FIN DE LA PREMIÈRE PARTIE.

HISTOIRE

DE MADAME

HENRIETTE D'ANGLETERRE,

PREMIÈRE FEMME

DE PHILIPPE DE FRANCE,

DUC D'ORLÉANS.

SECONDE PARTIE.

La cour était revenue à Paris aussitôt après la mort du cardinal. Le roi s'appliquait à prendre une connaissance exacte des affaires : il donnait à cette occupation la plus grande partie de son temps, et partageait le reste avec la reine sa femme.

Celui qui devait épouser mademoiselle de Mancini au nom du connétable Colonne arriva à Paris, et elle eut la douleur de se voir chassée de France par le roi : ce fut à la vérité avec tous les honneurs imaginables. Le roi la traita dans son mariage, et dans tout le reste, comme si son oncle eût encore vécu ; mais enfin on la maria, et on la fit partir avec assez de précipitation.

Elle soutint sa douleur avec beaucoup de constance, et même avec assez de fierté; mais, au premier lieu où elle coucha en sortant de Paris, elle se trouva si pressée de sa douleur, et si accablée de l'extrême violence qu'elle s'était faite, qu'elle pensa y demeurer ; enfin elle continua son chemin, et s'en alla en Italie, avec la consolation de n'être plus sujette d'un roi dont elle avait cru devoir être la femme.

La première chose considérable qui se fit après la mort du cardinal, ce fut le mariage de Monsieur avec la princesse d'Angleterre. Il avait été résolu par le cardinal ; et, quoique cette alliance semblât contraire à toutes les règles de la politique, il avait cru qu'on devait être si assuré de la douceur du naturel de Monsieur, et de son attachement pour le roi, qu'on ne devait point craindre de lui donner un roi d'Angleterre pour beau-frère.

L'histoire de notre siècle est si remplie des grandes révolutions de ce royaume, et le malheur qui fit perdre la vie au meilleur roi[1] du monde,

---

[1] Charles Ier., qui eut la tête tranchée à Londres le 9 février 1649.

sur un échafaud, par les mains de ses sujets, et qui contraignit la reine sa femme à venir chercher un asile dans le royaume de ses pères, est un exemple de l'inconstance de la fortune qui est su de toute la terre.

Le changement funeste de cette maison royale fut favorable en quelque chose à la princesse d'Angleterre. Elle était encore entre les bras de sa nourrice, et fut la seule de tous les enfans de la reine sa mère [1], qui se trouva auprès d'elle pendant sa disgrâce. Cette reine s'appliquait toute entière au soin de son éducation; et, le malheur de ses affaires la faisant plutôt vivre en personne privée qu'en souveraine, cette jeune princesse prit toutes les lumières, toute la civilité et toute l'humanité des conditions ordinaires, et conserva dans son cœur et dans sa personne toutes les grandeurs de sa naissance royale.

Aussitôt que cette princesse commença à sortir de l'enfance, on lui trouva un agrément extraordinaire. La reine-mère témoigna beaucoup d'inclination pour elle; et, comme il n'y avait nulle apparence que le roi pût épouser l'infante sa nièce, elle parut souhaiter qu'il épousât cette princesse. Le roi, au contraire, témoigna de

---

[1] Henriette de France, fille de Henri IV.

l'aversion pour ce mariage, et même pour sa personne ; il la trouvait trop jeune pour lui, et il avouait enfin qu'elle ne lui plaisait pas, quoiqu'il n'en pût dire la raison. Aussi eût-il été difficile d'en trouver : c'était principalement ce que la princesse d'Angleterre possédait au souverain degré que le don de plaire et ce qu'on appelle grâces; et les charmes étaient répandus en toute sa personne, dans ses actions et dans son esprit, et jamais princesse n'a été si également capable de se faire aimer des hommes et adorer des femmes.

En croissant, sa beauté augmenta aussi, en sorte que, quand le mariage du roi fut achevé, celui de Monsieur et d'elle fut résolu. Il n'y avait rien à la cour qu'on pût lui comparer.

En ce même temps, le roi [1] son frère fut rétabli sur le trône par une révolution presque aussi prompte que celle qui l'en avait chassé. Sa mère voulut aller jouir du plaisir de le voir paisible possesseur de son royaume ; et, avant que d'achever le mariage de la princesse sa fille, elle la mena avec elle en Angleterre. Ce fut dans ce voyage que la princesse commença à reconnaître la puissance de ses charmes. Le duc de

---

[1] Qui fut rétabli en 1660, Charles II.

Buckingham, fils de celui qui fut décapité [1], jeune et bien fait, était alors fortement attaché à la princesse royale [2] sa sœur, qui était à Londres. Quelque grand que fût cet attachement, il ne put tenir contre la princesse d'Angleterre; et ce duc devint si passionnément amoureux d'elle, qu'on peut dire qu'il en perdit la raison.

La reine d'Angleterre était tous les jours pressée par les lettres de Monsieur de s'en retourner en France, pour achever son mariage qu'il témoignait souhaiter avec impatience; ainsi, elle fut obligée de partir, quoique la saison fût fort rude et fort fâcheuse.

Le roi son fils l'accompagna jusqu'à une journée de Londres. Le duc de Buckingham la suivit, comme tout le reste de la cour; mais, au lieu de s'en retourner de même, il ne put se résoudre à abandonner la princesse d'Angleterre, et demanda au roi la permission de passer en France; de sorte que, sans équipage et sans toutes les choses nécessaires pour un pareil voyage, il s'embarqua à Portsmouth avec la reine.

Le vent fut favorable le premier jour; mais, le lendemain, il fut si contraire, que le vais-

---

[1] Il ne fut pas décapité; mais il fut assassiné par Felton.
[2] Depuis femme de l'électeur Palatin.

seau de la reine se trouva ensablé, et en danger de périr. L'épouvante fut grande dans tout le navire; et le duc de Buckingham, qui craignait pour plus d'une vie, parut dans un désespoir inconcevable.

Enfin on tira le vaisseau du péril où il était; mais il fallut relâcher au port.

Madame la princesse d'Angleterre fut attaquée d'une fièvre très-violente. Elle eut pourtant le courage de vouloir se rembarquer dès que le vent fut favorable; mais, sitôt qu'elle fut dans le vaisseau, la rougeole sortit; de sorte qu'on ne put abandonner la terre, et qu'on ne put aussi songer à débarquer, de peur de hasarder sa vie par cette agitation.

Sa maladie fut très-dangereuse. Le duc de Buckingham parut comme un fou et un désespéré, dans les momens où il la crut en péril. Enfin, lorsqu'elle se porta assez bien pour souffrir la mer et pour aborder au Havre, il eut des jalousies si extravagantes des soins que l'amiral d'Angleterre prenait pour cette princesse, qu'il le querella sans aucune sorte de raison; et la reine, craignant qu'il n'en arrivât du désordre, ordonna au duc de Buckingham de s'en aller à Paris, pendant qu'elle séjournerait quelque temps au Havre, pour laisser reprendre des forces à la princesse sa fille.

Lorsqu'elle fut entièrement rétablie, elle revint à Paris. Monsieur alla au-devant d'elle avec tous les empressemens imaginables, et continua jusqu'à son mariage à lui rendre des devoirs auxquels il ne manquait que de l'amour ; mais le miracle d'enflammer le cœur de ce prince n'était réservé à aucune femme du monde.

Le comte de Guiches était en ce temps-là son favori. C'était le jeune homme de la cour le plus beau et le mieux fait, aimable de sa personne, galant, hardi, brave, rempli de grandeur et d'élévation. La vanité que tant de bonnes qualités lui donnaient, et un air méprisant répandu dans toutes ses actions, ternissaient un peu tout ce mérite; mais il faut pourtant avouer qu'aucun homme de la cour n'en avait autant que lui. Monsieur l'avait fort aimé dès l'enfance, et avait toujours conservé avec lui un grand commerce, et aussi étroit qu'il y en peut avoir entre de jeunes gens.

Le comte était alors amoureux de madame de Chalais, fille du duc de Marmoutiers : elle était très-aimable, sans être fort belle : il la cherchait partout; il la suivait en tous lieux; enfin c'était une passion si publique et si déclarée, qu'on doutait qu'elle fût approuvée de celle qui la causait; et l'on s'imaginait que, s'il y avait eu quelque intelligence entre eux, elle lui aurait fait prendre des chemins plus cachés. Cependant il est certain que, s'il n'en était pas tout-à-fait aimé, il n'en était pas haï, et qu'elle voyait son amour sans colère. Le duc de Buckingham fut le premier qui se douta qu'elle n'avait pas assez de charmes pour retenir un homme qui serait tous les jours exposé à ceux de madame la princesse d'Angleterre. Un soir qu'il était venu chez elle, madame de Chalais y vint aussi. La princesse lui dit, en anglais, que c'était la maîtresse du comte de Guiches, et lui demanda s'il ne la trouvait pas fort aimable. Non, lui répondit-il, je ne trouve pas qu'elle le soit assez pour lui, qui me paraît, malgré que j'en aie, le plus honnête homme de toute la cour, et je souhaite, madame, que tout le monde ne soit pas de mon avis. La princesse ne fit pas réflexion à ce discours, et le regarda comme un effet de la passion de ce duc, dont il lui donnait tous les jours quelque preuve, et qu'il ne laissait que trop voir à tout le monde.

Monsieur s'en aperçut bientôt, et ce fut en cette occasion que madame la princesse d'Angleterre découvrit pour la première fois cette jalousie naturelle dont il lui donna depuis tant de marques. Elle vit donc son chagrin; et, comme elle ne se souciait pas du duc de Buckingham, qui, quoique fort aimable, a eu souvent le malheur de n'être pas aimé, elle en parla à la reine, sa mère, qui prit soin de remettre l'esprit de Monsieur, et de lui faire concevoir que la passion du duc était regardée comme une chose ridicule.

Cela ne déplut point à Monsieur, mais il n'en fut pas entièrement satisfait : il s'en ouvrit à la reine, sa mère [1], qui eut de l'indulgence pour la passion du duc, en faveur de celle que son père lui avait autrefois témoignée. Elle ne voulut pas qu'on fît du bruit; mais elle fut d'avis qu'on lui fît entendre, lorsqu'il aurait fait encore quelque séjour en France, que son retour était nécessaire en Angleterre : ce qui fut exécuté dans la suite.

Enfin le mariage de Monsieur s'acheva, et fut fait en carême, sans cérémonie, dans la chapelle du palais. Toute la cour rendit ses devoirs à madame la princesse d'Angleterre, que nous appellerons dorénavant Madame.

Il n'y eut personne qui ne fût surpris de son agrément, de sa civilité et de son esprit. Comme la reine-mère la tenait fort près de sa personne, on ne la voyait jamais que chez elle, où elle ne

---

[1] Anne d'Autriche.

parlait quasi point. Ce fut une nouvelle découverte de lui trouver l'esprit aussi aimable que tout le reste. On ne parlait que d'elle, et tout le monde s'empressait de lui donner des louanges.

Quelque temps après son mariage, elle vint loger chez Monsieur, aux Tuileries; le roi et la reine allèrent à Fontainebleau. Monsieur et Madame demeurèrent encore quelque temps à Paris : ce fut alors que toute la France se trouva chez elle : tous les hommes ne pensaient qu'à lui faire leur cour, et toutes les femmes qu'à lui plaire.

Madame de Valentinois [1], sœur du comte de Guiches, que Monsieur aimait fort, à cause de son frère et à cause d'elle-même (car il avait pour elle toute l'inclination dont il était capable), fut une de celles qu'elle choisit pour être dans ses plaisirs; mesdemoiselles de Créqui, et de Châtillon [2], et mademoiselle de Tonnay-Charente [3], avaient l'honneur de la voir souvent, aussi-bien que d'autres personnes à qui elle avait témoigné de la bonté avant qu'elle fût mariée.

---

[1] Depuis madame de Monaco.
[2] Depuis duchesse de Mekelbourg.
[3] Depuis madame de Montespan.

Mademoiselle de La Trimouille et madame de La Fayette étaient de ce nombre. La première lui plaisait par sa bonté, et par une certaine ingénuité à conter tout ce qu'elle avait dans le cœur, qui ressentait la simplicité des premiers siècles. L'autre lui avait été agréable par son bonheur; car, bien qu'on lui trouvât du mérite, c'était une sorte de mérite si sérieux en apparence, qu'il ne semblait pas qu'il dût plaire à une princesse aussi jeune que Madame. Cependant, elle lui avait été agréable; et elle avait été si touchée du mérite et de l'esprit de Madame, qu'elle lui dut plaire dans la suite par l'attachement qu'elle eut pour elle.

Toutes ces personnes passaient les après-dinées chez Madame. Elles avaient l'honneur de la suivre au cours; au retour de la promenade, on soupait chez Monsieur; après le souper, tous les hommes de la cour s'y rendaient, et on passait le soir parmi les plaisirs de la comédie, du jeu et des violons; enfin, on s'y divertissait avec tout l'agrément imaginable, et sans aucun mélange de chagrin. Mademoiselle de Chalais y venait assez souvent; le comte de Guiches ne manquait pas de s'y rendre; la familiarité qu'il avait chez Monsieur lui donnait l'entrée chez ce prince aux heures les plus particulières. Il voyait Madame à tous momens avec tous ses charmes. Monsieur prenait même le soin de les lui faire admirer; enfin, il l'exposait à un péril qu'il était presque impossible d'éviter.

Après quelque séjour à Paris, Monsieur et Madame s'en allèrent à Fontainebleau. Madame y porta la joie et les plaisirs. Le roi connut, en la voyant de plus près, combien il avait été injuste en ne la trouvant pas la plus belle personne du monde. Il s'attacha fort à elle, et lui témoigna une complaisance extrême. Elle disposait de toutes les parties de divertissement : elles se faisaient toutes pour elle, et il paraissait que le roi n'y avait de plaisir que par celui qu'elle en recevait. C'était dans le milieu de l'été : Madame s'allait baigner tous les jours; elle partait en carrosse, à cause de la chaleur, et revenait à cheval, suivie de toutes les dames habillées galamment, avec mille plumes sur leur tête, accompagnées du roi et de la jeunesse de la cour; après souper, on montait dans des calèches, et, au bruit des violons, on s'allait promener une partie de la nuit autour du canal.

L'attachement que le roi avait pour Madame commença bientôt à faire du bruit, et à être interprété diversement. La reine-mère en eut d'abord beaucoup de chagrin : il lui parut que Madame lui ôtait absolument le roi, et qu'il lui donnait toutes les heures qui avaient accoutumé d'être pour elle. La grande jeunesse de Madame lui persuada qu'il serait facile d'y remédier, et que, lui faisant parler par l'abbé de Montaigu, et par quelques personnes qui devaient avoir quelque crédit sur son esprit, elle l'obligerait à se tenir plus attachée à sa personne, et de n'attirer pas le roi dans des divertissemens qui en étaient éloignés.

Madame était lasse de l'ennui et de la contrainte qu'elle avait essuyés auprès de la reine, sa mère. Elle crut que la reine, sa belle-mère, voulait prendre sur elle une pareille autorité; elle fut occupée de la joie d'avoir ramené le roi à elle, et de savoir, par lui-même, que la reine-mère tâchait de l'en éloigner. Toutes ces choses la détournèrent tellement des mesures qu'on voulait lui faire prendre, que même elle n'en garda plus aucune. Elle se lia d'une manière étroite avec la comtesse de Soissons, qui était alors l'objet de la jalousie de la reine et de l'aversion de la reine-mère, et ne pensa plus qu'à plaire au roi comme belle-sœur. Je crois qu'elle lui plut d'une autre manière; je crois aussi qu'elle pensa qu'il ne lui plaisait que comme un beau-frère, quoiqu'il lui plût peut-être davantage; mais, enfin, comme ils étaient tous deux infiniment aimables, et tous deux nés avec des dispositions galantes ; qu'ils se voyaient tous les jours au milieu des plaisirs et des divertissemens, il parut aux yeux de tout le monde qu'ils avaient l'un pour l'autre cet agrément qui précède d'ordinaire les grandes passions.

Cela fit bientôt beaucoup de bruit à la cour. La reine-mère fut ravie de trouver un prétexte si spécieux de bienséance et de dévotion, pour s'opposer à l'attachement que le roi avait pour Madame. Elle n'eut pas de peine à faire entrer Monsieur dans ses sentimens : il était jaloux par lui-même, et il le devenait encore davantage par l'humeur de Madame, qu'il ne trouvait pas aussi éloignée de la galanterie qu'il l'aurait souhaité.

L'aigreur s'augmentait tous les jours entre la reine-mère et elle. Le roi donnait toutes les espérances à Madame ; mais il se ménageait néanmoins avec la reine-mère, en sorte que, lorsqu'elle redisait à Monsieur ce que le roi lui avait dit, Monsieur trouvait assez de matière pour vouloir persuader à Madame que le roi n'avait pas pour elle autant de considération qu'il lui en témoignait : tout cela faisait un cercle de redites et de démêlés qui ne donnait pas un moment de repos ni aux uns ni aux autres. Cependant, le roi et Madame, sans s'expliquer entre eux de ce qu'ils sentaient l'un pour l'autre, continuèrent de vivre d'une manière qui ne laissait douter à personne qu'il n'y eût entre eux plus que de l'amitié.

Le bruit s'en augmenta fort; et la reine-mère et Monsieur en parlèrent si fortement au roi et à Madame, qu'ils commencèrent à ouvrir les yeux et à faire peut-être des réflexions qu'ils n'avaient point encore faites; enfin, ils résolurent de faire cesser ce grand bruit, et, par quelque motif que ce pût être, ils convinrent entre eux que le roi serait l'amoureux de quelque personne de la cour. Ils jetèrent les yeux sur celles qui paraissaient les plus propres à ce dessein, et choisirent, entre autres, mademoiselle de Pon[1], parente du maréchal d'Albret, et qui, pour être nouvellement venue de province, n'avait pas toute l'habileté imaginable; ils jetèrent aussi les yeux sur Chimerault[2], une des filles de la reine, fort coquette, et sur La Vallière, qui était une fille de Madame, fort jolie, fort douce et fort naïve. La fortune de cette fille était médiocre : sa mère s'était remariée à Saint-Remi, premier maître d'hôtel de M. le duc d'Orléans; ainsi, elle avait presque toujours été à Orléans ou à Blois. Elle se trouvait très-

---

[1] Depuis madame d'Hudicour.
[2] Depuis madame de La Basinière.

heureuse d'être auprès de Madame. Tout le monde la trouvait jolie : plusieurs jeunes gens avaient pensé à s'en faire aimer; le comte de Guiches s'y était attaché plus que les autres; il y paraissait encore tout occupé, lorsque le roi la choisit pour une de celles dont il voulait éblouir le public. De concert avec Madame, il commença, non-seulement à faire l'amoureux d'une des trois qu'ils avaient choisies, mais de toutes les trois ensemble. Il ne fut pas longtemps sans prendre parti : son cœur se détermina en faveur de La Vallière; et, quoiqu'il ne laissât pas de dire des douceurs aux autres, et d'avoir même un commerce assez réglé avec Chimerault, La Vallière eut tous ses soins et toutes ses assiduités.

Le comte de Guiches, qui n'était pas assez amoureux pour s'opiniâtrer contre un rival si redoutable, l'abandonna et se brouilla avec elle, en lui disant des choses assez désagréables.

Madame vit avec quelque chagrin que le roi s'attachait véritablement à La Vallière; ce n'est peut-être pas qu'elle en eût ce qu'on pourrait appeler de la jalousie, mais elle eût été bien aise qu'il n'eût pas eu de véritable passion, et qu'il eût conservé pour elle une sorte d'attachement qui, sans avoir la violence de l'amour, en eût eu la complaisance et l'agrément.

Long-temps avant qu'elle fût mariée, on avait prédit que le comte de Guiches serait amoureux d'elle; et, sitôt qu'il eut quitté La Vallière, on commença à dire qu'il aimait Madame, et peut-être même qu'on le dit avant qu'il en eût la pensée; mais ce bruit ne fut pas désagréable à sa vanité; et, comme son inclination s'y trouva peut-être disposée, il ne prit pas de grands soins pour s'empêcher de devenir amoureux, ni pour empêcher qu'on ne le soupçonnât de l'être. L'on répétait alors à Fontainebleau un ballet que le roi et Madame dansèrent, et qui fut le plus agréable qui ait jamais été, soit par le lieu où il se dansait, qui était le bord de l'étang, ou par l'invention qu'on avait trouvée, de faire venir du bout d'une allée le théâtre tout entier, chargé d'une infinité de personnes, qui s'approchaient insensiblement, et qui faisaient une entrée, en dansant devant le théâtre.

Pendant la répétition de ce ballet, le comte de Guiches était très-souvent avec Madame, parce qu'il dansait dans la même entrée : il n'osait encore lui rien dire de ses sentimens, mais, par une certaine familiarité qu'il avait acquise auprès d'elle, il prenait la liberté de lui demander des nouvelles de son cœur, et si rien ne l'avait jamais touchée : elle lui répondait avec beaucoup de bonté et d'agrément, et il s'émancipait quelquefois à crier, en s'enfuyant d'auprès d'elle, qu'il était en grand péril.

Madame regardait tout cela comme des choses galantes, sans y faire une plus grande attention : le public y vit plus clair qu'elle-même. Le comte de Guiches laissait voir, comme on a déjà dit, ce qu'il avait dans le cœur, en sorte que le bruit s'en répandit aussitôt. La grande amitié que Madame avait pour la duchesse de Valentinois contribua beaucoup à faire croire qu'il y avait de l'intelligence entre eux, et l'on regardait Monsieur, qui paraissait amoureux de madame de Valentinois, comme la dupe du frère et de la sœur. Il est vrai, néanmoins, qu'elle se mêla très-peu de cette galanterie; et, quoique son frère ne lui cachât point sa passion pour Madame, elle ne commença pas les liaisons qui ont paru depuis.

Cependant, l'attachement du roi pour La Vallière augmentait toujours; il faisait beaucoup de progrès auprès d'elle ; ils gardaient beaucoup de mesures ; il ne la voyait pas chez Madame et dans les promenades du jour; mais, à la promenade du soir, il sortait de la calèche de Madame, et s'allait mettre près de celle de La Vallière, dont la portière était abattue ; et, comme c'était dans l'obscurité de la nuit, il lui parlait avec beaucoup de commodité.

La reine-mère et Madame n'en furent pas moins mal ensemble. Lorsqu'on vit que le roi n'en était point amoureux, puisqu'il l'était de La Vallière, et que Madame ne s'opposait pas aux soins que le roi rendait à cette fille, la reine-mère en fut aigrie; elle tourna l'esprit de Monsieur, qui s'en aigrit, et qui prit au point d'honneur que le roi fût amoureux d'une fille de Madame. Madame, de son côté, manquait, en beaucoup de choses, aux égards qu'elle devait à la reine-mère et même à ceux qu'elle devait à Monsieur; en sorte que l'aigreur était grande de toutes parts.

Dans ce même temps, le bruit fut grand de la passion du comte de Guiches. Monsieur en fut bientôt instruit, et lui fit très-mauvaise mine. Le comte de Guiches, soit par son naturel fier, soit par chagrin de voir Monsieur instruit d'une chose qu'il lui était commode qu'il ignorât, eut avec Monsieur un éclaircissement fort audacieux, et rompit avec lui, comme s'il eût été son égal : cela éclata publiquement, et le comte de Guiches se retira de la cour.

Le jour que ce bruit arriva, Madame gardait la chambre et ne voyait personne : elle ordonna qu'on laissât seulement entrer ceux qui répétaient avec elle, dont le comte de Guiches était du nombre, ne sachant point ce qui venait de se passer. Comme le roi vint chez elle, elle lui dit les ordres qu'elle avait donnés ; le roi lui répondit, en souriant, qu'elle ne connaissait pas mal ceux qui devaient être exemptés, et lui conta ensuite ce qui venait de se passer entre Monsieur et le comte de Guiches. La chose fut sue de tout le monde, et le maréchal de Grammont, père du comte de Guiches, renvoya son fils à Paris, et lui défendit de revenir à Fontainebleau.

Pendant ce temps-là, les affaires du ministère n'étaient pas plus tranquilles que celles de l'amour ; et, quoique M. Fouquet, depuis la mort du cardinal, eût demandé pardon au roi de toutes les choses passées, quoique le roi le lui eût accordé, et qu'il parût l'emporter sur les autres ministres, néanmoins on travaillait fortement à sa perte, et elle était résolue.

Madame de Chevreuse, qui avait toujours conservé quelque chose de ce grand crédit qu'elle avait eu sur la reine-mère, entreprit de la porter à perdre M. Fouquet.

M. de Laigue, marié en secret, à ce que l'on a cru, avec madame de Chevreuse, était mal content de ce surintendant ; il gouvernait madame de Chevreuse ; M. Le Tellier et M. Colbert se joignirent à eux ; la reine-mère fit un voyage à Dampierre, et là la perte de M. Fouquet fut conclue, et on y fit ensuite consentir le roi. On résolut d'arrêter ce surintendant ; mais les ministres, craignant, quoique sans sujet, le nombre d'amis qu'il avait dans le royaume, portèrent le roi à aller à Nantes, afin d'être près de Belle-Isle, que M. Fouquet venait d'acheter, et de s'en rendre maître.

Ce voyage fut long-temps résolu sans qu'on en fît la proposition ; mais enfin, sur des prétextes qu'ils trouvèrent, on commença à en parler. M. Fouquet, bien éloigné de penser que sa perte fût l'objet de ce voyage, se croyait tout-à-fait assuré de sa fortune ; et le roi, de concert avec les autres ministres, pour lui ôter toute sorte de défiance, le traitait avec de si grandes distinctions, que personne ne doutait qu'il ne gouvernât.

Il y avait long-temps que le roi avait dit qu'il voulait aller à Vaux, maison superbe de ce surintendant ; et, quoique la prudence dût l'empêcher de faire voir au roi une chose qui marquait si fort le mauvais usage des finances, et qu'aussi la bonté du roi dût le retenir d'aller chez un homme qu'il allait perdre, néanmoins ni l'un ni l'autre n'y firent aucune réflexion.

Toute la cour alla à Vaux, et M. Fouquet joignit à la magnificence de sa maison toute celle qui peut être imaginée pour la beauté des divertissemens et la grandeur de la réception. Le roi en arrivant en fut étonné, et M. Fouquet le fut de remarquer que le roi l'était; néanmoins ils se remirent l'un et l'autre. La fête fut la plus complète qui ait jamais été. Le roi était alors dans la première ardeur de la possession de La Vallière : l'on a cru que ce fut là qu'il la vit pour la première fois en particulier; mais il y avait déjà quelque temps qu'il la voyait dans la chambre du comte de Saint-Aignan [1], qui était le confident de cette intrigue.

Peu de jours après la fête de Vaux, on partit pour Nantes; et ce voyage, auquel on ne voyait aucune nécessité, paraissait la fantaisie d'un jeune roi.

M. Fouquet, quoique avec la fièvre quarte, suivit la cour, et fut arrêté à Nantes. Ce changement surprit le monde, comme on peut se l'imaginer, et étourdit tellement les parens et les amis de M. Fouquet, qu'ils ne songèrent pas à mettre à couvert ses papiers, quoiqu'ils en eussent eu le loisir. On le prit dans sa maison, sans aucune formalité; on l'envoya à Angers, et le roi revint à Fontainebleau.

---

[1] Depuis duc de Saint-Aignan.

Tous les amis de M. Fouquet furent chassés et éloignés des affaires. Le conseil des trois autres ministres [1] se forma entièrement. M. Colbert eut les finances, quoique l'on en donnât quelque apparence au maréchal de Villeroi, et M. Colbert commença à prendre auprès du roi ce crédit qui le rendit depuis le premier homme de l'état.

L'on trouva dans les cassettes de M. Fouquet plus de lettres de galanterie que de papiers d'importance; et, comme il s'y en rencontra de quelques femmes qu'on n'avait jamais soupçonnées d'avoir de commerce avec lui, ce fondement donna lieu de dire qu'il y en avait de toutes les plus honnêtes femmes de France : la seule qui fut convaincue, ce fut Mesneville, une des filles de la reine, et une des plus belles personnes, que le duc d'Anville [2] avait voulu épouser; elle fut chassée, et se retira dans un couvent.

---

[1] De Lionne, Le Tellier, Colbert.
[2] Ci-devant comte de Brionne.

FIN DE LA SECONDE PARTIE.

HISTOIRE

DE MADAME

HENRIETTE D'ANGLETERRE,

PREMIÈRE FEMME

DE PHILIPPE DE FRANCE,

DUC D'ORLÉANS.

TROISIÈME PARTIE.

L<small>E</small> comte de Guiches n'avait point suivi le roi au voyage de Nantes. Avant qu'on partît pour y aller, Madame avait appris de certains discours qu'il avait tenus à Paris, et qui semblaient vouloir persuader au public que l'on ne se trompait pas de le croire amoureux d'elle. Cela lui avait déplu, d'autant plus que madame de Valentinois, qu'il avait priée de parler à Madame en sa faveur, bien loin de le faire, lui avait toujours dit que son frère ne pensait pas à lever les yeux jusqu'à elle, et qu'elle la priait de ne point ajouter foi à tout ce que des gens qui voudraient s'entremettre pourraient lui dire de sa part : ainsi Madame ne trouva qu'une vanité offensante pour elle dans les discours du comte de Guiches. Quoiqu'elle fût fort jeune, et que son peu d'expérience augmentât les défauts qui suivent la jeunesse, elle résolut de prier le roi d'ordonner au comte de Guiches de ne le point suivre à Nantes ; mais la reine-mère avait déjà prévenu cette prière, ainsi la sienne ne parut pas.

Madame de Valentinois partit, pendant le voyage de Nantes, pour aller à Monaco. Monsieur était toujours amoureux d'elle, c'est-à-dire, autant qu'il pouvait l'être. Elle était adorée dès son enfance par Pequilin [1], cadet de la maison de Lausun : la parenté qui était entre eux lui avait donné une familiarité entière dans l'hôtel de Grammont, de sorte que, s'étant trouvés tous deux très-propres à avoir de violentes passions, rien n'était comparable à celle qu'ils avaient eue l'un pour l'autre. Elle avait été mariée depuis un an, contre son gré, au prince de Monaco ; mais, comme son mari n'était pas assez aimable pour lui faire rompre avec son amant, elle l'aimait toujours passionnément ; ainsi elle le quittait avec une douleur sensible ;

---

[1] Depuis duc de Lausun.

et lui, pour la voir encore, la suivait déguisé, tantôt en marchand, tantôt en postillon, enfin de toutes les manières qui le pouvaient rendre méconnaissable à ceux qui étaient à elle. En partant, elle voulut engager Monsieur à ne point croire tout ce qu'on lui dirait de son frère, au sujet de Madame, et elle voulut qu'il lui promît qu'il ne le chasserait point de la cour. Monsieur, qui avait déjà de la jalousie du comte de Guiches, et qui ressentait l'aigreur qu'on a pour ceux qu'on a fort aimés, et dont l'on croit avoir sujet de se plaindre, ne parut pas disposé à accorder ce qu'elle lui demanda; elle s'en fâcha, et ils se séparèrent mal.

La comtesse de Soissons, que le roi avait aimée, et qui aimait alors le marquis de Vardes, ne laissait pas d'avoir beaucoup de chagrin : le grand attachement que le roi prenait pour La Vallière en était cause, et d'autant plus que cette jeune personne, se gouvernant entièrement par les sentimens du roi, ne rendait compte ni à Madame ni à la comtesse de Soissons des choses qui se passaient entre le roi et elle; ainsi la comtesse de Soissons, qui avait toujours vu le roi chercher les plaisirs chez elle, voyait bien que cette galanterie l'en allait éloigner. Cela ne la rendit pas favorable à La Vallière : elle s'en aperçut, et la jalousie qu'on a d'ordinaire de celles qui ont été aimées de ceux qui nous aiment se joignant au ressentiment des mauvais offices qu'elle lui rendait, lui donna une haine fort vive pour la comtesse de Soissons.

Quoique le roi désirât que La Vallière n'eût pas de confidente, il était impossible qu'une jeune personne d'une capacité médiocre pût contenir en elle-même une aussi grande affaire que celle d'être aimée du roi.

Madame avait une fille appelée Montalais : c'était une personne qui avait naturellement beaucoup d'esprit, un esprit d'intrigue et d'insinuation; et il s'en fallait beaucoup que le bon sens et la raison réglassent sa conduite. Elle n'avait jamais vu de cour, que celle de Madame douairière [1] à Blois, dont elle avait été fille d'honneur. Ce peu d'expérience du monde, et beaucoup de galanterie, la rendaient toute propre à devenir confidente. Elle l'avait déjà été de La Vallière, pendant qu'elle était à Blois, où un nommé Bragelone en avait été amoureux : il y avait eu quelques lettres; madame de Saint-Remi s'en était aperçue; enfin, ce n'était pas une chose qui eût été loin; cependant, le roi en prit de grandes jalousies.

---

[1] Madame de Lorraine.

La Vallière trouvant donc, dans la même chambre où elle était, une fille à qui elle s'était déjà fiée, s'y fia encore entièrement; et, comme Montalais avait beaucoup plus d'esprit qu'elle, elle y trouva un grand plaisir et un grand soulagement. Montalais ne se contenta pas de cette confidence de La Vallière, elle voulut encore avoir celle de Madame. Il lui parut que cette princesse n'avait pas d'aversion pour le comte de Guiches; et, lorsque le comte de Guiches revint à Fontainebleau, après le voyage de Nantes, elle lui parla, et le tourna de tant de côtés, qu'elle lui fit avouer qu'il était amoureux de Madame. Elle lui promit de le servir, et ne le fit que trop bien.

La reine accoucha de monseigneur le dauphin, le jour de la Toussaint 1661. Madame avait passé tout le jour auprès d'elle, et, comme elle était grosse et fatiguée, elle se retira dans sa chambre, où personne ne la suivit, parce que tout le monde était encore chez la reine. Montalais se mit à genoux devant Madame, et commença à lui parler de la passion du comte de Guiches. Ces sortes de discours naturellement ne déplaisent pas assez aux jeunes personnes, pour leur donner la force de les repousser; et de plus, Madame avait une timidité à parler, qui fit que, moitié embarras, moitié condescendance, elle laissa prendre des espérances à Montalais. Dès le lendemain, elle apporta à Madame une lettre du comte de Guiches : Madame ne voulut point la lire; Montalais l'ouvrit et la lut. Quelques jours après, Madame se trouva mal; elle revint à Paris en litière, et, comme elle y montait, Montalais lui jeta un volume de lettres du comte de Guiches; Madame les lut pendant le chemin, et avoua après à Montalais qu'elle les avait lues. Enfin, la jeunesse de Madame, l'agrément du comte de Guiches, mais surtout les soins de Montalais, engagèrent cette princesse dans une galanterie qui ne lui a donné que des chagrins considérables. Monsieur avait toujours de la jalousie du comte de Guiches, qui néanmoins ne laissait pas d'aller aux Tuileries, où Madame logeait encore. Elle était considérablement malade. Il lui écrivait trois ou quatre fois par jour. Madame ne lisait pas ses lettres la plupart du temps, et les laissait toutes à Montalais, sans lui demander même ce qu'elle en faisait. Montalais n'osait les garder dans sa chambre; elle les remettait entre les mains d'un amant qu'elle avait alors, nommé Malicorne. Le roi était venu à Paris peu de temps après Madame; il voyait toujours La Vallière chez elle; il y venait le soir, et l'allait entretenir dans un cabinet. Toutes les portes, à la vérité, étaient ouvertes; mais on était plus éloigné d'y entrer que si elles avaient été fermées avec de l'airain.

Il se lassa néanmoins de cette contrainte; et, quoique la reine sa mère, pour qui il avait encore de la crainte, le tourmentât incessamment sur La Vallière, elle feignit d'être malade, et il l'alla voir dans sa chambre.

La jeune reine ne savait point de qui le roi était amoureux : elle devinait pourtant bien qu'il l'était; et, ne sachant où placer sa jalousie, elle la mettait sur Madame.

Le roi se douta de la confiance que La Vallière prenait en Montalais. L'esprit d'intrigue de cette fille lui déplaisait : il défendit à La Vallière de lui parler. Elle lui obéissait en public; mais Montalais passait les nuits entières avec elle, et bien souvent le jour s'y trouvait encore.

Madame, qui était malade, et qui ne dormait point, l'envoyait quelquefois querir, sous prétexte de lui venir lire quelque livre. Lorsqu'elle quittait Madame, c'était pour aller écrire au comte de Guiches, à quoi elle ne manquait pas trois fois par jour; et de plus à Malicorne, à qui elle rendait compte de l'affaire de Madame et de celle de La Vallière. Elle avait encore la confidence de mademoiselle de Tonnay-Charente [1], qui aimait le marquis de Marmoutiers, et qui souhaitait fort de l'épouser. Une seule de ces confidences eût pu occuper une personne entière, et Montalais seule suffisait à toutes.

Le comte de Guiches et elle se mirent dans l'esprit qu'il fallait qu'il vît Madame en particulier. Madame, qui avait de la timidité pour parler sérieusement, n'en avait point pour ces sortes de choses. Elle n'en voyait point les conséquences; elle y trouvait de la plaisanterie de roman. Montalais lui trouvait des facilités qui ne pouvaient être imaginées par une autre. Le comte de Guiches, qui était jeune et hardi, ne trouvait rien de plus beau que de tout hasarder; et Madame et lui, sans avoir de véritable passion l'un pour l'autre, s'exposèrent au plus grand danger où l'on se soit jamais exposé. Madame était malade, et environnée de toutes ces femmes qui ont accoutumé d'être auprès d'une personne de son rang, sans se fier à pas une. Elle faisait entrer le comte de Guiches, quelquefois en plein jour, déguisé en femme qui dit la bonne aventure; et il la disait même aux femmes de Madame, qui le voyaient tous les jours, et qui ne le reconnaissaient pas; d'autres

---

[1] Depuis madame de Montespan.

fois par d'autres inventions, mais toujours avec beaucoup de hasards; et ces entrevues si périlleuses se passaient à se moquer de Monsieur, et à d'autres plaisanteries semblables, enfin à des choses fort éloignées de la violente passion qui semblait les faire entreprendre. Dans ce temps-là, on dit un jour, dans un lieu où était le comte de Guiches avec Vardes, que Madame était plus mal qu'on ne pensait, et que les médecins croyaient qu'elle ne guérirait pas de sa maladie. Le comte de Guiches en parut fort troublé; Vardes l'emmena, et lui aida à cacher son trouble. Le comte de Guiches lui avoua l'état où il était avec Madame, et l'engagea dans sa confidence. Madame désapprouva fort ce qu'avait fait le comte de Guiches : elle voulut l'obliger à rompre avec Vardes; il lui dit qu'il se battrait avec lui pour la satisfaire, mais qu'il ne pouvait rompre avec son ami.

Montalais, qui voulait donner un air d'importance à cette galanterie, et qui croyait qu'en mettant bien des gens dans cette confidence elle composerait une intrigue qui gouvernerait l'état, voulut engager La Vallière dans les intérêts de Madame : elle lui conta tout ce qui se passait au sujet du comte de Guiches, et lui fit promettre qu'elle n'en dirait rien au roi. En effet, La Vallière, qui avait mille fois promis au roi de ne lui jamais rien cacher, garda à Montalais la fidélité qu'elle lui avait promise.

Madame ne savait point que La Vallière sût ses affaires; mais elle savait celles de La Vallière par Montalais. Le public entrevoyait quelque chose de la galanterie de Madame et du comte de Guiches. Le roi en faisait de petites questions à Madame; mais il était bien éloigné d'en savoir le fond. Je ne sais si ce fut sur ce sujet, ou sur quelque autre, qu'il tint de certains discours à La Vallière, qui lui firent juger que le roi savait qu'elle lui faisait finesse de quelque chose; elle se troubla, et lui fit connaître qu'elle lui cachait des choses considérables. Le roi se mit dans une colère épouvantable; elle ne lui avoua point ce que c'était; le roi se retira au désespoir contre elle. Ils étaient convenus plusieurs fois que, quelques brouilleries qu'ils eussent ensemble, ils ne s'endormiraient jamais sans se raccommoder et sans s'écrire. La nuit se passa sans qu'elle eût de nouvelles du roi; et, se croyant perdue, la tête lui tourna; elle sortit le matin des Tuileries, et s'en alla, comme une insensée, dans un petit couvent obscur qui était à Chaillot.

Le matin, on alla avertir le roi qu'on ne savait pas où était La Vallière. Le roi, qui l'aimait passionnément, fut extrêmement troublé; il vint aux Tuileries pour savoir de Madame où elle était; Madame n'en savait rien, et ne savait pas même le sujet qui l'avait fait partir.

Montalais était hors d'elle-même de ce qu'elle lui avait seulement dit qu'elle était désespérée, parce qu'elle était perdue à cause d'elle.

Le roi fit si bien qu'il sut où était La Vallière; il y alla à toute bride, lui quatrième. Il la trouva dans le parloir du dehors de ce couvent; on ne l'avait pas voulu recevoir au-dedans : elle était couchée à terre, éplorée et hors d'elle-même.

Le roi demeura seul avec elle, et, dans une longue conversation, elle lui avoua tout ce qu'elle lui avait caché. Cet aveu n'obtint pas son pardon : le roi lui dit seulement tout ce qu'il fallait dire pour l'obliger à revenir, et envoya chercher un carrosse pour la ramener.

Cependant, il vint à Paris pour obliger Monsieur à la recevoir : il avait déclaré tout haut qu'il était bien aise qu'elle fût hors de chez lui, et qu'il ne la reprendrait point. Le roi entra par un petit degré aux Tuileries, et alla dans un petit cabinet, où il fit venir Madame, ne voulant pas se laisser voir, parce qu'il avait pleuré. Là, il pria Madame de reprendre La Vallière, et lui dit tout ce qu'il venait d'apprendre d'elle et de ses affaires. Madame en fut étonnée, comme on se le peut imaginer; mais elle ne put rien nier : elle promit au roi de rompre avec le comte de Guiches, et consentit à recevoir La Vallière.

Le roi eut assez de peine à l'obtenir de Madame; mais il la pria tant, les larmes aux yeux, qu'enfin il en vint à bout. La Vallière revint dans sa chambre; mais elle fut long-temps à revenir dans l'esprit du roi : il ne pouvait se consoler qu'elle eût été capable de lui cacher quelque chose, et elle ne pouvait supporter d'être moins bien avec lui, en sorte qu'elle eut pendant quelque temps l'esprit comme égaré.

Enfin le roi lui pardonna, et Montalais fit si bien, qu'elle entra dans la confidence du roi. Il la questionna plusieurs fois sur l'affaire de Bragelone, dont il savait qu'elle avait connaissance; et, comme Montalais savait mieux mentir que La Vallière, il avait l'esprit en repos lorsqu'elle lui avait parlé. Il avait néanmoins l'esprit extrêmement blessé sur la crainte qu'il n'eût pas été le premier que La Vallière eût aimé; il craignait même qu'elle n'aimât encore Bragelone.

Enfin, il avait toutes les inquiétudes et les délicatesses d'un homme bien amoureux; et il est certain qu'il l'était fort, quoique la règle qu'il a naturellement dans l'esprit, et la crainte qu'il avait encore de la reine sa mère, l'empêchassent de faire de certaines choses emportées que d'autres seraient capables de faire. Il est vrai aussi que le peu d'esprit de La Vallière empêchait cette maîtresse du roi de se servir des avantages et du crédit dont une si grande passion aurait fait profiter une autre : elle ne songeait qu'à être aimée du roi, et à l'aimer; elle avait beaucoup de jalousie de la comtesse de Soissons, chez qui le roi allait tous les jours, quoiqu'elle fît tous ses efforts pour l'en empêcher.

La comtesse de Soissons ne doutait pas de la haine que La Vallière avait pour elle; et, ennuyée de voir le roi entre ses mains, le marquis de Vardes et elle résolurent de faire savoir à la reine que le roi en était amoureux. Ils crurent que la reine, sachant cet amour, et appuyée par la reine-mère, obligerait Monsieur et Madame à chasser La Vallière des Tuileries; et que le roi, ne sachant où la mettre, la mettrait chez la comtesse de Soissons qui, par-là, s'en trouverait la maîtresse : et ils espéraient encore que le chagrin que témoignerait la reine obligerait le roi à rompre avec La Vallière; et que, lorsqu'il l'aurait quittée, il s'attacherait à quelque autre dont ils seraient peut-être les maîtres. Enfin ces chimères, ou d'autres pareilles, leur firent prendre la plus folle résolution et la plus hasardeuse qui ait jamais été prise. Ils écrivirent une lettre à la reine, où ils l'instruisaient de tout ce qui se passait. La comtesse de Soissons ramassa, dans la chambre de la reine, un dessus de lettre du roi son père. Vardes confia ce secret au comte de Guiches, afin que, comme il savait l'espagnol, il mît la lettre en cette langue : le comte de Guiches, par complaisance pour son ami, et par haine pour La Vallière, entra fortement dans ce beau dessein.

Ils mirent la lettre en espagnol : ils la firent écrire par un homme qui s'en allait en Flandre, et qui ne devait point revenir ; ce même homme l'alla porter au Louvre à un huissier, pour la donner à la signora Molinière, première femme de chambre de la reine, comme une lettre d'Espagne. La Molinière trouva quelque chose d'extraordinaire à la manière dont cette lettre lui était venue ; elle trouva de la différence dans la façon dont elle était pliée ; enfin, par instinct plutôt que par raison, elle ouvrit cette lettre, et, après l'avoir lue, elle l'alla porter au roi.

Quoique le comte de Guiches eût promis à Vardes de ne rien dire à Madame de cette lettre, il ne laissa pas de lui en parler ; et Madame, malgré sa promesse, ne laissa pas de le

dire à Montalais ; mais ce ne fut de long-temps.
Le roi fut dans une colère qui ne se peut représenter ; il parla à tous ceux qu'il crut pouvoir lui donner quelque connaissance de cette affaire, et même il s'adressa à Vardes, comme à un homme d'esprit, et à qui il se fiait. Vardes fut assez embarrassé de la commission que le roi lui donnait ; cependant, il trouva le moyen de faire tomber le soupçon sur madame de Navailles [1], et le roi le crut si bien, que cela eut grande part aux disgrâces qui lui arrivèrent depuis.

Cependant, Madame voulait tenir la parole qu'elle avait donnée au roi, de rompre avec le comte de Guiches ; et Montalais s'était aussi engagée auprès du roi de ne se plus mêler de ce commerce. Néanmoins, avant que de commencer cette rupture, elle avait donné au comte de Guiches les moyens de voir Madame, pour trouver ensemble, disait-elle, ceux de ne se plus voir. Ce n'est guère en présence que les gens qui s'aiment trouvent ces sortes d'expédiens ; aussi cette conversation ne fit pas un grand effet, quoiqu'elle suspendît pour quelque temps le commerce de lettres. Montalais promit encore au roi de ne plus servir le comte de Guiches,

---

[1] Dame d'honneur de la jeune reine.

pourvu qu'il ne le chassât point de la cour, et Madame demanda au roi la même chose.

Vardes, qui était pour lors absolument dans la confidence de Madame, qui la voyait fort aimable et pleine d'esprit, soit par un sentiment d'amour, soit par un sentiment d'ambition et d'intrigue, voulut être seul maître de son esprit, et résolut de faire éloigner le comte de Guiches : il savait ce que Madame avait promis au roi; mais il voyait que toutes les promesses seraient mal observées.

Il alla trouver le maréchal de Grammont; il lui dit une partie des choses qui se passaient; il lui fit voir le péril où s'exposait son fils, et lui conseilla de l'éloigner, et de demander au roi qu'il allât commander les troupes qui étaient alors à Nancy.

Le maréchal de Grammont, qui aimait son fils passionnément, suivit les sentimens de Vardes, et demanda ce commandement au roi : et, comme c'était une chose avantageuse pour son fils, le roi ne douta point que le comte de Guiches ne la souhaitât, et la lui accorda.

Madame ne savait rien de ce qui se passait : Vardes ne lui avait rien dit de ce qu'il avait fait, non plus qu'au comte de Guiches, et on ne l'a su que depuis. Madame était allée loger au Palais-Royal, où elle avait fait ses couches :

tout le monde la voyait; et des femmes de la ville, peu instruites de l'intérêt qu'elle prenait au comte de Guiches, dirent dans la ville, comme une chose indifférente, qu'il avait demandé le commandement des troupes de Lorraine, et qu'il partait dans peu de jours.

Madame fut extrêmement surprise de cette nouvelle. Le soir, le roi la vint voir : elle lui en parla, et il lui dit qu'il était véritable que le maréchal de Grammont lui avait demandé ce commandement comme une chose que son fils souhaitait fort, et que le comte de Guiches l'en avait remercié.

Madame se trouva fort offensée que le comte de Guiches eût pris, sans sa participation, le dessein de s'éloigner d'elle; elle le dit à Montalais, et lui ordonna de le voir. Elle le vit, et le comte de Guiches, désespéré de s'en aller et de voir Madame mal satisfaite de lui, lui écrivit une lettre par laquelle il lui offrit de soutenir au roi qu'il n'avait point demandé l'emploi de Lorraine, et en même temps de le refuser.

Madame ne fut pas d'abord satisfaite de cette lettre. Le comte de Guiches, qui était fort emporté, dit qu'il ne partirait point, et qu'il allait remettre le commandement au roi. Vardes eut peur qu'il ne fût assez fou pour le faire; il ne voulait pas le perdre, quoiqu'il voulût l'éloigner; il le laissa en garde à la comtesse de Soissons, qui entra dès ce jour dans cette confidence, et vint trouver Madame pour qu'elle écrivît au comte de Guiches qu'elle voulait qu'il partît. Elle fut touchée de tous les sentimens du comte de Guiches, où il y avait, en effet, de la hauteur et de l'amour ; elle fit ce que Vardes voulait, et le comte de Guiches résolut de partir, à condition qu'il verrait Madame.

Montalais, qui se croyait quitte de sa parole envers le roi, puisqu'il chassait le comte de Guiches, se chargea de cette entrevue ; et, Monsieur devant venir au Louvre, elle fit entrer le comte de Guiches, sur le midi, par un escalier dérobé, et l'enferma dans un oratoire. Lorsque Madame eut dîné, elle fit semblant de vouloir dormir, et passa dans une galerie où le comte de Guiches lui dit adieu. Comme ils y étaient ensemble, Monsieur revint ; tout ce qu'on put faire fut de cacher le comte de Guiches dans une cheminée, où il demeura longtemps sans pouvoir sortir. Enfin, Montalais l'en tira, et crut avoir sauvé tous les périls de cette entrevue ; mais elle se trompait infiniment.

Une de ses compagnes, nommée Artigni [1], dont la vie n'avait pas été bien exemplaire, la

---

[1] Depuis la comtesse du Roule.

haïssait fort. Cette fille avait été mise dans la chambre par madame de La Basinière, autrefois Chimerault, à qui le temps n'avait pas ôté l'esprit d'intrigue, et elle avait grand pouvoir sur l'esprit de Monsieur. Cette fille, qui épiait Montalais, et qui était jalouse de la faveur dont elle jouissait auprès de Madame, soupçonna qu'elle menait quelque intrigue. Elle le découvrit à madame de La Basinière, qui la fortifia dans le dessein et dans le moyen de la découvrir. Elle lui joignit, pour espion, une appelée Merlot; et l'une et l'autre firent si bien, qu'elles virent entrer le comte de Guiches dans l'appartement de Madame.

Madame de La Basinière en avertit la reine-mère par Artigni; et la reine-mère, par une conduite qui ne se peut pardonner à une personne de sa vertu et de sa bonté, voulut que madame de La Basinière en avertît Monsieur. Ainsi, l'on dit à ce prince ce que l'on aurait caché à tout autre mari.

Il résolut, avec la reine sa mère, de chasser Montalais sans en avertir Madame, ni même le roi, de peur qu'il ne s'y opposât, parce qu'elle était alors fort bien avec lui, sans considérer que ce bruit allait faire découvrir ce que peu de gens savaient; ils résolurent seulement de chasser encore une autre fille de Madame, dont la conduite personnelle n'était pas trop bonne.

Ainsi, un matin, la maréchale du Plessis, par ordre de Monsieur, vint dire à ces deux filles que Monsieur leur ordonnait de se retirer; et, à l'heure même, on les fit mettre dans un carrosse. Montalais dit à la maréchale du Plessis qu'elle la conjurait de lui faire rendre ses cassettes, parce que, si Monsieur les voyait, Madame était perdue. La maréchale en alla demander la permission à Monsieur, sans néanmoins lui en dire la cause : Monsieur, par une bonté incroyable en un homme jaloux, laissa emporter les cassettes, et la maréchale du Plessis ne songea point à s'en rendre maîtresse pour les rendre à Madame. Ainsi, elles furent remises entre les mains de Montalais, qui se retira chez sa sœur. Quand Madame s'éveilla, Monsieur entra dans sa chambre, et lui dit qu'il avait fait chasser ses deux filles : elle en demeura fort étonnée, et il se retira sans lui en dire davantage. Un moment après, le roi lui envoya dire qu'il n'avait rien su de ce qu'on avait fait, et qu'il la viendrait voir le plus tôt qu'il lui serait possible.

Monsieur alla faire ses plaintes et conter ses douleurs à la reine d'Angleterre, qui logeait alors au Palais-Royal. Elle vint trouver Madame, et la gronda un peu, et lui dit tout ce que Monsieur savait de certitude, afin qu'elle lui avouât la même chose, et qu'elle ne lui en dit pas davantage.

Monsieur et Madame eurent un grand éclaircissement ensemble : Madame lui avoua qu'elle avait vu le comte de Guiches, mais que c'était la première fois, et qu'il ne lui avait écrit que trois ou quatre fois.

Monsieur trouva un si grand air d'autorité à se faire avouer par Madame les choses qu'il savait déjà, qu'il lui en adoucit toute l'amertume; il l'embrassa et ne conserva que de légers chagrins. Ils auraient sans doute été plus violens à tout autre qu'à lui; mais il ne pensa point à se venger du comte de Guiches; et, quoique l'éclat que cette affaire fit dans le monde semblât par honneur l'y devoir obliger, il n'en témoigna aucun ressentiment; il tourna tous ses soins à empêcher que Madame n'eût de commerce avec Montalais; et, comme elle en avait un très-grand avec La Vallière, il obtint du roi que La Vallière n'en aurait plus. En effet, elle en eut très-peu, et Montalais se mit dans un couvent.

Madame promit, comme on le peut juger, de rompre toutes sortes de liaisons avec le comte de Guiches, et le promit même au roi;

mais elle ne lui tint pas parole. Vardes demeura le confident, au hasard même d'être brouillé avec le roi ; mais, comme il avait fait confidence au comte de Guiches de l'affaire d'Espagne, cela faisait une telle liaison entre eux, qu'ils ne pouvaient rompre sans folie. Il sut alors que Montalais était instruite de la lettre d'Espagne, et cela lui donnait des égards pour elle, dont le public ne pouvait deviner la cause, outre qu'il était bien aise de se faire un mérite auprès de Madame de gouverner une personne qui avait tant de part à ses affaires.

Montalais ne laissait pas d'avoir quelque commerce avec La Vallière ; et, de concert avec Vardes, elle lui écrivit deux grandes lettres, par lesquelles elle lui donnait des avis pour sa conduite, et lui disait tout ce qu'elle devait dire au roi. Le roi en fut dans une colère étrange, et envoya prendre Montalais par un exempt, avec ordre de la conduire à Fontevrault, et de ne la laisser parler à personne. Elle fut si heureuse, qu'elle sauva encore ses cassettes, et les laissa entre les mains de Malicorne, qui était toujours son amant.

La cour fut à Saint-Germain. Vardes avait un grand commerce avec Madame ; car celui qu'il avait avec la comtesse de Soissons, qui n'avait aucune beauté, ne le pouvait détacher des charmes de Madame. Sitôt qu'on fut à Saint-Germain, la comtesse de Soissons, qui n'aspirait qu'à ôter à La Vallière la place qu'elle occupait, songea à engager le roi avec La Mothe-Houdancourt, fille de la reine. Elle avait déjà eu cette pensée avant que l'on partit de Paris; et peut-être même que l'espérance que le roi viendrait à elle, s'il quittait La Vallière, était une des raisons qui l'avait engagée à écrire la lettre d'Espagne. Elle persuada au roi que cette fille avait pour lui une passion extraordinaire; et le roi, quoiqu'il aimât avec passion La Vallière, ne laissa pas d'entrer en commerce avec La Mothe; mais il engagea la comtesse de Soissons à n'en rien dire à Vardes; et, en cette occasion, la comtesse de Soissons préféra le roi à son amant, et lui tut ce commerce.

Le chevalier de Grammont [1] était amoureux de La Mothe. Il démêla quelque chose de ce qui s'était passé, et épia le roi avec tant de soin, qu'il découvrit que le roi allait dans la chambre des filles.

Madame de Navailles, qui était alors dame d'honneur, découvrit aussi ce commerce. Elle fit murer des portes et griller des fenêtres : la

---

[1] Depuis comte de Grammont.

chose fut sue ; le roi chassa le chevalier de Grammont, qui fut plusieurs années sans avoir permission de revenir en France.

Vardes aperçut, par l'éclat de cette affaire, la finesse qui lui avait été faite par la comtesse de Soissons, et en fut dans un désespoir si violent, que tous ses amis, qui l'avaient cru jusqu'alors incapable de passion, ne doutèrent pas qu'il n'en eût une très-vive pour elle. Ils pensèrent rompre ensemble, mais le comte de Soissons [1], qui ne soupçonnait rien au delà de l'amitié entre Vardes et sa femme, prit le soin de les raccommoder. La Vallière eut des jalousies et des désespoirs inconcevables; mais le roi, qui était animé par la résistance de La Mothe, ne laissait pas de la voir toujours. La reine-mère le détrompa de l'opinion qu'il avait de la passion prétendue de cette fille; elle sut par quelqu'un cette intelligence, et que c'était le marquis d'Alluge et Fouilloux, amis intimes de la comtesse de Soissons, qui faisaient les lettres que La Mothe écrivait au roi; et elle sut, à point nommé, qu'elle lui en devait écrire une, qui avait été concertée entre eux, pour lui demander l'éloignement de La Vallière.

---

[1] De la maison de Savoie.

Elle en dit les propres termes au roi, pour lui faire voir qu'il était dupé par la comtesse de Soissons; et le soir même, comme elle donna la lettre au roi, y trouvant ce qu'on avait dit, il brûla la lettre, rompit avec La Mothe, demanda pardon à La Vallière, et lui avoua tout; en sorte que, depuis ce temps-là, La Vallière n'en eut aucune inquiétude, et La Mothe s'est piquée depuis d'avoir une passion pour le roi, qui l'a rendue une vestale pour tous les autres hommes.

L'aventure de La Mothe fut ce qui se passa de plus considérable à Saint-Germain. Vardes paraissait déjà amoureux de Madame, aux yeux de ceux qui les avaient bons; mais Monsieur n'en avait aucune jalousie, et au contraire était fort aise que Madame eût de la confiance en lui.

La reine-mère n'en était pas de même; elle haïssait Vardes, et ne voulait pas qu'il se rendît maître de l'esprit de Madame.

On revint à Paris. La Vallière était toujours au Palais-Royal; mais elle ne suivait point Madame, et même elle ne la voyait que rarement. Artigni, quoique ennemie de Montalais, prit sa place auprès de La Vallière; elle avait toute sa confiance, et était tous les jours entre le roi et elle.

Montalais supportait impatiemment la prospérité de son ennemie, et ne respirait que les occasions de s'en venger, et de venger en même temps Madame de l'insolence qu'Artigni avait eue de découvrir ce qui la regardait.

Lorsque Artigni vint à la cour, elle y arriva grosse; et sa grossesse était déjà si avancée, que le roi, qui n'en avait point ouï parler, s'en aperçut, et le dit en même temps : sa mère la vint querir, sous prétexte qu'elle était malade. Cette aventure n'aurait pas fait beaucoup de bruit; mais Montalais fit si bien, qu'elle trouva le moyen d'avoir des lettres qu'Artigni avait écrites pendant sa grossesse au père de l'enfant, et remit ces lettres entre les mains de Madame; de sorte que Madame, ayant un si juste sujet de chasser une personne dont elle avait tant de raisons de se plaindre, déclara qu'elle voulait chasser Artigni, et en dit toutes les raisons. Artigni eut recours à La Vallière. Le roi, à sa prière, voulut empêcher Madame de la chasser : cette affaire fit beaucoup de bruit, et causa même de la brouillerie entre le roi et elle. Les lettres furent remises entre les mains de madame de Montausier [1] et de Saint-Chaumont, pour vé-

---

[1] Dame d'honneur de la reine.

rifier l'écriture; mais enfin Vardes, qui voulait faire des choses agréables au roi, afin qu'il ne trouvât pas à redire au commerce qu'il avait avec Madame, se fit fort d'engager Madame à garder Artigni; et, comme Madame était fort jeune, qu'il était fort habile, et qu'il avait un grand crédit sur son esprit, il l'y obligea effectivement.

Artigni avoua au roi la vérité de son aventure. Le roi fut touché de sa confiance : il profita depuis des bonnes dispositions qu'elle lui avait avouées ; et, quoique ce fût une personne d'un très-médiocre mérite, il l'a toujours bien traitée depuis, et a fait sa fortune, comme nous le dirons ci-après.

Madame et le roi se raccommodèrent. On dansa pendant l'hiver un joli ballet. La reine ignorait toujours que le roi fût amoureux de La Vallière, et croyait que c'était de Madame.

Monsieur était extrêmement jaloux du prince de Marsillac, aîné du duc de La Rochefoucault, et il l'était d'autant plus, qu'il avait pour lui une inclination naturelle, qui lui faisait croire que tout le monde devait l'aimer.

Marsillac, en effet, était amoureux de Madame; il ne le lui faisait paraître que par ses yeux, ou par quelques paroles jetées en l'air, qu'elle seule pouvait entendre. Elle ne répondait point à sa passion ; elle était fort occupée de l'amitié que Vardes avait pour elle, qui tenait plus de l'amour que de l'amitié ; mais, comme il était embarrassé de ce qu'il devait au comte de Guiches, et qu'il était partagé par l'engagement qu'il avait avec la comtesse de Soissons, il était fort incertain de ce qu'il devait faire, et ne savait s'il devait s'engager entièrement avec Madame, ou demeurer seulement son ami.

Monsieur fut si jaloux de Marsillac, qu'il l'obligea de s'en aller chez lui. Dans le temps qu'il partit, il arriva une aventure qui fit beaucoup d'éclat, et dont la vérité fut cachée pendant quelque temps.

Au commencement du printemps, le roi alla passer quelques jours à Versailles. La rougeole lui prit, dont il fut si mal, qu'il pensa aux ordres qu'il devait donner à l'état, et il résolut de mettre monseigneur le dauphin entre les mains du prince de Conti, que la dévotion avait rendu un des plus honnêtes hommes de France. Cette maladie ne fut dangereuse que pendant vingt-quatre heures ; mais, quoiqu'elle le fût pour ceux qui la pouvaient prendre, tout le monde ne laissa pas d'y aller.

Monsieur le duc y fut, et prit la rougeole; Madame y alla aussi, quoiqu'elle la craignît beau-

coup. Ce fut là que Vardes, pour la première
fois, lui parla assez clairement de la passion
qu'il avait pour elle. Madame ne le rebuta pas
entièrement : il est difficile de maltraiter un
confident aimable, quand l'amant est absent.

Madame de Châtillon [1], qui approchait alors
Madame de plus près qu'aucune autre, s'était
aperçue de l'inclination que Vardes avait pour
elle; et, quoiqu'ils eussent été brouillés ensemble, après avoir été fort bien, elle se raccom-
moda avec lui, moitié pour entrer dans la confidence de Madame, moitié pour le plaisir de
voir souvent un homme qui lui plaisait fort.

Le comte du Plessis, premier gentilhomme
de la chambre de Monsieur, par une complaisance extraordinaire pour Madame, avait toujours été porteur des lettres qu'elle écrivait à
Vardes, et de celles que Vardes lui écrivait; et,
quoiqu'il dût bien juger que ce commerce regardait le comte de Guiches, et ensuite Vardes
même, il ne laissa pas de continuer.

Cependant, Montalais était toujours comme
prisonnière à Fontevrault. Malicorne et un appelé Corbinelli, qui était un garçon d'esprit et
de mérite, et qui s'était trouvé dans la confidence de Montalais, avaient entre les mains

---

[1] Depuis madame de Mekelbourg.

toutes les lettres dont elle avait été dépositaire, et ces lettres étaient d'une conséquence extrême pour le comte de Guiches et pour Madame, parce que, pendant qu'il était à Paris, comme le roi ne l'aimait pas naturellement, et qu'il avait cru avoir des sujets de s'en plaindre, il ne s'était point ménagé en écrivant à Madame, et s'était abandonné à beaucoup de plaisanteries et de choses offensantes contre le roi. Malicorne et Corbinelli voyant Montalais si fort oubliée, et craignant que le temps ne diminuât l'importance des lettres qu'ils avaient entre les mains, résolurent de voir s'ils ne pourraient pas en tirer quelque avantage pour Montalais, dans un temps où l'on ne pouvait l'accuser d'y avoir part.

Ils firent donc parler de ces lettres à Madame par la mère de La Fayette, supérieure de Chaillot; et l'on fit aussi entendre au maréchal de Grammont qu'il devait aussi songer aux intérêts de Montalais, puisqu'elle avait entre ses mains des secrets si considérables.

Vardes connaissait fort Corbinelli; Montalais lui avait dit l'amitié qu'elle avait pour lui : et, comme le dessein de Vardes était de se rendre maître des lettres, il ménageait fort Corbinelli, et tâchait de l'engager à ne les faire rendre que par lui.

Il sut, par Madame, que d'autres personnes lui proposaient de les lui faire rendre ; il vint trouver Corbinelli comme un désespéré, et Corbinelli, sans lui avouer que c'était par lui que les propositions s'étaient faites, promit à Vardes que les lettres ne passeraient que par ses mains.

Lorsque Marsillac avait été chassé, Vardes, dont les intentions étaient déjà de brouiller entièrement le comte de Guiches avec Madame, avait écrit au comte qu'elle avait une galanterie avec Marsillac. Le comte de Guiches, trouvant que ce que lui mandait son meilleur ami, et l'homme de la cour qui voyait Madame de plus près, s'accordait avec les bruits qui couraient, ne douta point qu'ils ne fussent véritables, et écrivit à Vardes, comme persuadé de l'infidélité de Madame.

Quelque temps auparavant, Vardes, pour se faire un mérite auprès de Madame, lui dit, qu'il fallait aussi retirer les lettres que le comte de Guiches avait d'elle. Il écrivit au comte de Guiches, que, puisqu'on trouvait moyen de retirer celles qu'il avait écrites à Madame, il fallait qu'il lui rendît celles qu'il avait d'elle. Le comte de Guiches y consentit sans peine, et manda à sa mère de remettre entre les mains de Vardes une cassette qu'il lui avait laissée.

Tout ce commerce pour faire rendre les lettres fit trouver à Vardes et à Madame une nécessité de se voir ; et la mère de La Fayette, croyant qu'il ne s'agissait que de rendre des lettres, consentit que Vardes vînt secrètement à un parloir de Chaillot parler à Madame. Ils eurent une fort longue conversation, et Vardes dit à Madame que le comte de Guiches était persuadé qu'elle avait une galanterie avec Marsillac ; il lui montra même les lettres que le comte de Guiches lui écrivait, où il ne paraissait pas néanmoins que ce fût lui qui eût donné l'avis, et là-dessus il disait tout ce que peut dire un homme qui veut prendre la place de son ami; et, comme l'esprit et la jeunesse de Vardes le rendaient très-aimable, et que Madame avait une inclination pour lui plus naturelle que pour le comte de Guiches, il était difficile qu'il ne fît pas quelque progrès dans son esprit.

Ils résolurent, dans cette entrevue, qu'on retirerait ses lettres qui étaient entre les mains de Montalais. Ceux qui les avaient les rendirent en effet ; mais ils gardèrent toutes celles qui étaient d'importance. Vardes les rendit à Madame, chez la comtesse de Soissons, avec celles qu'elle avait écrites au comte de Guiches, et elles furent brûlées à l'heure même.

Quelques jours après, Madame et Vardes

convinrent ensemble de se voir encore à Chaillot : Madame y alla ; mais Vardes n'y fut pas, et s'excusa sur de très-méchantes raisons. Il se trouva que le roi avait su la première entrevue ; et, soit que Vardes même le lui eût dit, et qu'il crût que le roi n'en approuverait pas une seconde, soit qu'il craignît la comtesse de Soissons, enfin, il n'y alla pas. Madame en fut extrêmement indignée. Elle lui écrivit une lettre où il y avait beaucoup de hauteur et de chagrin, et ils furent brouillés quelque temps.

La reine-mère fut malade pendant la plus grande partie de l'été ; cela fut cause que la cour ne quitta Paris qu'au mois de juillet. Le roi en partit pour prendre Marsal ; tout le monde le suivit. Marsillac, qui n'avait eu qu'un avis de s'éloigner, et qui n'en avait point d'ordre, revint et suivit le roi.

Comme Madame vit que le roi irait en Lorraine, et qu'il verrait le comte de Guiches, elle craignit qu'il n'avouât au roi le commerce qu'ils avaient ensemble, et elle lui manda que, s'il lui en disait quelque chose, elle ne le verrait jamais. Cette lettre n'arriva qu'après que le roi eut parlé au comte de Guiches, et qu'il lui eut avoué tout ce que Madame lui avait caché.

Le roi le traita si bien pendant ce voyage, que tout le monde en fut surpris. Vardes, qui savait ce que Madame avait écrit au comte de Guiches, fit semblant d'ignorer qu'il n'avait pas reçu la lettre; il manda à Madame que la nouvelle faveur du comte de Guiches l'avait tellement ébloui, qu'il avait tout avoué au roi.

Madame fut fort en colère contre le comte de Guiches, et, ayant un si juste sujet de rompre avec lui, et peut-être ayant d'ailleurs envie de le faire, elle lui écrivit une lettre pleine d'aigreur, et rompit avec lui en lui défendant de jamais nommer son nom.

Le comte de Guiches, après la prise de Marsal, n'ayant plus rien à faire en Lorraine, avait demandé au roi la permission de s'en aller en Pologne. Il avait écrit à Madame tout ce qui la pouvait adoucir sur sa faute; mais Madame ne voulut pas recevoir ses excuses, et lui écrivit cette lettre de rupture dont je viens de parler. Le comte de Guiches la reçut lorsqu'il était prêt à s'embarquer, et il en eut un si grand désespoir, qu'il eût souhaité que la tempête qui s'élevait dans le moment lui donnât lieu de finir sa vie. Son voyage fut néanmoins très-heureux: il fit des actions extraordinaires; il s'exposa à de grands périls dans la guerre contre les Moscovites, et y reçut même un coup dans l'estomac, qui l'eût tué sans doute, sans un portrait de Madame, qu'il portait dans une fort grosse boite, qui reçut le coup et qui en fut toute brisée.

Vardes était assez satisfait de voir le comte de Guiches si éloigné de Madame en toute façon. Marsillac était le seul rival qui lui restât à combattre, et, quoique Marsillac lui eût toujours nié qu'il fût amoureux de Madame, quelque offre de l'y servir qu'il lui eût pu faire, il sut si bien le tourner et de tant de côtés, qu'il le lui fit avouer : ainsi il se trouva le confident de son rival.

Comme il était ami intime de M. de La Rochefoucault, à qui la passion de son fils pour Madame déplaisait infiniment, il engageait Monsieur à ne point faire de mal à Marsillac ; néanmoins, au retour de Marsal, comme on était à une assemblée, il reprit un soir à Monsieur une jalousie sur Marsillac ; il appela Vardes pour lui en parler ; et Vardes, pour lui faire sa cour, et pour faire chasser Marsillac, lui dit qu'il s'était aperçu de la manière dont Marsillac avait regardé Madame, et qu'il en allait avertir M. de La Rochefoucault.

Il est aisé de juger que l'approbation d'un homme comme Vardes, qui était ami de Marsillac, n'augmenta pas peu la mauvaise humeur de Monsieur, et il voulut encore que Marsillac se retirât. Vardes vint trouver M. de La Rochefoucault, et lui conta assez malignement ce qu'il avait dit à Monsieur, qui le conta aussi à M. de La Rochefoucault. Vardes et lui furent prêts à se brouiller entièrement, et d'autant plus que La Rochefoucault sut alors que son fils avait avoué sa passion pour Madame.

Marsillac partit de la cour, et, passant par Moret, où était Vardes, il ne voulut point d'éclaircissement avec lui ; mais, depuis ce temps-là, ils n'eurent plus que des apparences l'un pour l'autre.

Cette affaire fit beaucoup de bruit, et l'on n'eut pas de peine à juger que Vardes était amoureux de Madame. La comtesse de Soissons commença même à en avoir de la jalousie ; mais Vardes la ménagea si bien, que rien n'éclata.

Nous avons laissé Vardes content d'avoir fait chasser Marsillac, et de savoir le comte de Guiches en Pologne. Il lui restait deux personnes qui l'incommodaient encore, et qu'il ne voulait pas qui fussent des amis de Madame. Le roi en était un ; l'autre était Gondrin, archevêque de Sens.

Il se défit bientôt du dernier, en lui disant que le roi le croyait amoureux de Madame, et qu'il avait fait la plaisanterie de dire qu'il faudrait bientôt envoyer un archevêque à Sens ;

cela lui fit gagner son diocèse, d'où il revenait rarement.

Il se servit aussi de cette même plaisanterie pour dire à Madame que le roi la haïssait, et qu'elle devait s'assurer de l'amitié du roi son frère, afin qu'il pût la défendre contre la mauvaise volonté de l'autre. Madame lui dit qu'elle en était assurée. Il l'engagea à lui faire voir les lettres que son frère lui écrivait : elle le fit, et il s'en fit valoir auprès du roi, en lui dépeignant Madame comme une personne dangereuse; mais que le crédit qu'il avait sur elle l'empêcherait de rien faire mal à propos.

Il ne laissa pourtant pas, dans le temps qu'il faisait de telles trahisons à Madame, de paraître s'abandonner à la passion qu'il disait avoir pour elle, et de lui dire tout ce qu'il savait du roi. Il la pria même de lui permettre de rompre avec la comtesse de Soissons, ce qu'elle ne voulut pas souffrir; car, quoiqu'elle eût assurément trop d'indulgence pour sa passion, elle ne laissait pas d'entrevoir que son procédé n'était pas sincère, et cette pensée empêcha Madame de s'engager; elle se brouilla même avec lui très-peu de temps après.

Dans ce même temps, madame de Mekelbourg et madame de Montespan étaient les deux personnes qui paraissaient le mieux avec Madame.

La dernière était jalouse de l'autre, et, cherchant pour la détruire tous les moyens possibles, elle rencontra celui que je vais dire. Madame d'Armagnac était alors en Savoie, où elle avait conduit madame de Savoie. Monsieur pria Madame de la mettre, à son retour, de toutes les parties de plaisir qu'elle ferait. Madame y consentit, quoiqu'il lui parût que Madame d'Armagnac cherchait plutôt à s'en retirer. Madame de Mekelbourg dit à Madame qu'elle en savait la raison : elle lui conta que, dans le temps du mariage de madame d'Armagnac, elle avait une affaire réglée avec Vardes, et que, désirant de retirer de lui ses lettres, il lui avait dit qu'il ne les lui rendrait que quand il serait assuré qu'elle n'aimerait personne.

Avant que d'aller en Savoie, elle avait fait une tentative pour les ravoir, à laquelle il avait résisté, disant qu'elle aimait Monsieur, ce qui lui faisait appréhender de se trouver chez Madame, de peur de l'y rencontrer.

Madame résolut, sachant cela, de redemander à Vardes ses lettres pour les lui rendre, afin qu'elle n'eût plus rien à ménager. Madame le dit à la Montespan, qui l'en loua, mais qui s'en servit pour lui jouer la pièce la plus noire qu'on puisse s'imaginer.

En ce même temps, M. Le Grand aimait Madame ; et , quoiqu'il le lui fit connaître très-grossièrement, il crut que, puisqu'elle n'y répondait pas, elle ne le comprenait point ; cela lui fit prendre la résolution de lui écrire : mais ne se trouvant pas assez d'esprit, il pria M. de Luxembourg et l'archevêque de Sens de faire la lettre, qu'il voulait mettre dans la poche de Madame, au Val-de-Grâce, afin qu'elle ne la pût refuser. Ils ne jugèrent pas à propos de le faire, et avertirent Madame de son extravagance. Madame les pria de faire en sorte qu'il ne pensât plus à elle, et en effet ils y réussirent.

Mais madame d'Armagnac, revenant de Savoie, se trouva fort jalouse. Madame de Montespan lui dit qu'elle avait raison de l'être ; et, pour la prévenir, alla au-devant d'elle lui conter que madame voulait avoir ses lettres pour lui faire du mal, et qu'à moins qu'elle ne perdît madame de Mekelbourg, on la perdrait elle-même. Madame d'Armagnac, qui employait volontiers le peu d'esprit qu'elle avait à faire du mal, conclut, avec madame de Montespan, qu'il fallait perdre madame de Mekelbourg. Elles y travaillèrent auprès de la reine-mère, par M. de Beauvais, et auprès de Monsieur, en lui représentant que madame de Mekelbourg avait trop méchante réputation pour la laisser auprès de Madame.

Elle, de son côté, voulut faire tant de finesses qu'elle acheva de se détruire, et Monsieur lui défendit de voir Madame. Madame, au désespoir de l'affront qu'une de ses amies recevait, défendit à mesdames de Montespan et d'Armagnac de se présenter devant elle. Elle voulut même obliger Vardes à menacer cette dernière, en lui disant que, si elle ne faisait revenir madame de Mekelbourg, il remettrait entre ses mains les lettres en question; mais, au lieu de le faire, il se fit valoir de la proposition, ce qui fortifia Madame dans la pensée qu'elle avait que c'était un grand fourbe.

Monsieur l'avait aussi découvert par des redites qu'il avait faites entre le roi et lui; ainsi, il n'osa plus venir chez Madame que rarement; et, voyant que Madame, dans ses lettres, ne lui rendait pas compte des conversations fréquentes qu'elle avait avec le roi, il commença à croire que le roi devenait amoureux d'elle, ce qui le mit au désespoir.

Dans le même temps, on sut, par des lettres de Pologne, que le comte de Guiches, après avoir fait des actions extraordinaires de valeur, était réduit, avec l'armée de Pologne, dans un état d'où il n'était pas possible de se sauver. L'on conta cette nouvelle au souper du roi : Madame en fut si saisie, qu'elle fut heureuse que l'attention que tout le monde avait pour la relation empêchât de remarquer le trouble où elle était.

Madame sortit de table; elle rencontra Vardes, et lui dit : Je vois bien que j'aime le comte de Guiches plus que je ne pense. Cette déclaration, jointe aux soupçons qu'il avait du roi, lui fit prendre la résolution de changer de manière d'agir avec Madame.

Je crois qu'il eût rompu incontinent avec elle, si des considérations trop fortes ne l'eussent retenu. Il lui fit des plaintes sur les deux sujets qu'il en avait. Madame lui répondit, en plaisantant, que, pour le roi, elle lui permettait le personnage de chabanier; et que, pour le comte de Guiches, elle lui apprendrait combien il avait fait de choses pour le brouiller avec elle, s'il ne souffrait qu'elle lui fît part de ce qu'elle sentait pour lui. Il manda ensuite à Madame, qu'il commençait à sentir que la comtesse de Soissons ne lui était pas indifférente. Madame lui répondit que son nez l'incommoderait trop dans son lit, pour qu'il lui fût possible d'y demeurer ensemble. Depuis ce temps-là, l'intelligence de Madame et de Vardes était fondée plutôt sur la considération que sur aucune des raisons qui l'avaient fait naître.

L'on alla cet été à Fontainebleau. Monsieur

ne pouvant souffrir que ses deux amies, mesdames d'Armagnac et de Montespan, fussent exclues de toutes les parties de plaisir, par la défense que Madame leur avait faite de paraître en sa présence, consentit que madame de Mekelbourg reverrait Madame; et elles le firent toutes trois, avant que la cour partît de Paris; mais les deux premières ne rentrèrent jamais dans les bonnes grâces de Madame, surtout madame de Montespan.

L'on ne songea qu'à se divertir à Fontainebleau; et, parmi toutes les fêtes, la dissension des dames faisant toujours quelques affaires : celle qui fit le plus de bruit, vint d'un médianoche, où le roi pria Madame d'assister. Cette fête devait se donner sur le canal, dans un bateau fort éclairé, et accompagné d'autres, où étaient les violons et la musique.

Jusqu'à ce jour, la grossesse de Madame l'avait empêchée d'être des promenades; mais, se trouvant dans le neuvième mois, elle fut de toutes. Elle pria le roi d'en exclure mesdames d'Armagnac et de Montespan; mais Monsieur, qui croyait l'autorité d'un mari choquée par l'exclusion qu'on donnait à ses amies, déclara qu'il ne se trouverait pas aux fêtes où ces dames ne seraient pas.

La reine-mère, qui continuait à haïr Madame, le fortifia dans cette résolution, et s'emporta fort contre le roi, qui prenait le parti de Madame. Elle eut le dessus néanmoins, et les dames ne furent point du médianoche, dont elles pensèrent enrager.

La comtesse de Soissons, qui, depuis longtemps, avait été jalouse de Madame jusqu'à la folie, ne laissait pas de vivre bien avec elle. Un jour qu'elle était malade, elle pria Madame de l'aller voir; et, voulant être éclaircie de ses sentimens pour Vardes, après lui avoir fait beaucoup de protestations d'amitié, elle reprocha à Madame le commerce que depuis trois ans elle avait avec Vardes, à son insu; que, si c'était galanterie, c'était lui faire un tour bien sensible, et que, si ce n'était qu'amitié, elle ne comprenait pas pourquoi Madame voulait la lui cacher, sachant combien elle était attachée à ses intérêts.

Comme Madame aimait extrêmement à tirer ses amies d'embarras, elle dit à la comtesse qu'il n'y avait jamais eu dans le cœur de Vardes aucun sentiment dont elle pût se plaindre. La comtesse pria Madame, puisque cela était, de dire, devant Vardes, qu'elle ne voulait plus de commerce avec lui que par elle. Madame y consentit. On envoya querir Vardes dans le moment : il fut un peu surpris; mais, quand il vit qu'au lieu de chercher à le brouiller, Madame prenait toutes les fautes sur elle, il vint la remercier, et l'assura qu'il lui serait toute sa vie redevable des marques de sa générosité.

Mais la comtesse de Soissons, craignant toujours qu'on ne lui eût fait quelque finesse, tourna tant Vardes, qu'il se coupa sur deux ou trois choses. Elle en parla à Madame pour s'éclaircir, et lui apprit que Vardes lui avait fait une insigne trahison auprès du roi, en lui montrant les lettres du roi d'Angleterre.

Madame ne s'emporta pourtant pas contre Vardes; elle soutint toujours qu'il était innocent envers la comtesse, quoiqu'elle fût très-mal contente de lui : mais elle ne voulait pas paraître menteuse; et il fallait le paraître pour dire la vérité.

La comtesse dit pourtant tout le contraire à Vardes; ce qui acheva de lui tourner la tête; il lui avoua tout, et comment il n'avait tenu qu'à Madame qu'il ne l'eût vue de toute sa vie. Jugez dans quel désespoir fut la comtesse. Elle envoya prier Madame de l'aller voir. Madame la trouva dans une douleur inconcevable des trahisons de son amant. Elle pria Madame de lui dire la vérité, et lui dit qu'elle voyait bien que la raison qui l'en avait empêchée était une bonté pour Vardes, que ses trahisons ne méritaient pas.

Sur cela, elle conta à Madame tout ce qu'elle savait ; et, dans cette confrontation qu'elles firent entre elles, elles découvrirent des tromperies qui passent l'imagination. La comtesse jura qu'elle ne verrait Vardes de sa vie ; mais que ne peut une violente inclination ! Vardes joua si bien la comédie, qu'il l'apaisa.

FIN DE LA TROISIÈME PARTIE.

HISTOIRE

DE MADAME

HENRIETTE D'ANGLETERRE,

PREMIÈRE FEMME

DE PHILIPPE DE FRANCE,

DUC D'ORLÉANS.

QUATRIÈME PARTIE.

Dans ce temps, le comte de Guiches revint de Pologne : Monsieur souffrit qu'il revînt à la cour ; mais il exigea de son père qu'il ne se trouverait pas dans les lieux où se trouverait Madame. Il ne laissait pas de la rencontrer souvent, et de l'aimer en la revoyant, quoique l'absence eût été longue, que Madame eût rompu avec lui, et qu'il fût incertain de ce qu'il devait croire de l'affaire de Vardes.

Il ne savait plus de moyen de s'éclaircir avec Madame : Dodoux, qui était le seul homme en qui il se fiait, n'était pas à Fontainebleau; et ce qui acheva de le mettre au désespoir, fut que, comme Madame savait que le roi était instruit des lettres qu'elle lui avait écrites à Nancy, et du portrait qu'il avait d'elle, elle les lui fit redemander par le roi même, à qui il les rendit avec toute la douleur possible et toute l'obéissance qu'il a toujours eue pour les ordres de Madame.

Cependant Vardes, qui se sentait coupable envers son ami, lui embrouilla tellement les choses, qu'il lui pensa faire tourner la tête. Tous ses raisonnemens lui faisaient connaître qu'il était trompé; mais il ignorait si Madame avait part à la tromperie, ou si Vardes seul était coupable. Son humeur violente ne le pouvant laisser dans cette inquiétude, il résolut de prendre madame de Mekelbourg pour juge; et Vardes la lui nomma comme un témoin de sa fidélité; mais il ne le voulut qu'à condition que Madame y consentirait.

Il lui en écrivit par Vardes, pour l'en prier. Madame était accouchée de mademoiselle de Valois, et ne voyait encore personne; mais Vardes lui demanda une audience avec tant d'instance, qu'elle la lui accorda. Il se jeta d'abord à genoux devant elle; il se mit à pleurer et à lui demander grâce, lui offrant de cacher, si elle voulait être de concert avec lui, tout le commerce qui avait été entre eux.

Madame lui déclara qu'au lieu d'accepter cette proposition, elle voulait que le comte de Guiches en sût la vérité; que, comme elle avait été trompée, et qu'elle avait donné dans des panneaux dont personne n'aurait pu se défendre, elle ne voulait pas d'autre justification que la vérité, au travers de laquelle on verrait que ses bontés, entre les mains de tout autre que lui, n'auraient pas été tournées comme elles l'avaient été.

Il voulut ensuite lui donner la lettre du comte de Guiches; mais elle la refusa, et elle fit très-bien, car Vardes l'avait déjà montrée au roi, et lui avait dit que Madame le trompait.

Il pria encore Madame de nommer quelqu'un pour les accommoder : elle consentit, pour empêcher qu'ils ne se battissent, que la paix se fît chez madame de Mekelbourg; mais Madame ne voulait pas qu'il parût que cette entrevue se fît de son consentement. Vardes, qui avait espéré tout autre chose, fut dans un désespoir nompareil; il se cognait la tête contre les murailles; il pleurait et faisait toutes les extravagances possibles; mais Madame tint ferme, et ne se relâcha point, dont bien lui prit.

Quand Vardes fut sorti, le roi arriva. Madame

lui conta comment la chose s'était passée, dont le roi fut si content, qu'il entra en éclaircissement avec elle, et lui promit de l'aider à démêler les fourberies de Vardes, qui se trouvèrent si excessives qu'il serait impossible de les définir.

Madame se tira de ce labyrinthe en disant toujours la vérité; et sa sincérité la maintint auprès du roi.

Le comte de Guiches, cependant, était très-affligé de ce que Madame n'avait pas voulu recevoir sa lettre; il crut qu'elle ne l'aimait plus, et il prit la résolution de voir Vardes chez madame de Mekelbourg, pour se battre contre lui. Elle ne les voulut point recevoir, de sorte qu'ils demeurèrent dans un état dont on attendait tous les jours quelque éclat horrible.

Le roi retourna en ce temps à Vincennes. Le comte de Guiches, qui ne savait dans quels sentimens Madame était pour lui, ne pouvant plus demeurer dans cette incertitude, résolut de prier la comtesse de Grammont, qui était Anglaise, de parler à Madame; et il l'en pressa tant, qu'elle y consentit; son mari même se chargea d'une lettre qu'elle ne voulut pas recevoir. Madame lui dit que le comte de Guiches avait été amoureux de mademoiselle de Grancey, sans lui avoir fait dire que c'était un prétexte ; qu'elle se trouvait heureuse de n'avoir point d'affaire avec lui, et que, s'il eût agi autrement, son inclination et la reconnaissance l'auraient fait consentir, malgré les dangers auxquels elle s'exposait, à conserver pour lui les sentimens qu'il aurait pu désirer.

Cette froideur renouvela tellement la passion du comte de Guiches, qu'il était tous les jours chez la comtesse de Grammont, pour la prier de parler à Madame en sa faveur : enfin, le hasard lui donna occasion de lui parler à elle-même plus qu'il ne l'espérait.

Madame de La Vieville donna un bal chez elle. Madame fit partie pour y aller en masque avec Monsieur; et, pour n'être pas reconnue, elle fit habiller magnifiquement ses filles et quelques dames de sa suite, et elle, avec Monsieur, alla avec des capes, dans un carrosse emprunté.

Ils trouvèrent à la porte une troupe de masques. Monsieur leur proposa, sans les connaître, de s'associer à eux, et en prit un par la main ; Madame en fit autant. Jugez quelle fut sa surprise, quand elle trouva la main estropiée du comte de Guiches, qui reconnut aussi les sachets dont les coiffes de Madame étaient parfumées : peu s'en fallut qu'ils ne jetassent un cri tous les deux, tant cette aventure les surprit.

Ils étaient l'un et l'autre dans un si grand trouble, qu'ils montèrent l'escalier sans se rien dire. Enfin le comte de Guiches, ayant reconnu Monsieur, et ayant vu qu'il s'était allé asseoir loin de Madame, s'était mis à ses genoux, et eut le temps non-seulement de se justifier, mais d'apprendre de Madame tout ce qui s'était passé pendant son absence. Il eut beaucoup de douleur qu'elle eût écouté Vardes; mais il se trouva si heureux de ce que Madame lui pardonnait sa ravauderie avec mademoiselle de Grancey, qu'il ne se plaignit pas.

Monsieur rappela Madame; et le comte de Guiches, de peur d'être reconnu, sortit le premier; mais le hasard, qui l'avait amené en ce lieu, le fit amuser au bas du degré. Monsieur était un peu inquiet de la conversation que Madame avait eue : elle s'en aperçut, et la crainte d'être questionnée fit que le pied lui manqua, et, du haut de l'escalier, elle alla bronchant jusqu'en bas, où était le comte de Guiches, qui, en la retenant, l'empêcha de se tuer, car elle était grosse.

Toutes choses semblaient, comme vous voyez, aider à son raccommodement; aussi s'acheva-t-il. Madame reçut ensuite de ses lettres; et, un soir que Monsieur était allé en masque, elle le vit chez la comtesse de Grammont, où elle attendait Monsieur pour faire médianoche.

Dans ce même temps, Madame trouva occasion de se venger de Vardes. Le chevalier de Lorraine était amoureux d'une des filles de Madame, qui s'appelait Fiennes : un jour qu'il se trouva chez la reine, devant beaucoup de gens, on lui demanda à qui il en voulait ; quelqu'un répondit que c'était à Fiennes ; Vardes dit qu'il aurait bien mieux fait de s'adresser à sa maîtresse ; cela fut rapporté à Madame par le comte de Grammont ; elle se le fit raconter par le marquis de Villeroi, ne voulant pas nommer l'autre ; et, l'ayant engagé dans la chose, aussi-bien que le chevalier de Lorraine, elle en fit ses plaintes au roi, et le pria de chasser Vardes. Le roi trouva la punition un peu rude ; mais il le promit. Vardes demanda à n'être mis qu'à la Bastille, où tout le monde l'alla voir.

Ses amis publièrent que le roi avait consenti avec peine à cette punition, et que Madame n'avait pu le faire casser. Voyant qu'en effet cela se trouvait avantageusement pour lui, Madame repria le roi de l'envoyer à son gouvernement ; ce qu'il lui accorda.

La comtesse de Soissons, enragée de ce que Madame lui ôtait également Vardes, par sa haine et par son amitié ; et son dépit ayant augmenté par la hauteur avec laquelle toute la jeunesse de la cour avait soutenu que Vardes était punissable, elle résolut de s'en venger sur le comte de Guiches.

Elle dit au roi que Madame avait fait ce sacrifice au comte de Guiches, et qu'il aurait regret d'avoir servi sa haine, s'il savait tout ce que le comte de Guiches avait fait contre lui.

Montalais, qu'une fausse générosité faisait souvent agir, écrivit à Vardes que, s'il voulait s'abandonner à sa conduite, elle aurait trois lettres qui pouvaient le tirer d'affaire ; il n'accepta pas le parti ; mais la comtesse de Soissons se servit de la connaissance de ces lettres pour obliger le roi à perdre le comte de Guiches. Elle accusa le comte d'avoir voulu livrer Dunkerque aux Anglais, et d'avoir offert à Madame le régiment des gardes : elle eut l'imprudence de mêler à tout cela la lettre d'Espagne. Heureusement, le roi parla à Madame de tout ceci. Il lui parut d'une telle rage contre le comte de Guiches, et si obligé à la comtesse de Soissons, que Madame se vit dans la nécessité de perdre tous les deux, pour ne pas voir la comtesse de Soissons sur le trône, après avoir accablé le comte de Guiches. Madame fit pourtant promettre au roi qu'il pardonnerait au comte de Guiches, si elle lui pouvait prouver que ses fautes étaient petites en comparaison de celles de Vardes et de la comtesse de Soissons : le roi le lui promit, et Madame lui conta tout ce qu'elle savait. Ils conclurent ensemble qu'il chasserait la comtesse de Soissons, et qu'il mettrait Vardes en prison. Madame avertit le comte de Guiches en diligence par le maréchal de Grammont, et lui conseilla d'avouer sincèrement toutes choses, ayant trouvé que, dans toutes les matières embrouillées, la vérité seule tire les gens d'affaire. Quelque délicat que cela fût, le comte de Guiches en remercia Madame; et, sur cette affaire, ils n'eurent de commerce que par le maréchal de Grammont. La régularité fut si grande de part et d'autre, qu'ils ne se coupèrent jamais, et le roi ne s'aperçut point de ce concert. Il envoya prier Montalais de lui dire la vérité : vous saurez ce détail d'elle; je vous dirai seulement que le maréchal, qui n'avait tenu que par miracle une aussi bonne conduite que celle qu'il avait eue, ne put longtemps se démentir; et son effroi lui fit envoyer en Hollande son fils, qui n'aurait pas été chassé s'il eût tenu bon.

Il en fut si affligé qu'il en tomba malade : son père ne laissa pas de le presser de partir. Madame ne voulait pas qu'il lui dît adieu, parce qu'elle savait qu'on l'observait, et qu'elle n'était plus dans cet âge où ce qui était périlleux lui paraissait plus agréable : mais, comme le comte de Guiches ne pouvait partir sans voir Madame, il se fit faire un habit des livrées de La Vallière; et, comme on portait Madame en chaise dans le Louvre, il eut la liberté de lui parler. Enfin, le jour du départ arriva : le comte avait toujours la fièvre ; il ne laissa pas de se trouver dans la rue avec son déguisement ordinaire; mais les forces lui manquèrent quand il lui fallut prendre le dernier congé ; il tomba évanoui, et Madame resta dans la douleur de le voir dans cet état, au hasard d'être reconnu, ou de demeurer sans secours. Depuis ce temps-là Madame ne l'a point revu.

Madame était revenue d'Angleterre avec toute la gloire et le plaisir que peut donner un voyage causé par l'amitié, et suivi d'un bon succès dans les affaires. Le roi son frère, qu'elle aimait chèrement, lui avait témoigné une tendresse et une considération extraordinaires; on savait, quoique très-confusément, que la négociation dont elle se mêlait était sur le point de se conclure ; elle se voyait à vingt-six ans le lien des deux plus grands rois de ce siècle ; elle avait entre les mains un traité d'où dépendait le sort d'une partie de l'Europe ; le plaisir et la considération que donnent les affaires se joignant en elle aux agrémens que donnent la jeunesse et la beauté, il y avait une grâce et une douceur répandues dans toute sa personne qui lui attiraient une sorte d'hommage, qui lui devait être d'autant plus agréable, qu'on le rendait plus à la personne qu'au rang.

Cet état de bonheur était troublé par l'éloignement où Monsieur était pour elle depuis l'affaire du chevalier de Lorraine ; mais, selon toutes les apparences, les bonnes grâces du roi lui eussent fourni les moyens de sortir de cet embarras : enfin, elle était dans la plus agréable situation où elle se fût jamais trouvée, lorsqu'une mort, moins attendue qu'un coup de tonnerre, termina une si belle vie, et priva la France de la plus aimable princesse qui vivra jamais.

Le 24 juin de l'année 1670, huit jours après son retour d'Angleterre, Monsieur et elle allèrent à Saint-Cloud. Le premier jour qu'elle y alla, elle se plaignit d'un mal de côté et d'une douleur dans l'estomac, à laquelle elle était sujette ; néanmoins, comme il faisait extrêmement chaud, elle voulut se baigner dans la rivière. M. Gueslin, son premier médecin, fit tout ce qu'il put pour l'en empêcher ; mais, quoi qu'il lui pût dire, elle se baigna le vendredi, et le samedi elle s'en trouva si mal, qu'elle ne se baigna point. J'arrivai à Saint-Cloud le samedi, à dix heures du soir : je la trouvai dans les jardins ; elle me dit que je lui trouverais mauvais visage, et qu'elle ne se portait pas bien : elle avait soupé comme à son ordinaire, et elle se promena au clair de la lune jusqu'à minuit. Le lendemain, dimanche 29 juin, elle se leva de bonne heure, et descendit chez Monsieur, qui se baignait : elle fut long-temps auprès de lui ; et, en sortant de sa chambre, elle entra dans la mienne, et me fit l'honneur de me dire qu'elle avait bien passé la nuit.

Un moment après je montai chez elle. Elle me dit qu'elle était chagrine, et la mauvaise humeur dont elle parlait aurait fait les belles heures des autres femmes, tant elle avait de douceur naturelle, et tant elle était peu capable d'aigreur et de colère.

Comme elle me parlait, on lui vint dire que la messe était prête. Elle l'alla entendre ; et, en revenant dans sa chambre, elle s'appuya sur moi, et me dit, avec cet air de bonté qui lui était si particulier, qu'elle ne serait pas de si méchante humeur si elle pouvait causer avec moi ; mais qu'elle était si lasse de toutes les personnes qui l'environnaient, qu'elle ne les pouvait plus supporter.

Elle alla ensuite voir peindre Mademoiselle, dont un excellent peintre anglais faisait le por-

trait; et elle se mit à parler à madame d'É-
pernon et à moi de son voyage d'Angleterre
et du roi son frère.

Cette conversation, qui lui plaisait, lui
redonna de la joie. On servit le dîner : elle
mangea comme à son ordinaire ; et après le
dîner elle se coucha sur des carreaux, ce
qu'elle faisait assez souvent lorsqu'elle était
en liberté : elle m'avait fait mettre auprès
d'elle, en sorte que sa tête était quasi sur moi.

Le même peintre anglais peignait Monsieur;
on parlait de toutes sortes de choses, et cependant elle s'endormit. Pendant son sommeil,
elle changea si considérablement, qu'après l'a-
voir long-temps regardée j'en fus surprise; et
je pensai qu'il fallait que son esprit contribuât
fort à parer son visage, puisqu'il le rendait
si agréable lorsqu'elle était éveillée, et qu'elle
l'était si peu quand elle était endormie. J'a-
vais tort, néanmoins, de faire cette réflexion;
car je l'avais vue dormir plusieurs fois, et je
ne l'avais pas vue moins aimable.

Après qu'elle fut éveillée, elle se leva du
lieu où elle était, mais avec un si mauvais
visage, que Monsieur en fut surpris et me le
fit remarquer.

Elle s'en alla ensuite dans le salon, où elle
se promena quelque temps avec Boisfranc,

trésorier de Monsieur ; et, en lui parlant, elle se plaignit plusieurs fois de son mal de côté.

Monsieur descendit pour aller à Paris, où il avait résolu d'aller. Il trouva madame de Mekelbourg sur le degré, et remonta avec elle. Madame quitta Boisfranc, et vint à madame de Mekelbourg. Comme elle parlait à elle, madame de Gamaches lui apporta, aussi-bien qu'à moi, un verre d'eau de chicorée, qu'elle avait demandé il y avait déjà quelque temps ; madame de Gourdon, sa dame d'atours, le lui présenta. Elle le but ; et, en remettant d'une main la tasse sur la soucoupe, de l'autre elle se prit le côté, et dit avec un ton qui marquait beaucoup de douleur : Ah! quel point de côté! ah! quel mal! je n'en puis plus!

Elle rougit en prononçant ces paroles, et, dans le moment d'après, elle pâlit d'une pâleur livide qui nous surprit tous : elle continua de crier, et dit qu'on l'emportât comme ne pouvant plus se soutenir.

Nous la prîmes sous les bras ; elle marchait à peine, et toute courbée ; on la déshabilla dans un instant, je la soutenais pendant qu'on la délaçait ; elle se plaignait toujours, et je remarquai qu'elle avait les larmes aux yeux ; j'en fus étonnée et attendrie, car je la connaissais pour la personne du monde la plus patiente.

Je lui dis, en lui baisant les bras, que je soutenais, qu'il fallait qu'elle souffrît beaucoup; elle me dit que cela était inconcevable. On la mit au lit; et, sitôt qu'elle y fut, elle cria encore plus qu'elle n'avait fait, et se jeta d'un côté et d'un autre, comme une personne qui souffrait infiniment. On alla en même temps appeler son premier médecin, M. Esprit : il vint, et dit que c'était la colique, et ordonna les remèdes ordinaires à de semblables maux. Cependant les douleurs étaient inconcevables; Madame dit que son mal était plus considérable qu'on ne pensait, qu'elle allait mourir, qu'on lui allât querir un confesseur.

Monsieur était devant son lit; elle l'embrassa, et lui dit avec une douceur et un air capables d'attendrir les cœurs les plus barbares : Hélas! Monsieur, vous ne m'aimez plus, il y a long-temps; mais cela est injuste, je ne vous ai jamais manqué. Monsieur parut fort touché, et tout ce qui était dans sa chambre l'était tellement, qu'on n'entendait plus que le bruit que font des personnes qui pleurent.

Tout ce que je viens de dire s'était passé en moins d'une demi-heure. Madame criait toujours qu'elle sentait des douleurs terribles dans le creux de l'estomac. Tout d'un coup elle dit qu'on regardât à cette eau qu'elle avait bue, que c'était du poison, qu'on avait peut-être pris une bouteille pour l'autre, qu'elle était empoisonnée, qu'elle le sentait bien, et qu'on lui donnât du contre-poison.

J'étais dans la ruelle, auprès de Monsieur; et, quoique je le crusse fort incapable d'un pareil crime, un étonnement ordinaire à la malignité humaine me le fit observer avec attention. Il ne fut ni ému ni embarrassé de l'opinion de Madame ; il dit qu'il fallait donner de cette eau à un chien ; il opina, comme Madame, qu'on allât querir de l'huile et du contre-poison, pour ôter à Madame une pensée si fâcheuse. Madame Desbordes, sa première femme de chambre, qui était absolument à elle, lui dit qu'elle avait fait l'eau, et en but; mais Madame persévéra toujours à vouloir de l'huile et du contre-poison : on lui donna l'un et l'autre. Sainte-Foi, premier valet de chambre de Monsieur, lui apporta de la poudre de vipère. Elle lui dit qu'elle la prenait de sa main, parce qu'elle se fiait à lui. On lui fit prendre plusieurs drogues, dans cette pensée de poison, et peut-être plus propres à lui faire du mal qu'à la soulager. Ce qu'on lui donna la fit vomir ; elle en avait déjà eu envie plusieurs fois avant que d'avoir rien pris : mais ses vomissemens ne furent qu'imparfaits, et ne lui firent jeter que quelques flegmes, et une partie de la nourriture qu'elle avait prise. L'agitation de ces remèdes, et les excessives douleurs qu'elle souffrait, la mirent dans un abattement qui nous parut du repos; mais elle nous dit qu'il ne fallait pas se tromper, que ses douleurs étaient toujours égales, qu'elle n'avait plus la force de crier, et qu'il n'y avait point de remède à son mal.

Il sembla qu'elle avait une certitude entière de sa mort, et qu'elle s'y résolût comme à une chose indifférente. Selon toutes les apparences, la pensée du poison était établie dans son esprit; et, voyant que les remèdes avaient été inutiles, elle ne songeait plus à la vie, et ne pensait qu'à souffrir ses douleurs avec patience. Elle commença à avoir beaucoup d'appréhension. Monsieur appela madame de Gamaches pour tâter son pouls; les médecins n'y pensaient pas : elle sortit de la ruelle épouvantée, et nous dit qu'elle n'en trouvait point à Madame, et qu'elle avait toutes les extrémités froides; cela nous fit peur : Monsieur en parut effrayé; M. Esprit dit que c'était un accident ordinaire à la colique, et qu'il répondait de Madame. Monsieur se mit en colère, et dit qu'il lui avait répondu de monsieur de Valois, et qu'il était mort; qu'il lui répondait de Madame, et qu'elle mourrait encore.

Cependant le curé de Saint-Cloud, qu'elle avait mandé, était venu. Monsieur me fit l'honneur de me demander si on parlerait à ce confesseur; je la trouvais fort mal; il me semblait que ses douleurs n'étaient point celles d'une colique ordinaire; mais néanmoins j'étais bien éloignée de prévoir ce qui devait arriver, et je n'attribuais les pensées qui me venaient dans l'esprit qu'à l'intérêt que je prenais à sa vie.

Je répondis à Monsieur qu'une confession faite dans la vue de la mort ne pouvait être que très-utile, et Monsieur m'ordonna de lui aller dire que le curé de Saint-Cloud était venu. Je le suppliai de m'en dispenser, et je lui dis que, comme elle l'avait demandé, il n'y avait qu'à le faire entrer dans sa chambre. Monsieur s'approcha de son lit, et d'elle-même elle me redemanda un confesseur, mais sans paraître effrayée, et comme une personne qui songeait aux seules choses qui lui étaient nécessaires dans l'état où elle était.

Une de ses premières femmes de chambre était passée à son chevet pour la soutenir : elle ne voulut point qu'elle s'ôtât, et se confessa devant elle. Après que le confesseur se fut retiré, Monsieur s'approcha de son lit : elle lui dit quelques mots assez bas que nous n'entendîmes point, et cela nous parut encore quelque chose de doux et d'obligeant.

L'on avait fort parlé de la saignée ; mais elle souhaitait que ce fût du pied ; M. Esprit voulait que ce fût du bras ; enfin, il détermina qu'il le fallait ainsi. Monsieur vint le dire à Madame, comme une chose à quoi elle aurait peut-être de la peine à se résoudre ; mais elle répondit qu'elle voulait tout ce qu'on souhaitait, que tout lui était indifférent, et qu'elle sentait bien qu'elle n'en pouvait revenir. Nous écoutions ces paroles comme des effets d'une douleur violente qu'elle n'avait jamais sentie, et qui lui faisait croire qu'elle allait mourir.

Il n'y avait pas plus de trois heures qu'elle se trouvait mal. Gueslin, que l'on avait envoyé quérir à Paris, arriva avec M. Valet, qu'on avait envoyé chercher à Versailles. Sitôt que Madame vit Gueslin, en qui elle avait beaucoup de confiance, elle lui dit qu'elle était bien aise de le voir, qu'elle était empoisonnée, et qu'il la traitât sur ce fondement. Je ne sais s'il le crut, et s'il fut persuadé qu'il n'y avait point de remède, ou s'il s'imagina qu'elle se trompait, et que son mal n'était pas dangereux ; mais enfin il agit comme un homme qui n'avait plus d'espérance, ou qui ne voyait point de danger. Il consulta avec M. Valet et avec M. Esprit ; et, après une conférence assez longue, ils vinrent tous trois trouver Monsieur, et l'assurer sur leur vie qu'il n'y avait point de danger. Monsieur vint le dire à Madame. Elle lui dit qu'elle connaissait mieux son mal que le médecin, et qu'il n'y avait point de remède ; mais elle dit cela avec la même tranquillité et la même douceur que si elle eût parlé d'une chose indifférente.

Monsieur le prince la vint voir : elle lui dit qu'elle se mourait. Tout ce qui était auprès d'elle reprit la parole pour lui dire qu'elle n'était pas en cet état ; mais elle témoigna quelque sorte d'impatience de mourir pour être délivrée des douleurs qu'elle souffrait. Il semblait néanmoins que la saignée l'eût soulagée : on la crut mieux ; M. Valet s'en retourna à Versailles sur les neuf heures et demie, et nous demeurâmes autour de son lit, à causer, la croyant sans aucun péril. On était quasi consolé des douleurs qu'elle avait souffertes, espérant que l'état où elle avait été servirait à son raccommodement avec Monsieur : il en paraissait touché, et madame d'Épernon et moi, qui avions entendu ce qu'elle avait dit, nous prenions plaisir à lui faire remarquer le prix de ses paroles.

M. Valet avait ordonné un lavement avec du séné; elle l'avait pris, et, quoique nous n'entendissions guère la médecine, nous jugions bien néanmoins qu'elle ne pouvait sortir de l'état où elle était que par une évacuation. La nature tendait à sa fin par en haut; elle avait des envies continuelles de vomir; mais on ne lui donnait rien pour lui aider.

Dieu aveuglait les médecins, et ne voulait pas même qu'ils tentassent des remèdes capables de retarder une mort qu'il voulait rendre terrible. Elle entendit que nous disions qu'elle était mieux, et que nous attendions l'effet de ce remède avec impatience. Cela est si peu véritable, nous dit-elle, que, si je n'étais pas chrétienne, je me tuerais, tant mes douleurs sont excessives. Il ne faut point souhaiter de mal à personne, ajouta-t-elle; mais je voudrais bien que quelqu'un pût sentir un moment ce que je souffre, pour connaître de quelle nature sont mes douleurs.

Cependant, ce remède ne faisait rien : l'inquiétude nous en prit; on appela M. Esprit et M. Gueslin; ils dirent qu'il fallait encore attendre; elle répondit que, si on sentait ses douleurs, on n'attendrait pas si paisiblement. On fut deux heures entières sur l'attente de ce remède, qui furent les dernières où elle pouvait recevoir du secours. Elle avait pris quantité de remèdes : on avait gâté son lit; elle voulut en changer, et on lui en fit un petit dans sa ruelle; elle y alla sans qu'on l'y portât, et fit même le tour par l'autre ruelle, pour ne pas se mettre dans l'endroit de son lit qui était gâté. Lorsqu'elle fut dans ce petit lit, soit qu'elle expirât véritablement, soit qu'on la vît mieux, parce qu'elle avait les bougies au visage, elle nous parut beaucoup plus mal : les médecins voulurent la voir de près, et lui apportèrent un flambeau ; elle les avait toujours fait ôter depuis qu'elle s'était trouvée mal.

Monsieur lui demanda si on ne l'incommodait point. Ah! non, Monsieur, lui dit-elle; rien ne m'incommode plus ; je ne serai pas en vie demain matin, vous le verrez. On lui donna un bouillon, parce qu'elle n'avait rien pris depuis son dîner. Sitôt qu'elle l'eut avalé, ses douleurs redoublèrent, et devinrent aussi violentes qu'elles l'avaient été lorsqu'elle avait pris le verre de chicorée. La mort se peignit sur son visage, et on la voyait dans des souffrances cruelles, sans néanmoins qu'elle parût agitée.

Le roi avait envoyé plusieurs fois savoir de ses nouvelles, et elle lui avait toujours mandé qu'elle se mourait. Ceux qui l'avaient vue, lui avaient dit qu'en effet elle était très-mal; et M. de Créqui, qui avait passé à Saint-Cloud en allant à Versailles, dit au roi qu'il la croyait en grand péril; de sorte que le roi voulut la venir voir, et arriva à Saint-Cloud sur les onze heures.

Lorsque le roi arriva, Madame était dans ce redoublement de douleurs que lui avait causé le bouillon. Il sembla que les médecins furent éclairés par sa présence. Il les prit en particulier pour savoir ce qu'ils en pensaient, et ces mêmes médecins qui, deux heures auparavant, en répondaient sur leur vie, et qui trouvaient que les extrémités froides n'étaient qu'un accident de la colique, commencèrent à dire qu'elle était sans espérance, que cette froideur et ce pouls retiré étaient une marque de gangrène, et qu'il fallait lui faire recevoir Notre-Seigneur.

La reine et la comtesse de Soissons étaient venues avec le roi; madame de La Vallière et madame de Montespan étaient venues ensemble; je parlais à elle; Monsieur m'appela, et me dit, en pleurant, ce que les médecins venaient de dire : je fus surprise et touchée comme je le devais, et je répondis à Monsieur que les médecins avaient perdu l'esprit, et qu'ils ne pensaient ni à sa vie ni à son salut, qu'elle n'avait parlé qu'un quart d'heure au curé de Saint-Cloud, et qu'il fallait lui envoyer quelqu'un. Monsieur me dit qu'il allait envoyer chercher M. de Condom : je trouvai qu'on ne pouvait mieux choisir; mais qu'en attendant, il fallait avoir M. Feuillet, chanoine, dont le mérite est connu.

Cependant, le roi était auprès de Madame. Elle lui dit qu'il perdait la plus véritable servante qu'il aurait jamais. Il lui dit qu'elle n'était pas en si grand péril, mais qu'il était étonné de sa fermeté, et qu'il la trouvait grande. Elle lui répliqua qu'il savait bien qu'elle n'avait jamais craint la mort, mais qu'elle avait craint de perdre ses bonnes grâces.

Ensuite, le roi lui parla de Dieu ; il revint après dans l'endroit où étaient les médecins ; il me trouva désespérée de ce qu'ils ne lui donnaient point de remèdes, et surtout l'émétique; il me fit l'honneur de me dire qu'ils avaient perdu la tramontane, qu'ils ne savaient ce qu'ils faisaient, et qu'il allait essayer de leur remettre l'esprit. Il leur parla, et se rapprocha du lit de Madame, et lui dit qu'il n'était pas médecin, mais qu'il venait de proposer trente remèdes aux médecins : ils répondirent qu'il fallait attendre. Madame prit la parole, et dit qu'il fallait mourir par les formes.

Le roi voyant que, selon les apparences, il n'y avait rien à espérer, lui dit adieu en pleurant. Elle lui dit qu'elle le priait de ne point pleurer, qu'il l'attendrissait, et que la première nouvelle qu'il aurait le lendemain serait celle de sa mort.

Le maréchal de Grammont s'approcha de son lit. Elle lui dit qu'il perdait une bonne amie, qu'elle allait mourir, et qu'elle avait cru d'abord être empoisonnée par méprise.

Lorsque le roi se fut retiré, j'étais auprès de son lit, elle me dit : Madame de La Fayette, mon nez s'est déjà retiré. Je ne lui répondis qu'avec des larmes; car ce qu'elle me disait était véritable, et je n'y avais pas encore pris garde. On la remit ensuite dans son grand lit. Le hoquet lui prit. Elle dit à M. Esprit que c'était le hoquet de la mort; elle avait déjà demandé plusieurs fois quand elle mourrait; elle le demandait encore; et, quoiqu'on lui répondît comme à une personne qui n'en était pas proche, on voyait bien qu'elle n'avait aucune espérance.

Elle ne tourna jamais son esprit du côté de la vie; jamais un mot de réflexion sur la cruauté de sa destinée, qui l'enlevait dans le plus beau de son âge; point de questions aux médecins pour s'informer s'il était possible de la sauver ; point d'ardeur pour les remèdes, qu'autant que la violence de ses douleurs lui en faisait désirer ; une contenance paisible au milieu de la certitude de la mort, de l'opinion du poison, et de ses souffrances, qui étaient cruelles ; enfin, un courage dont on ne peut donner d'exemple, et qu'on ne saurait bien représenter.

Le roi s'en alla, et les médecins déclarèrent qu'il n'y avait aucune espérance. M. Feuillet vint : il parla à Madame avec une austérité entière ; mais il la trouva dans des dispositions qui allaient aussi loin que son austérité. Elle eut quelque scrupule que ses confessions passées n'eussent été nulles, et pria M. Feuillet de lui aider à en faire une générale ; elle la fit avec de grands sentimens de piété, et de grandes résolutions de vivre en chrétienne, si Dieu lui redonnait la santé.

Je m'approchai de son lit après sa confession. M. Feuillet était auprès d'elle, et un capucin, son confesseur ordinaire. Ce bon père voulait lui parler, et se jetait dans des discours qui la fatiguaient : elle me regarda avec des yeux qui faisaient entendre ce qu'elle pensait, et puis les retournant sur ce capucin : Laissez parler M. Feuillet, mon père, lui dit-elle avec une douceur admirable, comme si elle eût craint de le fâcher, vous parlerez à votre tour.

L'ambassadeur d'Angleterre arriva dans ce moment. Sitôt qu'elle le vit, elle lui parla du roi son frère, et de la douleur qu'il aurait de sa mort; elle en avait déjà parlé plusieurs fois dans le commencement de son mal. Elle le pria de lui mander qu'il perdait la personne du monde qui l'aimait le mieux. Ensuite l'ambassadeur lui demanda si elle était empoisonnée : je ne sais si elle lui dit qu'elle l'était; mais je sais bien qu'elle lui dit qu'il n'en fallait rien mander au roi son frère, qu'il fallait lui épargner cette douleur, et qu'il fallait surtout qu'il ne songeât point à en tirer vengeance; que le roi n'en était point coupable, qu'il ne fallait point s'en prendre à lui.

Elle disait toutes ces choses en anglais, et, comme le mot de *poison* est commun à la langue française et à l'anglaise, M. Feuillet l'entendit, et interrompit la conversation, disant qu'il fallait sacrifier sa vie à Dieu, et ne pas penser à autre chose.

Elle reçut Notre-Seigneur; ensuite, Monsieur s'étant retiré, elle demanda si elle ne le verrait plus : on l'alla querir; il vint l'embrasser en pleurant; elle le pria de se retirer, et lui dit qu'il l'attendrissait.

Cependant elle diminuait toujours, et elle

avait de temps en temps des faiblesses qui attaquaient le cœur. M. Brager, excellent médecin, arriva. Il n'en désespéra pas d'abord; il se mit à consulter avec les autres médecins : Madame les fit appeler; ils dirent qu'on les laissât un peu ensemble; mais elle les renvoya encore querir. Ils allèrent auprès de son lit. On avait parlé d'une saignée au pied : si on la veut faire, dit-elle, il n'y a pas de temps à perdre; ma tête s'embarrasse, et mon estomac se remplit.

Ils demeurèrent surpris d'une si grande fermeté, et, voyant qu'elle continuait à vouloir la saignée, ils la firent faire; mais il ne vint point de sang, et il en était très-peu venu de la première qu'on avait faite. Elle pensa expirer pendant que son pied fut dans l'eau. Les médecins lui dirent qu'ils allaient faire un remède; mais elle répondit qu'elle voulait l'extrême-onction avant que de rien prendre.

M. de Condom arriva comme elle la recevait; il lui parla de Dieu, conformément à l'état où elle était, et avec cette éloquence et cet esprit de religion qui paraissent dans tous ses discours; il lui fit faire les actes qu'il jugea nécessaires; elle entra dans tout ce qu'il lui dit, avec un zèle et une présence d'esprit admirables.

Comme il parlait, sa première femme de chambre s'approcha d'elle pour lui donner quelque chose dont elle avait besoin : elle lui dit en anglais, afin que M. de Condom ne l'entendît pas, conservant jusqu'à la mort la politesse de son esprit : Donnez à M. de Condom, lorsque je serai morte, l'émeraude que j'avais fait faire pour lui.

Comme il continuait à lui parler de Dieu, il lui prit une espèce d'envie de dormir, qui n'était en effet qu'une défaillance de la nature. Elle lui demanda si elle ne pouvait pas prendre quelques momens de repos : il lui dit qu'elle le pouvait, et qu'il allait prier Dieu pour elle.

M. Feuillet demeura au chevet de son lit ; et, quasi dans le même moment, Madame lui dit de rappeler M. de Condom, et qu'elle sentait bien qu'elle allait expirer. M. de Condom se rapprocha, et lui donna le crucifix ; elle le prit et l'embrassa avec ardeur ; M. de Condom lui parlait toujours, et elle lui répondait avec le même jugement que si elle n'eût pas été malade, tenant toujours le crucifix attaché sur sa bouche : la mort seule le lui fit abandonner. Les forces lui manquèrent ; elle le laissa tomber, et perdit la parole et la vie quasi en même temps. Son agonie n'eut qu'un moment, et, après deux ou trois petits mouvemens convulsifs dans la bouche, elle expira à deux heures et demie du matin, et neuf heures après avoir commencé à se trouver mal.

LETTRES[1].

Lettre écrite au comte d'Arlington, alors secrétaire d'état de Charles II, roi d'Angleterre, par M. Montaigu, ambassadeur à Paris, mort depuis duc de Montaigu.

Paris, le 30 juin 1670, à quatre heures du matin.

MILORD,

Je suis bien fâché de me voir dans l'obligation, en vertu de mon emploi, de vous rendre compte de la plus triste aventure du monde. Madame étant à Saint-Cloud, le 29 du courant, avec beaucoup de compagnie, demanda, sur les cinq heures du soir, un verre d'eau de chicorée, qu'on lui avait ordonné de boire, parce qu'elle s'était trouvée indisposée pendant deux ou trois jours, après s'être baignée. Elle ne l'eut pas

---

[1] On a cru faire plaisir au lecteur d'ajouter à cette histoire les pièces suivantes.

plus tôt bu, qu'elle s'écria qu'elle était morte; et, tombant entre les bras de madame de Mekelbourg, elle demanda un confesseur. Elle continua dans les plus grandes douleurs qu'on puisse s'imaginer, jusqu'à trois heures du matin, qu'elle rendit l'esprit. Le roi, la reine, et toute la cour, restèrent auprès d'elle jusqu'à une heure avant sa mort. Dieu veuille donner de la patience et de la constance au roi notre maître, pour supporter une affliction de cette nature! Madame a déclaré, en mourant, qu'elle n'avait nul autre regret, en sortant du monde, que celui que lui causait la douleur qu'en recevrait le roi son frère. S'étant trouvée un peu soulagée de ses grandes douleurs, que les médecins nomment *colique bilieuse*, elle me fit appeler, pour m'ordonner de dire de sa part les choses du monde les plus tendres au roi et au duc d'Yorck, ses frères. J'arrivai à Saint-Cloud une heure après qu'elle s'y fut trouvée mal, et je restai jusqu'à sa mort auprès d'elle. Jamais personne n'a marqué plus de piété et de résolution que cette princesse, qui a conservé son bon sens jusqu'au dernier moment. Je me flatte que la douleur où je suis vous fera excuser les imperfections que vous trouverez dans cette relation. Je suis persuadé que tous ceux qui ont eu l'honneur de connaître Madame, partageront avec moi l'affliction que doit causer une perte pareille.

Je suis, Milord, etc.

Extrait d'une lettre écrite par le comte d'Arlington, à M. le chevalier Temple, alors ambassadeur d'Angleterre à La Haye.

De White-Hall, le 28 juin 1670, *vieux style.*

Milord,

Je vous écris toutes les nouvelles que nous avons ici, à l'exception de celles de la mort de Madame, dont le roi est extrêmement affligé, aussi-bien que toutes les personnes qui ont eu l'honneur de la connaître à Douvres. Les brouilleries de ses domestiques, et sa mort subite, nous avaient d'abord fait croire qu'elle avait été empoisonnée; mais la connaissance qu'on nous a donnée depuis du soin qu'on a pris d'examiner son corps, et les sentimens que nous apprenons qu'en a Sa Majesté très-chrétienne, laquelle a intérêt d'examiner cette affaire à fond, et qui est persuadée qu'elle est morte d'une mort naturelle, a levé la plus grande partie des soupçons que nous en avions. Je ne doute pas que M. le maréchal de Bellefond, que j'apprends qui vient d'arriver, avec ordre de donner au roi une relation particulière de cet accident fatal, et qui nous apporte le procès verbal de la mort de cette princesse et de la dissection de son corps, signé des principaux médecins et chirurgiens de Paris, ne nous convainque pleinement que nous n'avons rien à regretter que la perte de cette admirable princesse, sans qu'elle soit accompagnée d'aucune circonstance odieuse, pour rendre notre douleur moins supportable.

Lettre de M. Montaigu, ambassadeur d'Angleterre, au comte d'Arlington.

A Paris, le 6 juillet 1670.

MILORD,

J'ai reçu les lettres de votre Grandeur, celle du 17 juin, par M. le chevalier Jones, et celle du 23, par la poste. Je suppose que M. le maréchal de Bellefond est arrivé à Londres. Outre le compliment de condoléance qu'il va faire au roi, il tâchera, à ce que je crois, de désabuser notre cour de l'opinion que Madame ait été empoisonnée, dont on ne pourra jamais désabuser celle-ci, ni tout le peuple. Comme cette princesse s'en est plainte plusieurs fois dans ses

plus grandes douleurs, il ne faut pas s'étonner
que cela fortifie le peuple dans la croyance qu'il
en a. Toutes les fois que j'ai pris la liberté de la
presser de me dire si elle croyait qu'on l'eût
empoisonnée, elle ne m'a pas voulu faire de réponse ; voulant, à ce que je crois, épargner une
augmentation si sensible de douleur au roi
notre maître. La même raison m'a empêché
d'en faire mention dans ma première lettre :
outre que je ne suis pas assez bon médecin pour
juger si elle a été empoisonnée ou non. L'on
tâche ici de me faire passer pour l'auteur du
bruit qui en court ; je veux dire Monsieur, qui
se plaint que je le fais pour rompre la bonne
intelligence qui est établie entre les deux couronnes.

Le roi et les ministres ont beaucoup de regrets de la mort de Madame ; car ils espéraient
qu'à sa considération ils engageraient le roi
notre maître à condescendre à des choses, et à
contracter une amitié avec cette couronne, plus
étroite qu'ils ne croient pouvoir l'obtenir à présent. Je ne prétends pas examiner ce qui s'est
fait à cet égard, ni ce qu'on prétendait faire,
puisque votre Grandeur n'a pas jugé à propos de
m'en communiquer la moindre partie ; mais je
ne saurais m'empêcher de savoir ce qui s'en dit
publiquement, et je suis persuadé que l'on ne

refusera rien ici que le roi notre maître puisse proposer, pour avoir son amitié; et il n'y a rien de l'autre côté que les Hollandais ne fassent, pour nous empêcher de nous joindre à la France. Tout ce que je souhaite de savoir, milord, pendant que je serai ici, est le langage dont je me dois servir en conversation avec les autres ministres, afin de ne point passer pour ridicule avec le caractère dont je suis revêtu. Pendant que Madame était en vie, elle me faisait l'honneur de se fier assez à moi, pour m'empêcher d'être exposé à ce malheur.

Je suis persuadé que, pendant le peu de temps que vous l'avez connue en Angleterre, vous l'avez assez connue pour la regretter tout le temps de votre vie : et ce n'est pas sans sujet; car personne n'a jamais eu meilleure opinion de qui que ce soit, en tous égards, que celle que cette princesse avait de vous : et je crois qu'elle aimait trop le roi son frère, pour marquer la considération qu'elle faisait paraître en toutes sortes d'occasions pour vous, depuis qu'elle a vécu en bonne intelligence avec vous, si elle n'eût été persuadée que vous le serviez très-bien et très-fidèlement. Quant à moi, j'ai fait une si grande perte, par la mort de cette princesse, que je n'ai plus aucune joie dans ce pays-ci, et je crois que je n'en aurai plus jamais en aucun

autre. Madame, après m'avoir tenu plusieurs
discours pendant le cours de son mal, lesquels
n'étaient remplis que de tendresse pour le roi
notre maître, me dit, à la fin, qu'elle était
bien fâchée de n'avoir rien fait pour moi avant
sa mort, en échange du zèle et de l'affection avec
lesquels je l'avais servie depuis mon arrivée ici;
elle me dit qu'elle avait six mille pistoles dis-
persées en plusieurs endroits, qu'elle m'ordonnait de prendre pour l'amour d'elle; je lui
répondis qu'elle avait plusieurs pauvres domestiques qui en avaient plus besoin que moi,
que je ne l'avais jamais servie par intérêt, et
que je ne voulais pas absolument les prendre;
mais que, s'il lui plaisait de me dire auxquels
elle souhaitait de les donner, je ne manquerais
pas de m'en acquitter très-fidèlement; elle eut
assez de présence d'esprit pour les nommer par
leurs noms. Cependant, elle n'eut pas plus tôt
rendu l'esprit, que Monsieur se saisit de toutes
ses clefs et de son cabinet. Je demandai le lendemain à une de ses femmes, où était cet argent,
laquelle me dit qu'il était en un tel endroit. C'é-
tait justement les premières six mille pistoles
que le roi notre maître lui avait envoyées. Dans
le temps que cet argent arriva, elle avait dessein
de s'en servir pour retirer quelques joyaux
qu'elle avait engagés en attendant cette somme:

mais le roi de France la lui avait déjà donnée deux jours avant que celle-ci arrivât, de sorte qu'elle avait gardé toute la somme que le roi son frère lui avait envoyée.

Sur cela, j'ai demandé ladite somme à Monsieur, comme m'appartenant, et que, l'ayant prêtée à Madame, deux de mes domestiques l'avaient remise entre les mains de deux de ses femmes, lesquelles en ont rendu témoignage à ce prince; car elles ne savaient pas que ç'avait été par ordre du roi notre maître. Monsieur en avait déjà emporté la moitié, et l'on m'a rendu le reste. J'en ai disposé en faveur des domestiques de Madame, selon les ordres qu'elle m'en avait donnés, en présence de M. l'abbé de Montaigu et de deux autres témoins. Monsieur m'a promis de me rendre le reste, que je ne manquerai pas de distribuer entre eux de la même manière. Cependant, s'ils n'ont l'esprit de le cacher, Monsieur ne manquera pas de le leur ôter, dès que cela parviendra à sa connaissance. Je n'avais nul autre moyen de l'obtenir pour ces pauvres gens-là, et je ne doute pas que le roi n'aime mieux qu'ils en profitent que Monsieur. Je vous prie de l'apprendre au roi, pour ma décharge; et que cela n'aille pas plus loin. M. le chevalier Hamilton en a été témoin avec M. l'abbé de Montaigu. J'ai cru qu'il était nécessaire de vous faire cette relation.

Je suis,

MILORD, etc.

P. S. Depuis ma lettre écrite, je viens d'apprendre, de très-bonne part et d'une personne qui est dans la confidence de Monsieur, qu'il n'a pas voulu délivrer les papiers de Madame, à la requête du roi, avant que de se les être fait lire et interpréter par M. l'abbé de Montaigu, et même que, ne se fiant pas entièrement à lui, il a employé, pour cet effet, d'autres personnes qui entendent la langue, et entre autres madame de Fiennes ; de sorte que ce qui s'est passé de plus secret entre le roi et Madame est et sera publiquement connu de tout le monde. Il y avait quelque chose en chiffres qui l'embarrasse fort, et qu'il prétend pourtant deviner. Il se plaint extrêmement du roi notre maître, à l'égard de la correspondance qu'il entretenait avec Madame, et de ce qu'il traitait d'affaires avec elle à son insu. J'espère que M. l'abbé de Montaigu vous en donnera une relation plus particulière que je ne le puis faire ; car, quoique Monsieur lui ait recommandé le secret à l'égard de tout le monde, il ne saurait s'étendre jusqu'à vous, si les affaires du roi notre maître y sont intéressées.

Lettre écrite par M. de Montaigu à Charles II, roi d'Angleterre.

Paris, le 15 juillet 1670.

AU ROI.

Sire,

Je dois commencer cette lettre en suppliant très-humblement Votre Majesté de me pardonner la liberté que je prends de l'entretenir sur un si triste sujet, et du malheur que j'ai eu d'être témoin de la plus cruelle et de la plus généreuse mort dont on ait jamais ouï parler. J'eus l'honneur d'entretenir Madame assez long-temps le samedi, jour précédent de celui de sa mort. Elle me dit qu'elle voyait bien qu'il était impossible qu'elle pût jamais être heureuse avec Monsieur, lequel s'était emporté contre elle plus que jamais, deux jours auparavant, à Versailles, où il l'avait trouvée dans une conférence secrète avec le roi, sur des affaires qu'il n'était pas à propos de lui communiquer. Elle me dit que Votre Majesté et le roi de France aviez résolu de faire la guerre à la Hollande, dès que vous seriez demeurés d'accord de la manière dont vous la deviez faire. Ce sont là les dernières paroles que cette princesse me fit l'honneur de me dire avant sa maladie; car Monsieur, étant entré dans ce moment, nous interrompit, et je m'en retournai à Paris. Le lendemain, lorsqu'elle se trouva mal, elle m'appela deux ou trois fois, et madame de Mekelbourg m'envoya chercher. Dès qu'elle me vit, elle me dit : Vous voyez le triste état où je suis : je me meurs. Hélas! que je plains le roi mon frère! car je suis assurée qu'il va perdre la personne du monde qui l'aime le mieux. Elle me rappela un peu après, et m'ordonna de ne pas manquer de dire au roi son frère les choses du monde les plus tendres de sa part, et de le remercier de tous ses soins pour elle. Elle me demanda ensuite si je me souvenais bien de ce qu'elle m'avait dit, le jour précédent, des intentions qu'avait Votre Majesté de se joindre à la France contre la Hollande; je lui dis que oui; sur quoi elle ajouta : Je vous prie de dire à mon frère que je ne lui ai jamais persuadé de le faire par intérêt, et que ce n'était que parce que j'étais convaincue que son honneur et son avantage y étaient également intéressés : car je l'ai toujours aimé plus que ma vie, et je n'ai nul autre regret en la perdant que celui de le quitter. Elle m'appela plusieurs fois pour me dire de ne pas oublier de vous dire cela, et me parla en anglais.

Je pris alors la liberté de lui demander si elle ne croyait pas qu'on l'eût empoisonnée. Son confesseur, qui était présent, et qui entendit ce mot-là, lui dit : Madame, n'accusez personne, et offrez à Dieu votre mort en sacrifice. Cela l'empêcha de me répondre; et, quoique je fisse plusieurs fois la même demande, elle ne me répondit qu'en levant les épaules. Je lui demandai la cassette où étaient toutes ses lettres, pour les envoyer à Votre Majesté, et elle m'ordonna de les demander à madame de Borde, laquelle s'évanouissant à tout moment, et mourant de douleur de voir sa maîtresse dans un état si déplorable, Monsieur s'en saisit avant qu'elle pût revenir à elle. Elle m'ordonna de prier Votre Majesté d'assister tous ses pauvres domestiques, et d'écrire à milord Arlington de vous en faire souvenir; elle ajouta à cela : Dites au roi mon frère que j'espère qu'il fera pour lui, pour l'amour de moi, ce qu'il m'a promis; car c'est un homme qui l'aime, et qui le sert bien. Elle dit plusieurs choses ensuite tout haut en français, plaignant l'affliction qu'elle savait que sa mort donnerait à Votre Majesté. Je supplie encore une fois Votre Majesté de pardonner le malheur où je me trouve réduit de lui apprendre cette fatale nouvelle, puisque, de tous ses serviteurs, il n'y en a pas un seul qui souhaite avec plus de passion et de sincérité son bonheur et sa satisfaction, que celui qui est,

 Sire,

   De Votre Majesté, etc.

Lettre de M. de Montaigu à milord Arlington.

     Paris, le 15 juillet 1670.

Milord,

 Selon les ordres de votre Grandeur, je vous envoie la bague que Madame avait au doigt en mourant, laquelle vous aurez, s'il vous plaît, la bonté de présenter au roi. J'ai pris la liberté de rendre compte au roi, moi-même, de quelques choses que Madame m'avait chargé de lui dire, étant persuadée que la modestie n'aurait pas permis à votre Grandeur de les dire au roi, parce qu'elles vous touchent de trop près. Il y a eu, depuis la mort de Madame, comme vous pouvez bien vous l'imaginer dans une occasion pareille, plusieurs bruits divers. L'opinion la plus générale est qu'elle a été empoisonnée, ce qui inquiète le roi et les ministres au dernier point. J'en ai été saisi d'une telle manière, que j'ai eu à peine le cœur de sortir depuis. Cela joint aux bruits qui courent par la ville du ressentiment que témoigne le roi, notre maître, d'un attentat si rempli d'horreur, qu'il a refusé de recevoir la lettre de Monsieur, et qu'il m'a ordonné de me retirer, leur fait conclure que le roi, notre maître, est mécontent de cette cour, au point qu'on le dit ici. De sorte que, quand j'ai été à Saint-Germain, d'où je ne fais que de revenir, pour y faire les plaintes que vous m'avez ordonné d'y faire, il est impossible d'exprimer la joie qu'on y a reçue d'apprendre que le roi, notre maître, commence à s'apaiser, et que ces bruits n'ont fait aucune impression sur son esprit au préjudice de la France. Je vous marque cela, milord, pour vous faire connaître à quel point l'on estime l'union de l'Angleterre dans cette conjoncture, et combien l'amitié du roi est nécessaire à tous leurs desseins : je ne doute pas qu'on ne s'en serve à la gloire du roi, et pour le bien de la nation. C'est ce que souhaite avec passion la personne du monde qui est avec le plus de sincérité,

Milord, etc.

Lettre de M. de Montaigu à milord Arlington.

MILORD;

Je ne suis guère en état de vous écrire moi-même, étant tellement incommodé d'une chute que j'ai faite en venant, que j'ai peine à remuer le bras et la main. J'espère pourtant de me trouver en état, dans un jour ou deux, de me rendre à Saint-Germain.

[1] « Je n'écris présentement que pour rendre » compte à votre Grandeur d'une chose que je » crois pourtant que vous savez déjà, c'est que » l'on a permis au chevalier *de Lorraine* de ve- » nir à la cour, et de servir à l'armée en qua- » lité de maréchal de camp. »

Si Madame a été empoisonnée, comme la plus grande partie du monde le croit, toute la France le regarde comme son empoisonneur, et s'étonne avec raison que le roi de France ait si peu de considération pour le roi, notre maître, que de lui permettre de revenir à la cour, vu la manière insolente dont il en a toujours usé envers cette princesse pendant sa vie. Mon devoir m'oblige à vous dire cela, afin que vous

---

[1] Ce passage était écrit en chiffres.

le fassiez savoir au roi, et qu'il en parle fortement à l'ambassadeur de France, s'il le juge à propos; car je puis vous assurer que c'est une chose qu'il ne saurait souffrir sans se faire tort.

FIN DE L'HISTOIRE DE MADAME HENRIETTE.

LETTRES

DE

MADAME DE LA FAYETTE

A MADAME

DE SÉVIGNÉ.

LETTRES

DE

MADAME DE LA FAYETTE

A MADAME

DE SÉVIGNÉ.

―――

LETTRE PREMIÈRE.

Paris, le 30 décembre 1672.

J'ai vu votre grande lettre à d'Hacqueville : je comprends fort bien tout ce que vous lui mandez sur l'évêque de Marseille ; il faut que le prélat ait tort, puisque vous vous en plaignez. Je montrerai votre lettre à Langlade, et j'ai bien envie encore de la faire voir à madame du Plessis ; car elle est très-prévenue en faveur de l'évêque. Les Provençaux sont des gens d'un caractère tout particulier.

Voilà un paquet que je vous envoie pour madame de Northumberland. Vous ne comprendrez pas aisément pourquoi je suis chargée de ce paquet : il vient du comte de Sunderland, qui est présentement ambassadeur ici. Il est fort de ses amis; il lui a écrit plusieurs fois; mais, n'ayant point de réponse, il croit qu'on arrête ses lettres; et M. de La Rochefoucault, qu'il voit très-souvent, s'est chargé de faire tenir le paquet dont il s'agit. Je vous supplie donc, comme vous n'êtes plus à Aix, de le renvoyer par quelqu'un de confiance, et d'écrire un mot à madame de Northumberland, afin qu'elle vous fasse réponse, et qu'elle vous mande qu'elle l'a reçu : vous m'enverrez sa réponse. On dit ici que, si M. de Montaigu n'a pas un heureux succès dans son voyage, il passera en Italie, pour faire voir que ce n'est pas pour les beaux yeux de madame de Northumberland qu'il court le pays : mandez-nous un peu ce que vous verrez de cette affaire, et comment il sera traité.

La Marans est dans une dévotion, et dans un esprit de douceur et de pénitence qui ne se peuvent comprendre; sa sœur [1], qui ne l'aime pas, en est surprise et charmée; sa personne est changée à n'être pas reconnaissable : elle paraît

---

[1] Mademoiselle de Montalais, fille d'honneur de madame Henriette-Anne d'Angleterre.

soixante ans. Elle trouva mauvais que sa sœur m'eût conté ce qu'elle lui avait dit sur cet enfant de M. de Longueville, et elle se plaignit aussi de moi, de ce que je l'avais redonné au public; mais ses plaintes étaient si douces, que Montalais en était confondue pour elle et pour moi; en sorte que, pour m'excuser, elle lui dit que j'étais informée de la belle opinion qu'elle avait que j'aimais M. de Longueville. La Marans, avec un esprit admirable, répondit que, puisque je savais cela, elle s'étonnait que je n'en eusse pas dit davantage, et que j'avais raison de me plaindre d'elle. On parla de madame de Grignan : elle en dit beaucoup de bien, mais sans aucune affectation. Elle ne voit plus qui que ce soit au monde sans exception. Si Dieu fixe cette bonne tête-là, ce sera un des grands miracles que j'aurai jamais vus.

J'allai hier au Palais-Royal, avec madame de Monaco; je m'y enrhumai à mourir : j'y pleurai Madame [1] de tout mon cœur. Je fus surprise de l'esprit de celle-ci [2]; non pas de son esprit agréable, mais de son esprit de bon sens. Elle se mit

---

[1] Henriette-Anne d'Angleterre, morte le 29 juin 1670.
[2] Élisabeth-Charlotte, palatine du Rhin, que Monsieur, frère unique de Louis XIV, épousa en secondes noces le 21 novembre 1671.

sur le ridicule de M. de Mekelbourg d'être à Paris présentement ; et je vous assure que l'on ne peut mieux dire. C'est une personne très-opiniâtre et très-résolue, et assurément de bon goût : car elle hait madame de Gourdon à ne la pouvoir souffrir. Monsieur me fit toutes les caresses du monde, au nez de la maréchale de Clérembault [1] : j'étais soutenue de la Fiennes, qui la hait mortellement, et à qui j'avais donné à dîner, il n'y a que deux jours. Tout le monde croit que la comtesse du Plessis [2] va épouser Clérembault.

M. de La Rochefoucault vous fait cent mille complimens : il y a quatre ou cinq jours qu'il ne sort point ; il a la goutte en miniature. J'ai mandé à madame du Plessis que vous m'aviez écrit des merveilles de son fils. Adieu, ma belle ; vous savez combien je vous aime.

---

[1] Gouvernante des enfans de Monsieur.
[2] Marie-Louise le Loup de Bellenave, veuve d'Alexandre de Choiseul, comte du Plessis, et remariée depuis à René Gilier du Puygarreau, marquis de Clérembault, premier écuyer de Madame, duchesse d'Orléans.

LETTRE II.

Paris, 27 février 1673.

Madame Bayard et M. de La Fayette arrivent dans ce moment ; cela fait, ma belle, que je ne vous puis dire que deux mots de votre fils : il sort d'ici, et m'est venu dire adieu, et prier de vous écrire ses raisons sur l'argent : elles sont si bonnes, que je n'ai pas besoin de vous les expliquer fort au long ; car vous voyez, d'où vous êtes, la dépense d'une campagne qui ne finit point. Tout le monde est au désespoir, et se ruine. Il est impossible que votre fils ne fasse pas un peu comme les autres ; et, de plus, la grande amitié que vous avez pour madame de Grignan fait qu'il en faut témoigner à son frère. Je laisse au grand d'Hacqueville à vous en dire davantage. Adieu, ma très-chère.

LETTRE III.

Paris, le 15 avril 1673.

Madame de Northumberland me vint voir hier ; j'avais été la chercher avec madame de

Coulanges : elle me parut une femme qui a été fort belle, mais qui n'a plus un seul trait de visage qui se soutienne, ni où il soit resté le moindre air de jeunesse; j'en fus surprise : elle est avec cela mal habillée; point de grâce; enfin, je n'en fus point du tout éblouie; elle me parut entendre fort bien tout ce qu'on dit, ou, pour mieux dire, ce que je dis, car j'étais seule. M. de La Rochefoucault et madame de Thianges, qui avaient envie de la voir, ne vinrent que comme elle sortait. Montaigu m'avait mandé qu'elle viendrait me voir; je lui ai fort parlé d'elle; il ne fait aucune façon d'être embarqué à son service, et paraît très-rempli d'espérance. M. de Chaulnes partit hier, et le comte Tot aussi; ce dernier est très-affligé de quitter la France : je l'ai vu quasi tous les jours, pendant qu'il a été ici; nous avons traité votre chapitre plusieurs fois. La maréchale de Grammont s'est trouvée mal; d'Hacqueville y a été, toujours courant, lui mener un médecin : il est, en vérité, un peu étendu dans ses soins. Adieu, mon amie : j'ai le sang si échauffé, et j'ai tant eu de tracas ces jours passés, que je n'en puis plus; je voudrais bien vous voir pour me rafraîchir le sang.

LETTRE IV.

Paris, le 19 mai 1673.

Je vais demain à Chantilly : c'est ce même voyage que j'avais commencé l'année passée jusque sur le Pont-Neuf, où la fièvre me prit. Je ne sais pas s'il arrivera quelque chose d'aussi bizarre, qui m'empêche encore de l'exécuter : nous y allons, la même compagnie, et rien de plus.

Madame du Plessis était si charmée de votre lettre, qu'elle me l'a envoyée : elle est enfin partie pour sa Bretagne. J'ai donné vos lettres à Langlade, qui m'en a paru très-content : il honore toujours beaucoup madame de Grignan. Montaigu s'en va : on dit que ses espérances sont renversées; je crois qu'il y a quelque chose de travers dans l'esprit de la nymphe [1]. Votre fils est amoureux, comme un perdu, de mademoiselle de Poussai; il n'aspire qu'à être aussi transi que La Fare. M. de La Rochefoucault dit que l'ambition de Sévigné est de mourir d'un amour qu'il n'a pas : car nous ne le tenons pas du bois dont on fait les fortes passions. Je suis dégoûtée de celle de La Fare ; elle est trop

---

[1] Madame de Northumberland.

grande et trop esclave. Sa maîtresse ne répond pas au plus petit de ses sentimens : elle soupa chez Longueil et assista à une musique le soir même qu'il partit. Souper en compagnie quand son amant part, et qu'il part pour l'armée, me paraît un crime capital : je ne sais pas si je m'y connais. Adieu, ma belle.

LETTRE V.

Paris, 26 mai 1673.

Si je n'avais la migraine, je vous rendrais compte de mon voyage de Chantilli, et je vous dirais que, de tous les lieux que le soleil éclaire, il n'y en a point un pareil à celui-là. Nous n'y avons pas eu un trop beau temps ; mais la beauté de la chasse dans les carrosses vitrés a suppléé à ce qui nous manquait. Nous y avons été cinq ou six jours : nous vous y avons extrèmement souhaitée, non-seulement par amitié, mais parce que vous êtes plus digne que personne du monde d'admirer ces beautés-là. J'ai trouvé ici, à mon retour, deux de vos lettres. Je ne pus faire achever celle-ci vendredi, et je ne puis l'achever moi-même aujourd'hui, dont je suis bien fâchée, car il me semble qu'il y a long-temps que je n'ai causé avec vous. Pour répondre à vos questions, je vous dirai que madame de Brissac [1] est toujours à l'hôtel de Conti, environnée de peu d'amans, et d'amans peu propres à faire du bruit, de sorte qu'elle n'a pas grand besoin *du manteau de sainte Ursule*. Le premier président de Bordeaux est amoureux d'elle comme un fou : il est vrai que ce n'est pas d'ailleurs une tête bien timbrée. Monsieur le premier et ses enfans sont aussi fort assidus auprès d'elle. M. de Montaigu ne l'a, je crois, point vue de ce voyage-ci, de peur de déplaire à madame de Northumberland, qui part aujourd'hui; Montaigu l'a devancée de deux jours; tout cela ne laisse pas douter qu'il ne l'épouse. Madame de Brissac joue toujours la désolée, et affecte une très-grande négligence. La comtesse du Plessis a servi de dame d'honneur deux jours avant que Monsieur soit parti : sa belle-mère [2] n'y avait pas voulu consentir auparavant. Elle n'égratigne point M. de Monaco : je crois qu'elle se fait justice, et qu'elle trouve que la seconde place de chez Madame est assez bonne pour la

---

[1] Gabrielle-Louise de Saint-Simon, duchesse de Brissac.

[2] Colombe le Charron, femme de César, duc de Choiseul, pair et maréchal de France, et première dame d'honneur de Madame.

femme de Clérembault; elle le sera assurément dans un mois, si elle ne l'est déjà.

Nous allons dîner à Livry, M. de La Rochefoucault, Morangi, Coulanges et moi. C'est une chose qui me paraît bien étrange, d'aller dîner à Livry, et que ce ne soit pas avec vous. L'abbé Testu [1] est allé à Fontevrault : je suis trompée, s'il n'eût mieux fait de n'y pas aller, et si ce voyage-là ne déplaît à des gens à qui il est bon de ne pas déplaire.

L'on dit que madame de Montespan est demeurée à Courtrai. Je reçois une petite lettre de vous : si vous n'avez pas reçu des miennes, c'est que j'ai bien eu des tracas; je vous conterai mes raisons quand vous serez ici. M. le duc s'ennuie beaucoup à Utrecht. Les femmes y sont horribles. Voici un petit conte sur ce sujet : Il se familiarisait avec une jeune femme de ce pays-là, pour se désennuyer apparemment, et, comme les familiarités étaient sans doute un peu grandes, elle lui dit : *Pour Dieu!*

---

[1] Il ne faut point confondre l'abbé Testu dont il sera souvent parlé dans ces lettres, avec un autre abbé Testu qui avait été aumônier ordinaire de Madame, et qui était, comme le premier, de l'Académie française : celui dont il s'agit, était un homme de beaucoup d'esprit et de très-bonne compagnie.

monseigneur, Votre Altesse a la bonté d'être trop insolente. C'est Briole qui m'a écrit cela : j'ai jugé que vous en seriez charmée comme moi. Adieu, ma belle : je suis toute à vous assurément.

LETTRE VI.

Paris, 30 juin 1673.

Eh bien! eh bien! ma belle, qu'avez-vous à crier comme un aigle? Je vous demande que vous attendiez à juger de moi quand vous serez ici. Qu'y a-t-il de si terrible à ces paroles, *Mes journées sont remplies?* Il est vrai que Bayard est ici, et qu'il fait mes affaires; mais, quand il a couru tout le jour pour mon service, écrirai-je? Encore faut-il lui parler. Quand j'ai couru, moi, et que je reviens, je trouve M. de La Rochefoucault, que je n'ai point vu de tout le jour; écrirai-je? M. de La Rochefoucault et Gourville sont ici; écrirai-je? Mais quand ils sont sortis? Ah! quand ils sont sortis, il est onze heures, et je sors, moi : je couche chez nos voisins, à cause qu'on bâtit devant mes fenêtres. Mais l'après-dînée? J'ai mal à la tête. Mais le matin? J'y ai mal encore, et je prends des bouillons d'herbes qui m'enivrent. Vous êtes en Provence, ma belle, vos heures sont libres, et votre tête encore plus : le goût d'écrire vous dure encore pour tout le monde ; il m'est passé pour tout le monde ; et, si j'avais un amant qui voulût de mes lettres tous les matins, je romprais avec lui. Ne mesurez donc point notre amitié sur l'écriture ; je vous aimerai autant en ne vous écrivant qu'une page en un mois, que vous en m'en écrivant dix en huit jours. Quand je suis à Saint-Maur, je puis écrire, parce que j'ai plus de tête et plus de loisir ; mais je n'ai pas celui d'y être ; je n'y ai passé que huit jours de cette année. Paris me tue. Si vous saviez comme je ferais ma cour à des gens à qui il est très-bon de la faire, d'écrire souvent toutes sortes de folies, et combien je leur en écris peu, vous jugeriez aisément que je ne fais pas ce que je veux là-dessus. Il y a aujourd'hui trois ans que je vis mourir Madame : je relus hier plusieurs de ses lettres ; je suis toute pleine d'elle. Adieu, ma très-chère : vos défiances seules composent votre unique défaut, et la seule chose qui peut me déplaire en vous. M. de La Rochefoucault vous écrira.

LETTRE VII.

Paris, 14 juillet 1673.

Voici ce que j'ai fait depuis que je vous ai écrit : j'ai eu deux accès de fièvre : il y a six mois que je n'ai été purgée ; on me purge une fois, on me purge deux ; le lendemain de la deuxième, je me mets à table : ah! ah! j'ai mal au cœur, je ne veux point de potage : mangez donc un peu de viande ; non, je n'en veux point : mais vous mangerez du fruit ; je crois que oui : eh bien! mangez-en donc ; je ne saurais, je mangerai tantôt. Que l'on m'ait ce soir un potage et un poulet. Voici le soir, voilà un potage et un poulet : je n'en veux point, je suis dégoûtée, je m'en vais me coucher, j'aime mieux dormir que de manger. Je me couche, je me tourne, je me retourne, je n'ai point de mal, mais je n'ai point de sommeil aussi ; j'appelle, je prends un livre, je le referme ; le jour vient, je me lève, je vais à la fenêtre ; quatre heures sonnent, cinq heures, six heures ; je me recouche, je m'endors jusqu'à sept ; je me lève à huit, je me mets à table à douze inutilement, comme la veille ; je me remets dans mon lit le soir inutilement, comme l'autre nuit. Êtes-vous malade? nenni. Êtes-vous plus faible? nenni. Je suis dans cet état trois jours et trois nuits; je redors présentement; mais je ne mange encore que par machine, comme les chevaux, en me frottant la bouche de vinaigre : du reste, je me porte bien, et je n'ai pas même si mal à la tête. Je viens d'écrire des folies à M. le duc; si je puis, j'irai dimanche à Livry pour un jour ou deux. Je suis très-aise d'aimer madame de Coulanges à cause de vous. Résolvez-vous, ma belle, de me voir soutenir toute ma vie, à la pointe de mon éloquence, que je vous aime plus encore que vous ne m'aimez; j'en ferais convenir Corbinelli en un demi-quart d'heure : au reste, mandez-moi bien de ses nouvelles; tant de bonnes volontés seront-elles toujours inutiles à ce pauvre homme? Pour moi, je crois que c'est son mérite qui leur porte malheur. Ségrais porte guignon; madame de Thianges est des amies de Corbinelli, madame Scarron, mille personnes, et je ne lui vois plus aucune espérance de quoi que ce puisse être. On donne des pensions aux beaux esprits; c'est un fonds abandonné à cela; il en mérite mieux que tous ceux qui en ont; point de nouvelles, on ne peut rien obtenir pour lui. Je dois voir demain madame de V......; c'est une certaine ridicule, à qui M. d'Ambre a fait un enfant; elle l'a plaidé, et a perdu son procès ; elle conte toutes les circonstances de son aventure ; il n'y a rien au monde de pareil ; elle prétend avoir été forcée ; vous jugez bien que cela conduit à de beaux détails. La Marans est une sainte ; il n'y a point de raillerie : cela me paraît un miracle. La Bonnetot est dévote aussi ; elle a ôté son œil de verre ; elle ne met plus de rouge, ni de boucles. Madame de Monaco ne fait pas de même ; elle me vint voir l'autre jour, bien blanche : elle est favorite et engouée de cette Madame-ci, tout comme de l'autre ; cela est bizarre. Langlade s'en va demain en Poitou, pour deux ou trois mois. M. de Marsillac est ici ; il part lundi pour aller à Barège ; il ne s'aide pas de son bras. Madame la comtesse du Plessis va se marier ; elle a pensé acheter Frêne. M. de La Rochefoucault se porte très-bien ; il vous fait mille et mille complimens et à Corbinelli. Voici une question entre deux maximes :

On pardonne les infidélités ; mais on ne les oublie point.

On oublie les infidélités ; mais on ne les pardonne point.

« Aimez-vous mieux avoir fait une infidélité
» à votre amant, que vous aimez pourtant tou-
» jours ; ou qu'il vous en ait fait une, et qu'il
» vous aime aussi toujours? » On n'entend pas

par *infidélité* avoir quitté pour un autre; mais avoir fait une faute considérable. Adieu : je suis bien en train de jaser; voilà ce que c'est que de ne point manger et ne point dormir! J'embrasse madame de Grignan et toutes ses perfections.

LETTRE VIII.

Paris, 4 septembre 1673.

Je suis à Saint-Maur; j'ai quitté toutes mes affaires et tous mes amis; j'ai mes enfans et le beau temps, cela me suffit. Je prends des eaux de Forges; je songe à ma santé; je ne vois personne, je ne m'en soucie point du tout; tout le monde me paraît si attaché à ses plaisirs, et à des plaisirs qui dépendent entièrement des autres, que je me trouve avoir un don des fées, d'être de l'humeur dont je suis. Je ne sais si madame de Coulanges ne vous aura point mandé une conversation d'une après-dînée de chez Gourville, où étaient madame Scarron et l'abbé Testu, sur les personnes *qui ont le goût au-dessus ou au-dessous de leur esprit :* nous nous jetâmes dans des subtilités, où nous n'entendions plus rien; si l'air de Provence, qui subtilise encore toutes choses, vous augmente nos visions là-dessus, vous serez dans les nues. *Vous avez le goût au-dessus de votre esprit, et M. de La Rochefoucault aussi, et moi encore, mais pas tant que vous deux.* Voilà des exemples qui vous guideront. M. de Coulanges m'a dit que votre voyage était encore retardé : pourvu que vous rameniez madame de Grignan, je n'en murmure pas ; si vous ne la ramenez point, c'est une trop longue absence. Mon goût augmente à vue d'œil pour la supérieure du Calvaire ; j'espère qu'elle me rendra bonne. Le cardinal de Retz est brouillé pour jamais avec moi, de m'avoir refusé la permission d'entrer chez elle. Je la vois quasi tous les jours. J'ai vu enfin son visage [1] : il est agréable, et l'on s'aperçoit bien qu'il a été beau ; elle n'a que quarante ans, mais l'austérité de la règle l'a fort changée. Madame de Grignan a fait des merveilles d'avoir écrit à la Marans : je n'ai pas été si sage, car je fus l'autre jour chercher madame de Schomberg [2], et je ne la demandai point. Adieu, ma belle ; je souhaite votre retour avec une impatience digne de notre amitié.

---

[1] Les religieuses du Calvaire ont leur voile baissé au parloir, excepté pour leurs proches parens, ou dans des cas particuliers.

[2] Madame de Schomberg et madame de Marans étaient logées dans la même maison.

J'ai reçu les cinq cents livres, il y a longtemps. Il me semble que l'argent est si rare, qu'on n'en devrait point prendre de ses amies; faites mes excuses à M. l'abbé (de Coulanges) de ce que je l'ai reçu.

LETTRE IX.

Paris, 8 octobre 1689.

Mon style sera laconique : je n'ai point de tête; j'ai eu la fièvre; j'ai chargé M. du Bois de vous le mander.

Votre affaire est manquée et sans remède; l'on y a fait des merveilles de toutes parts; je doute que M. de Chaulnes en personne l'eût pu faire. Le roi n'a témoigné nulle répugnance pour M. de Sévigné; mais il était engagé il y a long-temps; il l'a dit à tous ceux qui pensaient à la députation; il faut laisser nos espérances jusqu'aux états prochains. Ce n'est pas de quoi il est question présentement : il est question, ma belle, qu'il ne faut point que vous passiez l'hiver en Bretagne, à quelque prix que ce soit. Vous êtes vieille : les rochers sont pleins de bois; les catarrhes et les fluxions vous accableront; vous vous ennuierez; votre esprit de-

viendra triste et baissera; tout cela est sûr, et
les choses du monde ne sont rien en comparaison de tout ce que je vous dis. Ne me parlez
point d'argent ni de dettes : je vous ferme la
bouche sur tout. M. de Sévigné vous donne son
équipage; vous venez à Malicorne; vous y trouvez les chevaux et la calèche de M. de Chaulnes;
vous voilà à Paris; vous allez descendre à l'hôtel
de Chaulnes; votre maison n'est pas prête,
vous n'avez point de chevaux, c'est en attendant; à votre loisir vous vous remettez chez
vous. Venons au fait : vous payez une pension
à M. de Sévigné; vous avez ici un ménage;
mettez le tout ensemble; cela fait de l'argent;
car votre louage de maison va toujours. Vous
direz : Mais je dois, et je paierai avec le temps.
Comptez que vous trouvez ici mille écus, dont
vous payez ce qui vous presse; qu'on vous les
prête sans intérêt, et que vous les rembourserez
petit à petit, comme vous voudrez. Ne demandez point d'où ils viennent, ni de qui c'est; on
ne vous le dira pas; mais ce sont gens qui sont
bien assurés qu'ils ne les perdront pas. Point
de raisonnemens là-dessus, point de paroles, ni
de lettres perdues. Il faut venir; tout ce que
vous m'écrirez, je ne le lirai seulement pas : en
un mot, ma belle, il faut ou venir, ou renoncer
à mon amitié, à celle de madame de Chaulnes et

à celle de madame de Lavardin : nous ne voulons point d'une amie qui veut vieillir et mourir par sa faute ; il y a de la misère et de la pauvreté à votre conduite ; il faut venir dès qu'il fera beau.

LETTRE X.

Paris, 20 septembre 1690.

Vous avez reçu ma réponse avant que j'aie reçu votre lettre. Vous aurez vu, par celle de madame de Lavardin et par la mienne, que nous voulions vous faire aller en Provence, puisque vous ne veniez point à Paris. C'est tout ce qu'il y a de meilleur à faire : le soleil est plus beau, vous aurez compagnie ; je dis même, séparée de madame de Grignan, qui n'est pas peu ; un gros château, bien des gens ; enfin, c'est vivre que d'être là. Je loue extrêmement monsieur votre fils de consentir à vous perdre pour votre intérêt ; si j'étais en train d'écrire, je lui en ferais des complimens : partez tout le plus tôt qu'il vous sera possible ; mandez-nous par quelles villes vous passerez, et à peu près le temps ; vous y trouverez de nos lettres. Je suis dans des vapeurs les plus tristes et les plus cruelles où l'on puisse être; il n'y a qu'à souffrir, quand c'est la volonté de Dieu.

C'est du meilleur de mon cœur que j'approuve votre voyage de Provence; je vous le dis sans flatterie, et nous l'avions pensé, madame de Lavardin et moi, sans savoir en aucune façon que ce fût votre dessein [1].

LETTRE XI.

Paris, 19 septembre 1691.

Ma santé est un peu meilleure qu'elle n'a été, c'est-à-dire que j'ai un peu moins de vapeurs; je ne connais point d'autre mal : ne vous inquiétez pas de ma santé; mes maux ne sont pas dangereux; et, quand ils le deviendraient, ce ne serait que par une grande langueur et par un grand dessèchement, ce qui n'est pas l'affaire d'un jour : ainsi, ma belle, soyez en repos sur la vie de votre pauvre amie; vous aurez le loisir d'être préparée à tout ce qui arrivera, si ce n'est à des accidens imprévus, à quoi sont sujettes toutes les mortelles,

---

[1] C'est ce que madame de Sévigné appelait *l'approbation de ses docteurs*.

et moi plus qu'une autre, parce que je suis plus mortelle qu'une autre; une personne en santé me paraît un prodige. M. le chevalier de Grignan a soin de moi; j'en ai une reconnaissance parfaite, et je l'aime de tout mon cœur. Madame la duchesse de Chaulnes me vint voir hier; elle a mille bontés pour moi; mon état lui fait pitié. Ma belle-fille a eu une fausse couche huit jours après être accouchée; il y a assez de femmes à qui cela arrive; c'est avoir été bien près d'avoir deux enfans; sa fille se porte bien; ils n'en auront que trop. Notre pauvre ami Croisilles [1] est toujours à Saint-Gratien : il me mande qu'il se porte fort bien à sa campagne; il faudrait que vous vissiez comme il est fait, pour admirer qu'il se vante de se porter fort bien; nous en sommes véritablement en peine, le chevalier de Grignan et moi. L'abbé Testu est allé faire un voyage à la campagne; nous le soupçonnons, M. de Chaulnes et moi, d'être allé à la Trappe. La bonne femme, madame l'Avocat, est bien malade; il y a aussi bien longtemps qu'elle est au monde. Je suis toute à vous, ma chère amie, et à toute votre aimable et bonne compagnie.

L'on vient de me dire que M. de La Feuil-

---

[1] Frère du maréchal de Catinat.

lade [1] était mort cette nuit; si cela est véritable, voilà un bel exemple pour se tourmenter des biens de ce monde.

LETTRE XII.

Paris, 26 septembre 1691.

Venir à Paris pour l'amour de moi, ma chère amie! la seule pensée m'en fait peur. Dieu me garde de vous déranger ainsi! et, quoique je souhaite ardemment le plaisir de vous voir, je l'achèterais trop cher, si c'était à vos dépens. Je vous mandai, il y a huit jours, la vérité de mon état; j'étais parfaitement bien, et j'ai été, comme par miracle, quinze jours sans vapeurs, c'est-à-dire guérie de tous maux. Je ne suis plus si bien depuis trois ou quatre jours, et c'est la seule vue d'une lettre cachetée, que je n'ai point ouverte, qui a ému mes vapeurs. Je ressemble, comme deux gouttes d'eau, à une femme ensorcelée; mais l'après-dînée, je suis assez comme une autre personne : je vous écrivis, il y a un

---

[1] François d'Aubusson, duc de La Feuillade, pair et maréchal de France, gouverneur de Dauphiné, et père du dernier maréchal de ce nom.

mois ou deux, que c'était ma méchante heure, et c'est à présent la bonne. J'espère que mon mal, après avoir tourné et changé, me quittera peut-être; mais je demeurerai toujours une très-sotte femme, et vous ne sauriez croire comme je suis étonnée de l'être; je n'avais point été nourrie dans l'opinion que je le pusse devenir. Je reviens à votre voyage, ma belle; comptez que c'est un château en Espagne pour moi, que de m'imaginer le plaisir de vous voir; mais mon plaisir serait troublé, si votre voyage ne s'accordait pas avec les affaires de madame de Grignan et avec les vôtres. Il me paraît, cependant, tout intérêt à part, que vous feriez fort bien de venir l'une et l'autre; mais je ne puis assez vous dire à quel point je suis touchée de la pensée de revenir uniquement à cause de moi. Je vous écrirai plus au long au premier jour.

LETTRE XIII.

Paris, mercredi 10 octobre 1691.

J'AI eu des vapeurs cruelles, qui me durent encore, et qui me durent comme un point de fièvre qui m'afflige. En un mot, je suis folle,

quoique je sois assurément une femme assez
sage. Je veux remercier madame de Grignan
pour me calmer l'esprit : elle a écrit des merveilles pour moi à M. le chevalier de Grignan.

A madame de Grignan.

Je vous en remercie, madame, et je vous
prie d'ordonner à M. le chevalier de Grignan de
m'aimer; je l'aime de tout mon cœur : c'est un
homme que cet homme-là. Ramenez madame
votre mère; vous avez mille affaires ici; prenez
garde de voir vos affaires domestiques de trop
près, et que les maisons ne vous empêchent de
voir la ville. Il y a plus d'une sorte d'intérêt en
ce monde. Venez, madame, venez ici pour l'a-
mour des personnes qui vous aiment, et songez
qu'en travaillant pour vous, c'est me donner en
même temps la joie de voir madame votre mère.

A madame de Sévigné.

Mon dieu! ma chère amie que je serai aise
de vous voir! vraiment je pleurerai bien; tout
me fait fondre en larmes. J'ai reçu ce matin
des lettres de mon fils, l'abbé, qui était en
Poitou, à deux lieues de madame de La Troche.
Un gentilhomme d'importance, gendre de madame de La Rochebardon, chez qui madame de

La Troche est actuellement, vint dire adieu à mon fils, et c'est là qu'il apprit la mort de La Troche [1], par la gazette, s'il vous plaît; car je n'en avais point parlé à mon fils, qui me fait une peinture de la désolation de ce gentilhomme d'avoir à donner chez lui une telle nouvelle, ce qui m'a rejetée dans les larmes : j'y retombe bien toute seule. M. de Pomponne croyait madame de La Troche riche; je lui ai écrit, et il m'a mandé que la duchesse de Lude l'avait détrompé, et qu'ils avaient présenté un placet pour elle. Croisilles sort d'ici; il m'est venu voir de Saint-Gratien; je lui ai fait vos complimens; il est fort bien. Ma petite-fille est louche comme un chien : il n'importe; madame de Grignan l'a bien été; c'est tout dire. Me voilà à bout de mon écriture, et toute à vous plus que jamais, s'il est possible.

LETTRE XIV.

Paris, 24 janvier 1692.

Hélas! ma belle, tout ce que j'ai à vous dire de ma santé est bien mauvais; en un mot,

---

[1] Tué au combat de Leuze, le 20 septembre 1691.

je n'ai repos ni nuit ni jour, ni dans le corps, ni dans l'esprit; je ne suis plus une personne, ni par l'un ni par l'autre; je péris à vue d'œil; il faut finir quand il plaît à Dieu, et j'y suis soumise. L'horrible froid qu'il fait m'empêche de voir madame de Lavardin. Croyez, ma très-chère, que vous êtes la personne du monde que j'ai le plus véritablement aimée.

EXTRAITS DE LETTRES DIVERSES.

(Madame de La Fayette se moque des ridicules manières de parler de quelques personnes de son temps. Elle fait parler un amant jaloux à sa maîtresse.)

PREMIER EXTRAIT.

Ce sont de ces sortes de choses qu'on ne pardonne pas en mille ans, que le trait que vous me fîtes hier. Vous étiez belle comme un petit ange, vous savez que je suis alerte sur le comte de Dangeau, je vous l'avais dit de bonne foi; et, cependant, vous me quittâtes franc et net pour le galoper; cela s'appelle rompre de couronne à couronne; c'est n'avoir aucun ménagement et manquer à toutes sortes d'égards. Vous sentez que cette manière de peindre m'a tiré de grands rideaux. Vous avez oublié qu'il y a des choses dont je ne tâte jamais, et que je suis une espèce d'homme que l'on ne trouve pas aisément sur un certain pied. Sûrement ce n'est point mon caractère que d'être dupe et de donner dans le panneau, tête baissée. Je me le tiens pour dit; j'entends le français. A la vérité je ne ferai point de fracas; j'en userai fort honnêtement; je n'afficherai point; je ne donnerai rien au public; je retirerai mes troupes; mais comptez que vous n'avez point obligé un ingrat.

SECOND EXTRAIT,

Composé de phrases où il n'y a point de sens, et que bien des gens de la cour mettent dans leurs discours.

Je vous assure, monseigneur, qu'on est bien chagrin de ne pouvoir faire son devoir, et il est fort honnête de le pardonner. Je vous écris cette missive pour vous donner des nouvelles de M. Domatel : j'espère qu'il sera bientôt hors d'affaire, et que sa maladie ne sera pas longue. Je me suis trouvé depuis peu à un grand repas où on a mangé une bonne soupe et où vous avez été bien célébré. Vous savez, monseigneur, que vous inspirez la joie, l'on fit mille plaisanteries; vous me ferez bien la justice de croire que l'on a eu le dernier déplaisir de ne vous y avoir pas. J'ai bien envie d'avoir l'honneur de vous voir pour vous entretenir sur mon gazon. Mes fermiers sont cause que je ne puis m'aller rabattre chez Fredole; mais je vas souvent en un lieu où l'on aime à se réjouir, et où l'on met les plats en bataille. Il y a une personne qui désire fort le tête-à-tête avec vous, vous connaîtrez dans son dialogue qu'elle a du savoir-faire, et que l'on vous trouve furieusement aimable; je vous dis tout ceci, parce que je suis engoué de vous, car votre caractère me réjouit; et, de bonne foi, il est vrai que je me suis conduit de mon pied en un lieu où j'ai vu de beaux esprits qui ne se peuvent plaindre de vous à cause de votre génie. Je m'étonne que vous ne veniez pas dialoguer avec les demoiselles; c'est à coup sûr que vous les réjouissez quand elles vous voient; car, assurément, vous êtes du bel air, et vous distinguez bien dans le beau monde où l'on vous rend justice. Il est vrai que je m'en allai hier au bal dans un grand embarras, dont j'eus bien de la peine à me tirer; il est vrai que je m'en allai après à une campagne; il est vrai que je n'y demeurai pas long-temps, j'ouïs la bonne femme qui me parla bien de vous, qui me dit que vous faisiez figure. Elle vous aime autant que les demoiselles ; sûrement vous êtes aujourd'hui la coqueluche de tout le monde ; il est vrai que votre mérite n'est pas postiche. Les demoiselles en rendent sûrement de bons témoignages.

FIN DES LETTRES.

PORTRAIT

DE

LA MARQUISE DE SÉVIGNÉ,

PAR MADAME

LA COMTESSE DE LA FAYETTE,

SOUS LE NOM D'UN INCONNU.

Tous ceux qui se mêlent de peindre des belles se tuent de les embellir pour leur plaire, et n'oseraient leur dire un seul de leurs défauts; mais pour moi, madame, grâce au privilége d'inconnu que j'ai auprès de vous, je m'en vais vous peindre bien hardiment, et vous dire toutes vos vérités tout à mon aise, sans craindre de m'attirer votre colère. Je suis au désespoir de n'en avoir que d'agréables à vous conter; car ce me serait un grand déplaisir si, après vous avoir reproché mille défauts, je voyais cet inconnu aussi-bien reçu de vous que mille gens qui n'ont fait toute leur vie que de vous louer. Je ne veux point vous accabler de louanges, et m'amuser à vous dire que votre taille est admirable, que votre teint a une beauté et une fleur qui assurent que vous n'avez que vingt ans, que votre bouche, vos dents et vos cheveux sont incomparables : je ne veux point vous dire toutes ces choses ; votre miroir vous les dit assez ; mais, comme vous ne vous amusez pas à lui parler, il ne peut vous dire combien vous êtes aimable et charmante, quand vous parlez ; et c'est ce que je veux vous apprendre.

Sachez donc, madame, si par hasard vous ne le savez pas, que votre esprit pare et embellit si fort votre personne, qu'il n'y en a point au monde de si agréable. Lorsque vous êtes animée, dans une conversation dont la contrainte est bannie, tout ce que vous dites a un tel charme, et vous sied si bien, que vos paroles attirent les ris et les grâces autour de vous ; et le brillant de votre esprit donne un si grand éclat à votre teint et à vos yeux, que, quoiqu'il semble que l'esprit ne dût toucher que les oreilles, il est pourtant certain que le vôtre éblouit les yeux, et que, lorsqu'on vous écoute, l'on ne voit plus qu'il manque quelque chose à la régularité de vos traits, et l'on vous croit la beauté du monde la plus achevée. Vous pouvez juger, par ce que je viens de vous dire, que, si je vous suis inconnu, vous ne m'êtes pas inconnue, et qu'il faut que j'aie eu plus d'une fois l'honneur de vous voir et de vous entretenir, pour avoir démêlé ce qui fait en vous cet agrément dont tout le monde est surpris : mais je veux encore vous faire voir, madame, que je ne connais pas moins les qualités solides qui sont en vous, que je sais les agréables dont on est touché. Votre âme est grande, noble, propre à dispenser des trésors, et incapable de s'abaisser au soin d'en amasser. Vous êtes sensible à la gloire et à l'ambition ; et vous ne l'êtes pas moins au plaisir. Vous paraissez née pour eux, et il semble qu'ils soient faits pour vous. Votre présence augmente les divertissemens, et les divertissemens augmentent votre beauté, lorsqu'ils vous environnent ; enfin la joie est l'état véritable de votre âme, et le chagrin vous est plus contraire qu'à personne du monde. Vous êtes naturellement tendre et passionnée ; mais, à la honte de notre sexe, cette tendresse nous a été inutile, et vous l'avez renfermée dans le vôtre, en la donnant à madame de La Fayette. Ah ! madame, s'il y avait quelqu'un au monde assez heureux pour que vous ne l'eussiez pas trouvé indigne de ce trésor dont elle jouit, et qu'il n'eût pas tout mis en usage pour le posséder, il mériterait toutes les disgrâces dont l'amour peut accabler ceux qui vivent sous son empire. Quel bonheur d'être le maître d'un cœur comme le vôtre, dont les sentimens fussent expliqués par cet esprit galant et agréable que les dieux vous ont donné! et votre cœur, madame, est sans doute un bien qui ne se peut mériter ; jamais il n'y en eut un si généreux, si bien fait, et si fidèle. Il y a des gens qui vous soupçonnent de ne le montrer pas toujours tel qu'il est ; mais, au contraire, vous êtes si accoutumée à n'y rien sentir qu'il ne vous soit honorable de montrer, que même vous y laissez voir quelquefois ce que la prudence du siècle vous obligerait de cacher. Vous êtes née la plus civile et la plus obligeante personne qui ait jamais été, et, par un air libre et doux qui est dans toutes vos actions, les plus simples complimens de bienséance paraissent en votre bouche des protestations d'amitié, et tous ceux qui sortent d'auprès de vous s'en vont persuadés de votre estime et de votre bienveillance, sans qu'ils se puissent dire à eux-mêmes quelle marque vous leur avez donnée de l'une et de l'autre. Enfin vous avez reçu des grâces du ciel, qui n'ont jamais été données qu'à vous ; et le monde vous est obligé de lui être venu montrer mille agréables qualités qui, jusqu'ici, lui avaient été inconnues. Je ne veux

point m'embarquer à vous les dépeindre toutes;
car je romprais le dessein que j'ai de ne vous
pas accabler de louanges, et de plus, madame,
pour vous en donner qui fussent

> Dignes de vous et de paraître,
> Il faudrait être votre amant,
> Et je n'ai pas l'honneur de l'être [1].

---

[1] Derniers vers de la pompe funèbre de Voiture, par Sarrazin.

FIN DES OEUVRES DE MADAME DE LA FAYETTE.

HISTOIRE

DE

LA COMTESSE DE SAVOIE.

AVIS
DES ÉDITEURS.

Le roman de *la comtesse de Savoie* et celui d'*Aménophis*, par madame de Fontaines, se placent naturellement à la suite des **OEuvres de madame de La Fayette.** Ces ouvrages sont de la même école; l'élève a paru digne du maître par la combinaison des événemens, la peinture des caractères, la moralité du dénoûment, et l'agrément du style. L'action du premier roman se passe dans le onzième siècle; la partie historique consiste dans le récit des événemens qui amenèrent Guillaume le Conquérant au trône d'Angleterre; mais les mœurs sont d'une époque plus avancée en civilisation. On y retrouve les délicatesses de sentiment qui caractérisaient la société épurée du dix-septième siècle, et qui se perdirent dans les saturnales de la régence. Ce n'est ni la description minutieuse des lieux, ni la vérité des mœurs du temps qu'il faut chercher dans les romans de madame de Fontaines; elle n'a pas été plus scrupuleuse à cet égard que madame de La Fayette; le lecteur en est amplement dédommagé par l'intérêt des situations et la vérité des mouvemens du cœur. Ces ouvrages ont tous un but moral, avantage précieux qui manque généralement à l'enfance et à la caducité des littérateurs. Ce sont des cours de morale en action qui élèvent le talent de l'écrivain, et lui assurent une gloire sans mélange.

La comtesse de Savoie reçut du public un accueil flatteur. Il paraît que madame de Fontaines avait communiqué cette production à Voltaire, qui conserva long-temps avec elle des liaisons d'amitié. Ce grand poëte, qui n'était point avare d'éloges, adressa à madame de Fontaines, en 1713, un compliment en vers, qui suffirait seul pour sauver de l'oubli la mémoire de cette femme aimable et spirituelle. On remarquera dans la louange cette exagération qui devient flatterie ; mais ce poëte n'y regarde pas de si près ; il ne cherche qu'à plaire ; et nul écrivain n'y a réussi aussi-bien que Voltaire. Voici ces vers, qui sont un peu négligés, mais où respire cette grâce parfaite dont le poëte du dix-huitième siècle sera toujours le modèle :

   La Fayette et Segrais, couple sublime et tendre,
   Le modèle avant vous de nos galans écrits,
   Des Champs-Élysiens, sur les ailes des ris,
       Vinrent depuis peu dans Paris.
   D'où ne viendrait-on point, Sapho, pour vous entendre ?
     A vos genoux tous deux humiliés,
    Tous deux vaincus, et pourtant pleins de joie,
      Ils mirent Zayde aux pieds
      De la comtesse de Savoie.
Ils avaient bien raison. Quel dieu, charmant auteur,
Quel dieu vous a donné ce langage enchanteur,
      La force et la délicatesse,
      La simplicité, la noblesse,
     Que Fénélon seul avait joint,
Ce naturel aisé dont l'art n'approche point ?
Sapho, qui ne croirait que l'amour vous inspire ?
Mais vous vous contentez de vanter son empire ;
De Mondor amoureux vous peignez le beau feu,
     Et la vertueuse faiblesse
        D'une maîtresse
Qui lui fait, en fuyant, un si charmant aveu.
Ah ! pouvez-vous donner ces leçons de tendresse,

Vous qui les pratiquez si peu?
C'est ainsi que Marot, sur sa lyre incrédule,
Du dieu qu'il méconnut prôna la sainteté.
Vous avez pour l'amour aussi peu de scrupule;
Vous ne le servez point, et vous l'avez chanté.
Adieu. Malgré mes épilogues,
Puissiez-vous pourtant, tous les ans,
Me lire deux ou trois romans,
Et taxer quatre synagogues!

M. Auger nous a donné, dans une édition des *OEuvres de mesdames de La Fayette, de Fontaines et de Tencin*, l'explication de ce dernier vers. M. de Givri, père de madame de Fontaines, avait aidé les juifs dans le projet d'établir une synagogue à Metz. On était dans l'usage constant de faire payer chèrement les services de ce genre aux enfans d'Israël, qui n'étaient pas moins exacts à prendre leur revanche dans l'occasion. C'est évidemment, ajoute M. Auger, au parti que M. de Givri tira, en cette occasion, de ses bons offices, que Voltaire fait allusion dans ses vers; *il est assez singulier* qu'il ait jugé à propos de le rappeler à sa fille.

Cette allusion peut nous paraître aujourd'hui singulière ; mais en nous reportant à l'époque où Voltaire composait ces vers, nous n'y trouvons rien d'extraordinaire. Il ne faut pas croire, sur la foi de quelques écrivains adulateurs, que les idées de morale et d'honneur fussent alors aussi bien définies qu'elles le sont aujourd'hui. Tel acte qui exposerait le personnage le plus éminent à la sévérité des jugemens publics, passait encore, au commencement du dernier siècle, pour un acte indifférent ou même digne d'éloge. Madame de Maintenon, cette reine clandestine, trouvait tout simple d'engager son frère à se mettre sur les rangs pour acheter à vil prix les biens confisqués des religionnaires du Poitou. « Personne, dit Saint-Simon, n'était plus au goût du roi que le duc de C*****, et n'avait usurpé plus d'autorité dans le monde. Il était très-splendide en tout, grand joueur, et ne s'y piquait pas d'une fidélité bien exacte. Plusieurs grands seigneurs en usaient de même, et on en riait. »

Les moyens les plus odieux de faire fortune semblèrent naturels, pourvu qu'ils ne fussent employés que par des personnes titrées ; la délation et la cupidité étaient au nombre des priviléges des hommes de cour. « Les premiers personnages de l'état, dit M. Lemontey dans son excellent *Essai sur la monarchie de Louis XIV*, s'enrôlaient dans ces croisades financières. Les princesses ne craignaient pas d'y figurer. Le frère du roi retira un million d'une seule poursuite dirigée par lui-même contre les trésoriers de la guerre, effrayés d'un tel adversaire. »

M. de Givri avait fait payer aux Israélites de Metz ses avis et sa protection. C'était une bonne fortune qui excitait probablement plus d'envie que de surprise ; je croirais volontiers qu'on en fit un mérite au protecteur. Le vers de Voltaire me confirme dans cette idée, car il possédait à un trop haut degré le sentiment des convenances, pour rappeler à madame de Fontaines un souvenir qui aurait pu blesser sa tendresse filiale. On avait alors très-peu d'égards pour les juifs; le sanhédrin lui-même n'avait pas été épargné; et celui qui parvenait à lever des tributs sur quelques synagogues, devait être regardé comme un homme de génie.

Ce qu'il y a de plus singulier dans le compliment de Voltaire, c'est qu'il ait élevé le roman de *la comtesse de Savoie* au-dessus de *Zayde*. Mais, comme je l'ai déjà fait entendre, la flatterie est éminemment poétique. Nous en avons eu des preuves multipliées; l'adulation est à son aise dans le domaine de la poésie.

Voltaire aurait pu juger en connaissance de cause, car il est évident qu'il avait lu avec attention l'ouvrage de madame de Fontaines. « C'est là, dit La Harpe, qu'il a puisé le sujet de la tragédie de *Tancrède*. M. Auger remarque avec raison qu'il en avait aussi tiré le sujet d'*Artémise*, tragédie jouée sans succès en 1720, et dont il ne reste que des fragmens. Un roman qui a fourni deux sujets tragiques à un poëte tel que Voltaire, mérite assurément d'être sauvé de l'oubli.

Le roman d'*Aménophis* renferme aussi le sujet d'un drame. On y voit un grand-prêtre usurpateur, une légitimité violée, une restauration pure de sang et de larmes. Le tyran est détrôné; l'innocence triomphe, de chastes amours reçoivent leur récompense. Quelles ressources pour le talent du poëte! Et, lorsqu'on songe que la scène se passe dans les souterrains du temple du Soleil, on doit être surpris qu'un sujet, si fécond en accidens dramatiques, n'ait pas tenté quelques-uns de nos écrivains. Mais on ne lit plus que des productions exotiques; les muses étrangères ont envahi le parnasse français; nous portons nous-mêmes des mains sacriléges sur les autels de nos dieux domestiques. Dieu veuille que la barbarie ne soit pas le châtiment de cette profanation.

Le moyen le plus efficace de repousser un tel fléau, est sans doute de reproduire les ouvrages avoués par le goût. Tels sont ceux de madame de La Fayette, de madame de Tencin et de madame de Fontaines. Ce ne sont point des modèles que je propose à la servilité des imitateurs, ce sont des études propres à révéler le secret des passions, et à faire connaître leur langage ; c'est la vie intérieure qu'ils représentent. Les femmes qui les ont écrits avaient tout le talent et la finesse d'observation nécessaires pour réussir dans cette tâche difficile. Elles portent au cœur plus qu'à l'imagination. C'est précisément le contraire de ce qui se fait aujourd'hui.

Ce n'est que par les ouvrages de madame de Fontaines qu'on peut se former quelque idée de son caractère et de son esprit. Ce que nous savons d'elle personnellement est peu de chose. Elle se nommait Marie-Louise-Charlotte de Pelard de Givri, et elle était fille du marquis de Givri, ancien commandant de Metz. Mademoiselle de Givri épousa le comte de Fontaines, dont elle eut un fils et une fille. Elle mourut en 1730. Deux ouvrages de peu d'étendue lui ont survécu ; elle fut l'amie de Voltaire ; le temps respectera sa mémoire.

A. Jay.

HISTOIRE

DE

LA COMTESSE DE SAVOIE.

Les annales d'Espagne sont remplies des fameux démêlés des Tolède et des Mendoce ; ces deux maisons, les plus illustres du royaume, avaient une haine l'une pour l'autre, qui durait depuis plusieurs siècles ; et cette haine, en naissant, était, dans leur cœur, aussi naturelle que la vie. Leur animosité parut plus vive que jamais, dans le temps que Henri Ier. régnait en France, et que la plupart des provinces d'Espagne avaient leur souverain particulier ; celle de Murcie était possédée par les Mendoce. Le chef de cette maison se trouva, dans une grande jeunesse, maître de ses actions : non-seulement il était parfaitement beau et bien fait, mais il avait encore toutes les qualités qui font les grands héros. Comme il ne respirait que les occasions d'acquérir de la gloire, la paix qui régnait dans toutes les Espagnes lui fit former le dessein d'exercer sa valeur contre les Tolède, ses ennemis déclarés. Il assembla ses vassaux, et mit sur pied une armée plus redoutable par le zèle et la valeur de ceux qui la composaient, que par leur grand nombre. Les Tolède, qui en furent avertis, assemblèrent de leur côté un corps de troupes considérable. Ils ne se laissèrent pas prévenir par Mendoce ; ils marchèrent au-devant de lui. Ces deux armées, animées par leur chef, se joignirent à quatre lieues de Carthagène, où elles commencèrent un des plus sanglans combats qui se soient jamais donnés. Il y avait déjà un grand nombre de morts de part et d'autre, lorsque dona Isabelle, sœur de Mendoce, jeune veuve d'une piété et d'une vertu exemplaires, en fut avertie. Tremblante pour les jours de son frère qu'elle aimait passionnément, elle fit vœu de faire le voyage de Rome à pied, au cas qu'il revînt victorieux. Ces sortes de vœux étaient fort en usage en ce temps-là ; celui de dona Isabelle fut exaucé : Mendoce combattit avec tant de valeur, qu'il remporta une entière victoire ; les Tolède, malgré leur haine, se trouvèrent réduits à demander la paix. Mendoce, dont tous les sentimens étaient nobles et généreux, préféra aux avantages qu'il aurait pu tirer de sa victoire, la gloire d'accorder la paix à ses ennemis vaincus et humiliés. Après l'avoir signée, il revint triomphant dans Carthagène, ville capitale de ses états. Il était lui-même le principal ornement de son triomphe ; jamais on n'avait vu tant de grâces et de charmes dans une même personne, ni tant de gloire dans une si grande jeunesse. Les peuples, enchantés, ne pouvaient se lasser de l'admirer et de lui marquer leur zèle ; mais la joie de dona Isabelle, de voir Mendoce échappé d'un si grand péril et vainqueur de ses ennemis, ne se peut exprimer. Elle était persuadée que son vœu y avait contribué ; dans cette pensée, elle ne songea qu'à l'accomplir promptement. Elle en parla à son frère. Quelque touché qu'il fût de cette marque d'amitié de sa sœur, il eut peine à l'approuver ; il trouvait qu'il y avait de l'imprudence à elle de s'être engagée à faire un voyage si long et si pénible à pied. Il n'oublia rien pour la détourner de ce dessein ; mais dona Isabelle, qui croyait devoir le salut de son frère au vœu qu'elle avait fait, voulut absolument l'exécuter. Elle avait épousé un prince des Asturies, et, depuis sa mort, elle s'était retirée auprès de Mendoce : il consentit enfin à la laisser partir ; il lui donna une suite nombreuse pour l'accompagner. Comme elle ne voulait point se faire connaître, elle prit, en partant, un habit de pèlerine, et en fit prendre à toute sa suite. Le zèle avec lequel elle entreprenait un si grand voyage lui en fit supporter les incommodités avec plaisir; elle traversa une partie de la France, et, après avoir passé les Alpes, elle arriva à Turin.

Odon, comte de Maurienne et de Savoie, y faisait son séjour, depuis qu'Adélaïde de Suze, dont il était veuf, lui avait apporté en dot le comté de Turin, Suze et le Val d'Aouste; il venait d'épouser, en secondes noces, une sœur d'Édouard, roi d'Angleterre, qui passait pour un chef-d'œuvre de la nature. Dona Isabelle ne put résister à la curiosité de juger par elle-même si la beauté de la comtesse de Savoie était aussi parfaite qu'on le publiait. Elle s'informa des moyens de la voir; on lui apprit que cette princesse allait tous les jours se promener sur les bords du Pô. Dona Isabelle se plaça sur son chemin, à l'heure qu'on lui avait dit qu'elle devait passer; elle n'y fut pas long-temps sans la voir paraître suivie d'une cour pompeuse et galante. Le hasard favorisa le désir de dona Isabelle; la comtesse s'arrêta, pour donner quelque ordre, précisément vis-à-vis d'elle, et lui donna le temps de la considérer. Quelque prévenue que fût dona Isabelle de la beauté de la comtesse, elle en fut si frappée,

qu'elle ne put s'empêcher de s'écrier en langage
espagnol : Qu'elle est belle ! si le ciel eût permis que mon frère et cette princesse eussent
été unis, ils auraient fait l'admiration de toute
la terre. La comtesse entendait l'espagnol ; on
est toujours flatté d'être admiré, quelque accoutumé que l'on soit à l'être : la comtesse regarda avec attention celle qui venait de tenir ce
discours ; elle lui trouva tant de beauté et un air
si noble dans son habit de pèlerine, qu'elle ne
douta pas qu'elle ne fût une personne d'une condition relevée. Ce qui contribua encore à l'affermir dans cette idée, c'est qu'elle remarqua que
la suite nombreuse de pèlerins et de pèlerines
qui accompagnait dona Isabelle semblait se tenir
éloignée d'elle avec une sorte de respect. Elle
continua cependant de marcher ; mais elle ordonna qu'on suivît cette étrangère, qu'on lui dît
de sa part qu'elle voulait lui parler, et qu'elle
l'attendît dans son palais au retour de la promenade. Cet ordre fut exécuté : dona Isabelle
crut ne devoir pas refuser la comtesse ; elle consentit à ce qu'elle exigeait d'elle, et elle se
laissa conduire au palais.

Cependant la comtesse, l'esprit occupé de la
pèlerine et de son discours, avait une sorte de
curiosité inquiète qui ne lui permit pas de
goûter le plaisir de la promenade : elle la finit

de meilleure heure qu'elle n'avait accoutumé. Elle trouva en arrivant dona Isabelle dans son appartement ; et, voulant lui parler sans témoins, elle lui fit dire de la suivre dans son cabinet. Dès qu'elle y fut entrée, la comtesse la traita avec beaucoup de bonté ; elle lui fit plusieurs questions en espagnol ; dona Isabelle y répondit avec tant d'esprit et de politesse, que la comtesse fut presque convaincue qu'elle était fort au-dessus de ce qu'elle voulait paraître. Elle lui laissa voir ses soupçons, et elle la pria avec tant d'instance de ne se point cacher à elle, que dona Isabelle, malgré la répugnance qu'elle avait de se faire connaître, se rendit aux manières flatteuses et engageantes de la comtesse ; elle lui apprit sa naissance et le sujet de son voyage. Après les premiers complimens, la comtesse, regardant dona Isabelle avec un souris charmant : A en juger, madame, lui dit-elle, par le voyage que vous faites et par le discours que vous avez tenu quand j'ai passé auprès de vous, il faut convenir que jamais sœur n'a aimé un frère si tendrement que vous aimez Mendoce. Dona Isabelle fut d'abord un peu embarrassée de ce que son discours avait été entendu ; elle se remit cependant, et elle répondit à la comtesse qu'il était vrai que son voyage marquait sa tendresse pour son frère ;

mais qu'à l'égard de ce qu'elle avait dit d'avantageux de lui dans une langue qu'elle croyait être ignorée d'elle, l'amitié n'y avait nulle part. Je n'ai parlé de lui, continua-t-elle, que comme les personnes les plus indifférentes qui le connaissent en parlent, et j'ose même vous assurer, ajouta-t-elle, qu'il passe dans toutes les Espagnes pour ce qu'on y a jamais vu de plus accompli. Mais, madame, dit dona Isabelle, en tirant de sa poche une boîte qu'elle présenta à la comtesse, si vous daignez jeter les yeux sur le portrait que renferme cette boîte, vous jugerez vous-même si j'ai eu tort de vanter la beauté de mon frère. La comtesse prit la boîte avec vivacité, elle considéra le portrait avec un trouble et une agitation qu'elle n'avait jamais sentis : elle se serait oubliée en le regardant, si l'arrivée du comte n'eût interrompu le plaisir qu'elle goûtait à le considérer. La vue de son mari, dans ce moment, la fit rougir ; elle craignit, sans savoir pourquoi, qu'il ne vît le portrait ; elle referma promptement la boîte ; et, par un mouvement dont elle ne fut pas la maîtresse, au lieu de la rendre à dona Isabelle, elle la garda, et, s'avançant au-devant du comte avec cet air gracieux qui accompagnait toutes ses actions, elle lui présenta dona Isabelle de Mendoce, et elle lui expliqua les raisons qui la faisaient voyager en habit de pèlerine.

Le comte, après avoir rendu à dona Isabelle tout ce qu'il crut devoir à une personne d'une naissance si illustre, sur ce que la comtesse lui fit entendre que cette princesse ne voulait point paraître en public, sortit pour ne les pas contraindre. Dona Isabelle et la comtesse passèrent le reste de la journée ensemble : Mendoce fut presque toujours le sujet de la conversation. La comtesse pressa inutilement dona Isabelle de faire quelque séjour à Turin ; tout ce qu'elle put obtenir d'elle, ce fut d'y repasser à son retour de Rome. Pour m'assurer de la promesse que vous me faites, madame, lui dit la comtesse d'un air enjoué, je garderai le portrait de ce frère qui vous est si cher, comme un gage assuré de votre retour. Dona Isabelle parut un peu embarrassée ; elle eut envie de presser la comtesse de lui rendre ce portrait; mais, croyant qu'un refus, en cette occasion, paraîtrait bizarre à cette princesse, et pourrait lui faire penser qu'elle répondait mal à cette marque de son amitié : Je ne sais, madame, lui répondit-elle, si je fais bien d'avoir la complaisance de vous laisser ce prétendu gage ; mais je sais bien que, si mon frère savait que j'eusse montré un portrait de lui, il m'en saurait mauvais gré. Ce discours inspira de la curiosité à la comtesse ;

elle pressa doña Isabelle de lui dire les raisons qui pourraient le faire trouver mauvais à Mendoce. Aurait-il quelque maîtresse jalouse d'une sœur, madame? dit la comtesse. Dona Isabelle sourit; et, après avoir dit à la comtesse que son frère jusqu'alors avait vécu dans une parfaite indifférence : Je vois bien, ajouta-t-elle, qu'il faut que je vous apprenne une particularité qui vous fera peut-être trouver un peu trop de faiblesse à Mendoce. On lui a prédit qu'un portrait de lui causerait quelque jour de grands troubles dans sa vie ; il a toujours refusé de se faire peindre; mais moi, qui ajoute peu de foi à ces sortes de prédictions, j'ai fait faire son portrait, sans qu'il l'ait su. Je vous le laisse cependant sans crainte ; je serais même charmée qu'il vous parût assez aimable pour le garder toujours. Après ce discours, elle prit congé de la comtesse; et, le lendemain, elle partit fort matin pour continuer son voyage.

Après son départ, la comtesse se trouva dans une espèce de tristesse et de langueur dont elle ne pouvait assez s'étonner elle-même. L'idée de Mendoce se présentait incessamment à son esprit; tout ce que dona Isabelle lui avait dit de lui, soutenu par les charmes qu'elle trouvait dans son portrait, lui ôtait le repos et interrompait son sommeil. Elle ne pouvait comprendre la singularité de ses sentimens : elle se sentait du goût pour un homme qu'elle n'avait jamais vu, que, selon toutes les apparences, elle ne verrait jamais; sa vertu était alarmée de tout ce qui se passait dans son cœur et dans son esprit. Ses pensées, qui jusqu'alors avaient été si innocentes, lui paraissaient criminelles; et cependant, malgré tout ce qu'elle se disait à elle-même, elle se sentait entraînée par un penchant dont elle n'était pas la maîtresse. Il est si naturel d'avoir envie de parler à quelqu'un de ce qui nous occupe, que la comtesse ne put s'empêcher de faire confidence de la situation où elle se trouvait à Émilie, une fille qui était à elle, et la seule Anglaise qui l'eût suivie en Savoie. Émilie avait de l'esprit et un grand attachement pour la comtesse; elle fut touchée de l'état où elle la voyait; elle n'oublia rien pour rendre le calme à son cœur et à son esprit, et pour adoucir ses peines, en lui faisant envisager qu'elle s'alarmait trop aisément. Il y a plus de curiosité que d'amour, madame, disait-elle à la comtesse, dans les sentimens que vous croyez avoir pour Mendoce; l'image charmante que vous vous faites de lui est fondée sur les discours d'une sœur, et sur un portrait, qui le flattent sans doute également l'un et l'autre; sa présence détruirait peut-être l'idée avantageuse que vous avez de lui. La comtesse trouvait de la raison à ce que disait Émilie ; mais ce qu'elle sentait dans son cœur pour Mendoce était trop vif pour qu'elle pût se flatter que la simple curiosité y eût part. On ne rend point raison des caprices du cœur ; l'exemple de la comtesse n'est pas le seul qui nous ait prouvé la bizarrerie de ses sentimens. Depuis que cette princesse avait confié les siens à Émilie, elle ne goûtait plus d'autre plaisir que celui d'être en particulier avec elle ; tous les divertissemens qui jusqu'alors l'avaient amusée, lui devinrent ennuyeux. Elle voulait oublier Mendoce ; et, cependant, elle en parlait toujours. Le temps, qui d'ordinaire adoucit les plus grands maux, ne prit rien sur ceux de la comtesse ; et elle était plus agitée que jamais, lorsque dona Isabelle, comme elle l'avait promis, revint à Turin. La comtesse fut ravie de la revoir, parce qu'elle était sœur de Mendoce : elle fut tentée de lui en rendre le portrait ; mais elle n'en eut pas la force.

Dona Isabelle, pendant quelques jours qu'elle passa à Turin, prit beaucoup d'amitié pour la comtesse ; elle ne s'en sépara qu'avec peine ; et cette princesse, de son côté, eut un véritable chagrin de la voir partir. L'envie de lui plaire avait suspendu la violence de ses combats secrets ; elle se faisait un plaisir délicat de penser que cette princesse dirait à son frère qu'elle était aimable; mais, après son départ, elle retomba dans ses rêveries ordinaires. Comme elle était naturellement gaie, ce changement d'humeur fit impression sur son tempérament; elle tomba dangereusement malade : le comte, qui avait pour elle une véritable passion, était dans une affliction extrême; il ne la quittait point. La comtesse, qui naturellement aimait son devoir, était touchée de la tendresse qu'il lui témoignait; elle se reprochait ce qu'elle en ressentait pour un autre, et les reproches secrets qu'elle se faisait augmentaient encore sa maladie. Cependant sa grande jeunesse surmonta la violence de son mal; on ne craignit plus pour sa vie; mais il lui resta une langueur contre laquelle tout l'art des médecins fut inutile.

En ce temps-là, il y avait, auprès des états de Mendoce, une fontaine célèbre, qui avait été découverte par le fameux Averroës, médecin arabe, qui l'avait mise en réputation; les eaux s'en sont perdues depuis, par la négligence des Espagnols : les médecins ordonnèrent à la comtesse d'aller prendre les eaux de cette fontaine. Elle sut que ces eaux n'étaient pas éloignées du séjour de Mendoce. Elle fut d'abord embarrassée sur le parti qu'elle devait prendre; elle craignit de s'exposer au péril de voir un homme pour qui elle avait déjà des sentimens trop tendres : dans cette pensée, elle fut tentée de s'opposer au voyage qu'on lui proposait; mais l'espérance de voir Mendoce était trop flatteuse pour ne pas détruire des réflexions si prudentes. Cette joie douce que l'amour seul peut mettre dans le cœur s'empara du sien; ses scrupules s'évanouirent, et elle ne fut plus occupée que de la crainte que sa santé ne fût rétablie avant son départ. Le comte, persuadé que la guérison de la comtesse dépendait des eaux qu'on lui avait ordonnées, quelque répugnance qu'il eût à se séparer d'elle, pressa son départ; il lui donna un équipage superbe, et la fit accompagner d'une suite digne d'une grande princesse. L'espérance était un plaisir si nouveau pour la comtesse, qu'elle en goûtait toute la douceur. Rien ne contribue tant au rétablissement de la santé, que la satisfaction de l'esprit et du cœur; à mesure que la comtesse approchait des états de Mendoce, ses charmes reprenaient tout leur éclat; elle se flattait que, puisque le hasard, contre toute apparence, la conduisait si près de lui, le même hasard lui fournirait une occasion de le voir. Émilie, complaisante comme le sont d'ordinaire la plupart des favorites, qui saisissent les occasions de plaire en applaudissant aux faiblesses des personnes dont elles ont la confiance, confirmait la comtesse dans une idée qui lui était si agréable. Cette princesse ne fut pas trompée dans son attente. Quoiqu'il y eût longtemps que dona Isabelle fût partie de Turin, comme elle faisait de très-petites journées, la comtesse la joignit à l'entrée des états de Mendoce. Ces deux princesses furent charmées de se revoir. Dona Isabelle ne pouvait comprendre par quelle aventure la comtesse était en Espagne; elle lui en témoigna son étonnement : la comtesse lui dit en rougissant, qu'on lui avait ordonné les eaux de la fontaine d'Averroës, pour le rétablissement de sa santé. Vous êtes si belle, madame, lui répondit dona Isabelle, en la regardant avec admiration, que je vous avouerai que, malgré l'inquiétude que me donneraient les moindres de vos maux, je ne puis m'alarmer de ceux dont vous vous plaignez ; ils ne me paraissent pas assez considérables pour troubler la joie que j'ai de vous voir, et de penser que vous viendrez passer quelques jours, avec moi, à Carthagène; car j'ose me flatter que, puisque mon bonheur vous en a conduite si près, vous ne me refuserez pas cette marque de l'honneur de votre amitié. Le premier mouvement de la comtesse fut d'abord d'être charmée d'une proposition qui flattait si fort son goût; mais la réflexion qu'elle fit, combien elle manquerait à ce qu'elle devait au comte de Savoie, et à ce qu'elle se devait à elle-même, en faisant la démarche d'aller chez un prince pour qui elle se sentait une inclination violente, la faisait balancer sur la réponse qu'elle ferait. Dona Isabelle, qui s'aperçut de son irrésolution, et qui était bien éloignée d'en pénétrer la cause, redoubla ses prières avec tant d'instance, que la comtesse, entraînée d'ailleurs par son penchant, n'eut pas la force de lui résister; elle consentit à aller à Carthagène.

Comme le vœu de dona Isabelle était fini du moment qu'elle était entrée sur les états de Mendoce, elle ne fit point de difficulté de monter dans le char de la comtesse pour se rendre à Carthagène. A peine y fut-elle placée, qu'elle vit paraître un grand nombre de cavaliers : elle crut reconnaître son frère qui marchait à leur tête; elle ne se trompait pas. Comme elle lui avait fait savoir le jour de son arrivée, il venait, par son empressement, lui marquer la joie qu'il avait de la voir de retour d'un voyage qui était une preuve si extraordinaire et si sensible de son amitié pour lui. Mendoce aperçut de loin un char, et ce char lui parut si magnifique, qu'il ne put imaginer ce que ce pouvait être ; il s'avança lui-même pour le savoir ; il reconnut sa sœur ; il descendit de cheval pour l'embrasser; elle se hâta de lui apprendre que c'était la comtesse de Savoie avec qui elle était. Mendoce, suivi d'une brillante jeunesse, était, ce jour-là, plus paré et plus charmant qu'il n'avait jamais été; il fut si surpris de la beauté de la comtesse, que, lorsqu'il s'avança pour la saluer, il ne put s'empêcher de donner des marques de son admiration. Cette princesse était agitée de tant de mouvemens différens, qu'il est impossible de les représenter; la joie et la crainte étaient peintes en même temps dans ses yeux; ils jetaient tant de feu, et animaient son visage de couleurs si vives, qu'il était impossible que Mendoce en pût soutenir l'éclat. Dona Isabelle, empressée à faire les honneurs des états de Mendoce à la comtesse, dit à son frère que cette princesse, après un assez grand voyage, devait avoir besoin de repos, qu'il fallait aller à Carthagène. Le char des princesses continua de marcher, et Mendoce remonta à cheval pour les accompagner. La vue de la comtesse lui avait causé un trouble et une agitation dont il ne démêlait pas encore bien la cause. En arrivant à Carthagène, il lui donna la main, pour la conduire dans un appartement orné de tout ce que l'univers peut avoir de plus rare. Dona Isabelle et lui jugèrent à propos de la laisser en liberté. Dès qu'ils furent sortis, la comtesse congédia

tous ceux de sa suite ; elle ne retint auprès d'elle
que la seule Émilie. Qu'ai-je fait, ma chère
Émilie, dit-elle, en m'exposant à voir Mendoce ? sa vue n'a que trop déterminé mes sentimens ; il ne m'est plus permis de douter de
ma passion ; mais quelque empire qu'elle prenne
sur mon cœur, ma vertu sera la plus forte ; je
prévois l'abîme des maux où je me suis plongée
par mon imprudence ; le goût que j'avais pour
Mendoce, avant que de l'avoir vu, n'était pas
assez fort pour n'être pas détruit par le temps et
par la raison : pourquoi suis-je venue si loin
chercher mon malheur ! Car enfin, je sens bien
que ma passion est présentement trop forte pour
pouvoir espérer que le temps et la raison puissent l'éteindre ; je la cacherai éternellement ;
plût au ciel que je pusse me la cacher à moi-
même !

Émilie s'aperçut qu'il tombait quelques larmes des yeux de la comtesse : Eh ! madame, lui
dit-elle, pourquoi cherchez-vous à vous tourmenter vous-même ? Trop de scrupule et de re-
cherche de votre cœur vous font trouver en vous
ce qui n'y est pas. Le moyen le plus sûr d'effacer de votre esprit l'impression que Mendoce y
pourrait avoir faite, c'est de n'avoir point sur
vous cette attention inquiète, plus propre à augmenter votre mal qu'à le guérir. Ne vous faites

point un crime de trouver Mendoce aimable ; vivez avec lui sans réflexion, et comme si vous ne le craigniez point. Vous trouverez par-là votre repos et cette indifférence que vous croyez avoir perdue. On nous persuade aisément ce qui nous fait plaisir : la comtesse crut Émilie ; elle résolut de suivre ses conseils, et de ne plus s'affliger de trouver Mendoce aimable. Cette résolution calma ses agitations, et elle soutint, le reste du jour, la vue de Mendoce, avec moins de trouble et d'embarras qu'elle ne l'avait imaginé ; et même, sans s'en apercevoir, elle n'oublia rien pour lui plaire. Les jours suivans ne furent pas si tranquilles qu'elle l'avait espéré de ce premier calme. Mendoce était devenu éperdument amoureux d'elle. Il avait cru d'abord n'avoir que de l'admiration pour sa beauté ; il s'aperçut enfin qu'il sentait pour elle une passion dont toute sa raison n'était plus la maîtresse. Cette connaissance qu'il eut de ses sentimens, l'affligea : il vit tous les malheurs où il s'allait livrer. Nul espoir ne pouvait le flatter : la comtesse était mariée ; il allait dans peu de jours en être séparé, apparemment pour toute sa vie. Ces réflexions, bien loin d'affaiblir son amour, lui donnaient de nouvelles forces. Il s'aperçut qu'il le combattait inutilement ; il résolut du moins de le cacher avec soin.

La timidité accompagne toujours les grandes passions. Mendoce appréhendait que la comtesse ne s'aperçût de celle qu'il avait pour elle, et qu'elle n'en fût offensée. N'osant lui parler de son amour, il voulut du moins, par la diversité des plaisirs et la magnificence des fêtes, lui en donner des marques qui pussent n'être point soupçonnées, et qui rendraient à cette princesse le séjour de Carthagène agréable. Il crut même que le tumulte et la dissipation feraient qu'on aurait moins d'attention sur lui, et qu'il pourrait s'abandonner, avec moins de contrainte, au plaisir de la regarder. Le goût et la magnificence de Mendoce parurent dans les fêtes qu'il donna. Jamais on n'en avait vu de si superbes. Il y paraissait tant de galanterie mêlée avec la magnificence, qu'il était difficile qu'on ne s'aperçût pas qu'un amant avait pris soin de les ordonner. Il entrait dans tous ces divertissemens avec cet enjouement et cette satisfaction que donne le plaisir d'amuser ce qu'on aime. Attentif aux moindres actions de la comtesse, il remarqua qu'elle était souvent distraite et rêveuse, comme une personne dont le cœur serait prévenu d'une passion ; il ne pouvait croire que ce fût pour le comte de Savoie ; il savait qu'il était d'un âge qui ne pouvait donner pour lui à la comtesse qu'une amitié de devoir, qui ne devait pas la faire souffrir de son absence. Ingénieux à se tourmenter lui-même, il s'imagina qu'elle aimait quelqu'un en Savoie, et qu'elle en était occupée : cette idée lui parut cruelle ; il ne se flattait pas d'être aimé de la comtesse ; mais il ne pouvait souffrir qu'elle en aimât un autre. Cette princesse l'examinait avec les mêmes préventions ; elle attribuait les rêveries et les inquiétudes qu'elle lui voyait, ou au peu de plaisir qu'il avait d'être avec elle, ou à quelque passion cachée qui n'était pas pour elle. Quelquefois il lui paraissait qu'elle en était bien aise, se persuadant que, n'étant point aimée de lui, elle retrouverait sa première indifférence ; mais elle ne demeurait pas long-temps dans ce sentiment, et elle était pénétrée de douleur de penser qu'elle n'avait point touché son cœur. Quelque confiance qu'elle eût en Émilie, ce dernier sentiment lui parut si honteux, qu'elle voulut lui en faire un mystère. Toujours agitée et inquiète, elle se leva un jour beaucoup plus matin qu'à son ordinaire ; elle entra sur une terrasse qui était de plain-pied à son appartement, d'où elle descendit seule dans les jardins du palais. L'art y avait si bien secondé la nature, que toute autre que la comtesse n'aurait pu s'empêcher de les admirer ; mais cette princesse, peu touchée de leurs beautés, prit le chemin d'un petit bois de myrte qui était assez éloigné du palais. Elle s'y promena long-temps en rêvant, sans pouvoir convenir avec elle-même si elle aurait la force d'oublier Mendoce, ou si elle porterait toute sa vie dans son cœur le mortel chagrin d'aimer malgré elle, et de cacher toujours sa passion à celui qui la causait. Elle n'avait pas un seul sentiment qui ne fût combattu par un autre ; enfin, elle vint s'asseoir dans un cabinet dont la palissade, au milieu du bois, était ouverte par trois ou quatre portes qui donnaient sur autant d'allées ; elle prit le portrait de Mendoce qu'elle avait toujours ; et, sans savoir ce qu'elle faisait ni ce qu'elle voulait, elle l'ouvrit, elle y attacha ses regards, et, en le considérant, elle s'abîma dans une si profonde rêverie, qu'elle ne voyait et n'entendait plus rien.

Mendoce, qui ignorait son bonheur, et qui, bien éloigné de se croire aimé d'elle, osait à peine s'avouer à lui-même qu'il en était amoureux, avait passé la nuit sans dormir, et, avant le jour, il était venu dans ce bois où était la comtesse. Il marchait sans dessein, et le hasard le conduisit dans une de ces allées qui aboutissaient au cabinet où elle était : il y entra. Elle était tournée de manière qu'il avança assez près d'elle, sans en être aperçu, pour distinguer qu'elle tenait un portrait, qui lui parut être celui d'un jeune homme. Il ne s'y reconnut point; et, quand même il eût su qu'il y avait dans le monde un portrait de lui, il ne se serait pas imaginé qu'il fût entre les mains de la comtesse, ni qu'il lui donnât cette attention passionnée qu'il remarqua aisément en elle : il en fut si affligé, qu'il ne put s'empêcher de soupirer assez haut pour interrompre sa rêverie. Elle tourna la tête ; elle vit Mendoce : la honte et l'embarras d'être surprise par lui, en regardant son portrait, la firent rougir. En se levant avec précipitation, elle ferma la boîte et la mit dans sa poche ; et, aussi tremblante que si elle eût été surprise par le comte de Savoie dans une rêverie si offensante pour lui, elle regarda Mendoce sans avoir la force de lui parler. Il avait dans les yeux et sur son visage tant de trouble et tant de marques d'une agitation violente, que la comtesse ne savait que penser de l'état où elle le voyait. Ah! Madame, lui dit-il, puis-je vivre après ce que je viens de voir? Eh quoi ! Mendoce, dit la comtesse tout interdite, qu'avez-vous donc vu qui vous cause tant d'étonnement? Un portrait, madame, reprit-il brusquement, un portrait entre vos mains, et qui vous occupe au point que j'ai pu m'approcher de vous et marcher assez fort, sans que vous m'ayez entendu. La comtesse, rassurée par ce discours, qui lui faisait comprendre assez clairement qu'il ne s'y était pas reconnu, ne songea plus qu'à ne lui pas laisser penser que ce fût celui d'un amant. Elle sourit avec un air de douceur; et, regardant Mendoce avec plus de confiance : Croyez-vous, lui dit-elle, qu'il ne soit pas permis à une femme, qui est absente de son mari, de se faire un plaisir d'en considérer quelquefois le portrait ? Ah ! madame, s'écria Mendoce, ce n'est pas celui du comte de Savoie que vous regardiez avec tant de plaisir et d'attention ; j'ai eu assez de temps pour remarquer dans ce portrait les traits brillans de la jeunesse ; vous cherchez inutilement à démentir mes yeux. Mais, madame, continua-t-il, quel est donc cet homme heureux qui a pu toucher votre cœur? Est-il digne de la gloire d'être aimé de vous comme vous l'aimez?

La comtesse trouva l'air dont Mendoce lui parlait trop hardi; elle en fut offensée; et, voulant toujours lui faire croire qu'il se trompait, et que c'était le portrait de son mari qu'il avait vu entre ses mains, elle prit ce ton de hauteur et de fierté si naturel aux princesses, et qu'elles savent le mieux prendre lorsqu'elles ont le plus de tort. Mendoce, lui dit-elle, vous oubliez que c'est à moi que vous parlez? Non, madame, répliqua-t-il, je ne l'oublie point; mais je n'oublierai jamais que c'est un autre portrait que celui du comte de Savoie dont vous m'avez paru si occupée. La comtesse, d'un ton de colère, lui demanda de quel droit il osait lui témoigner une curiosité si indiscrète. Je l'avoue, madame, répondit-il, je suis un téméraire, je manque au respect que je vous dois, je me manque à moi-même; mais ma raison n'a plus de pouvoir sur moi : j'ai eu assez de force pour vous cacher le violent amour que vous avez fait naître dans mon cœur dès le premier moment que je vous ai vue; mais je n'en ai pas assez pour vous cacher l'affreuse jalousie dont j'ai été saisi à la vue de ce fatal portrait qui met le comble à mon malheur. Vous n'auriez jamais su, continua-t-il, que Mendoce mourait d'amour pour vous, si ma malheureuse étoile ne m'avait fait voir, malgré moi, que j'ai un rival, et qu'il est aimé. La comtesse s'était fait jusqu'alors une si grande violence pour cacher à Mendoce la tendresse qu'elle avait pour lui, qu'elle ne put se faire encore la cruelle douleur de lui laisser penser qu'elle en ressentait pour un autre. Toute sa raison l'abandonna, et, par un transport dont elle ne fut pas la maîtresse, elle tira de sa poche le portrait, et le jetant aux pieds de ce prince : Mendoce, lui dit-elle, en le regardant

avec des yeux où sa passion était entièrement
déclarée, ce portrait vous fera connaître l'injustice de vos soupçons : si vous n'en croyez pas
vos yeux, demandez à dona Isabelle, si vous
devez en être jaloux. En achevant ces mots, elle
le quitta brusquement, et courut pour gagner
son appartement : elle y arriva comme une personne éperdue et hors d'elle-même. Un vif repentir avait suivi de près l'aveu qu'elle venait
de faire. La honte de penser que Mendoce n'ignorait plus sa passion, se présenta à elle dans
toute son horreur; la mort, dans cet instant,
lui aurait semblé douce; elle ne pouvait se pardonner d'avoir eu si peu de pouvoir sur elle; il
lui parut que le seul parti qu'elle avait à prendre pour se punir de sa faiblesse, c'était de s'arracher de la présence de Mendoce, et de ne le
voir de sa vie; elle s'imagina même qu'en s'imposant une loi si cruelle, elle réparerait en quelque façon la faute qu'elle venait de faire. Elle
s'affermit dans cette résolution; et, regardant
Émilie, qui était seule dans sa chambre, et qui,
tout interdite du nouveau trouble où elle voyait
la comtesse, n'avait encore osé lui en demander
la cause : Émilie, lui dit-elle, en versant un
torrent de larmes, il faut partir de Carthagène,
et en partir dans ce moment; je ne puis trop tôt
quitter un séjour si funeste à ma gloire et à

mon repos. Allez, Émilie, continua-t-elle d'un ton absolu, allez donner les ordres nécessaires pour m'en éloigner, s'il est possible, avant que l'on puisse être informé de mon dessein. L'air dont la comtesse parlait ne permit pas à Émilie de lui rien répliquer ; elle alla porter ses ordres. Ils furent exécutés avec tant de diligence, que cette princesse n'était pas encore remise de son premier trouble, lorsqu'on lui vint dire que tout était prêt pour son départ. La pensée qu'elle ne verrait plus Mendoce la fit frémir, son courage fut prêt à l'abandonner ; mais enfin, sa vertu, surmontant sa faiblesse, lui donna la force d'exécuter une résolution si opposée à ses sentimens ; et, sans s'embarrasser de ce que penserait dona Isabelle d'un départ si précipité, elle la fit éveiller pour prendre congé d'elle.

Dona Isabelle s'était aperçue avec chagrin que son frère était amoureux de la comtesse ; elle crut que l'absence de cette princesse le guérirait aisément d'une passion qu'elle ne pouvait approuver. Dans cette pensée, quelque amitié qu'elle eût pour la comtesse, elle s'opposa faiblement à son départ ; elle ne put cependant s'empêcher de s'attendrir et de verser des larmes en lui disant adieu ; et la comtesse donna un libre cours aux siennes, comptant qu'elles seraient attribuées à son amitié pour dona Isabelle. En sortant de l'appartement de cette princesse, elle monta dans son char. Elle fut surprise de ce que Mendoce ne paraissait point : mais elle n'en fut pas fâchée; sa vue dans ce moment aurait encore aigri sa douleur. Après avoir prié qu'on lui dit qu'elle lui avait caché son départ pour lui épargner l'embarras qui accompagne ordinairement les adieux, elle prit la route de la fontaine d'Averroës.

Mendoce, qui n'avait garde de s'imaginer le malheur dont il était menacé, se croyait, dans cet instant, l'homme du monde le plus heureux. Quelque peu de penchant qu'il eût à se flatter, les paroles de la comtesse, l'air dont elle l'avait regardé en les prononçant, et la parfaite ressemblance que, malgré son trouble et sa prévention, il s'était trouvé avec le portrait, ne lui laissaient aucun doute qu'il ne fût aimé d'elle. Il repassait dans son esprit toutes les actions de cette princesse, qui lui avaient causé tant d'inquiétude et de jalousie. Trouver des marques de tendresse pour lui dans toutes celles qu'il avait jugées être pour un autre, c'était un excès de bonheur qui lui faisait goûter en un moment tous les plaisirs que les autres amans ne goûtent qu'interrompus et séparés. S'il avait suivi ses mouvemens, il aurait couru se jeter aux pieds de la comtesse, pour lui faire connaître, par les transports de sa joie, l'excès de son amour; mais la crainte qu'une visite faite si matin ne parût extraordinaire à ceux qui accompagnaient cette princesse, et ne leur donnât lieu de soupçonner ce qu'il était si important de leur cacher, le fit résoudre d'attendre que la journée lui fournît une occasion de lui parler sans témoins.

Il n'avait guère moins d'impatience de parler à sa sœur, et de lui demander l'explication du portrait. Dès qu'il crut qu'on pourrait la voir, il se rendit chez elle. Il entra dans son appartement par une porte qui donnait sur une orangerie. Comme il la trouva seule dans son cabinet, il lui montra d'abord le portrait, et il lui demanda si elle connaissait celui pour qui il avait été fait. Dona Isabelle fut d'abord un peu interdite à cette question, mais sa sincérité naturelle ne lui permit pas de déguiser la vérité. Elle pria son frère de lui pardonner, si, contre son intention, elle l'avait fait peindre. Elle lui conta ensuite la manière dont la comtesse avait gardé ce portrait. Je ne puis m'empêcher, continua dona Isabelle, de blâmer cette princesse; après ce que je lui avais dit sur ce portrait, c'est une imprudence à elle de l'avoir, en partant, remis entre vos mains. Quoi! ma sœur, s'écria Mendoce, la comtesse n'est plus ici ? Dona Isabelle lui témoigna la surprise où elle était de ce qu'il ignorait son départ.

Mendoce, accablé par une nouvelle si affligeante pour lui, ne fut pas maître de sa douleur et de n'en laisser voir toute la violence à sa sœur. D'abord il voulut courir sur les pas de la comtesse ; mais dona Isabelle sut si bien lui représenter le tort qu'un empressement si marqué ferait à cette princesse, qu'elle arrêta ce premier transport. Il demeura le reste du jour dans un état difficile à exprimer. Il se plaignait à dom Ramir, celui qui avait toute sa confiance, de son malheur et de la cruauté de la comtesse, qui ne lui avait fait goûter le plaisir de se croire aimé, que pour augmenter son amour, et lui faire ressentir plus vivement le malheur de la perdre. Mais pourquoi la perdre, dom Ramir? reprenait-il. N'ai-je pas tort de m'affliger avec tant d'excès ? La comtesse doit passer trois semaines ou un mois aux eaux. Il ne m'est pas défendu de la suivre ; j'irai la trouver ; elle sera touchée du respect qui accompagne ma passion ; je l'accoutumerai à la souffrir, et à ne plus se faire un scrupule de me laisser voir qu'elle y est sensible ; enfin, puisque je suis aimé d'elle, je ne suis pas entièrement malheureux.

Cette réflexion adoucit sa douleur : cependant, quelque impatience qu'il eût de voir la comtesse, il se détermina à soutenir encore quelques jours d'absence, plutôt que de prendre le hasard de faire soupçonner son amour à d'autres qu'à cette princesse; mais, en faisant cet effort sur lui-même, il imagina une sorte de satisfaction à s'approcher du séjour qu'elle habitait.

Dom Ramir avait une assez jolie maison à trois ou quatre lieues de la fontaine d'Averroës; Mendoce partit pour s'y rendre, sans avertir sa sœur. Il sut, en arrivant à cette maison, que le comte de Savoie était venu trouver la comtesse aux eaux : ce contre-temps, qui dérangeait ses projets, le mit au désespoir; il jugeait, avec raison, qu'après le séjour que cette princesse avait fait à Carthagène, ce serait une imprudence dangereuse pour elle, de laisser voir à un mari, qui passait pour l'homme du monde le plus jaloux, tant de vivacité à la suivre.

Les difficultés irritent les désirs : Mendoce sentait augmenter celui de voir la comtesse, par ce nouvel obstacle qui s'y opposait. Il ne savait quel parti prendre; enfin, il prit celui de lui écrire tout ce qu'une passion violente, et animée par la certitude d'être aimé, peut inspirer de plus tendre et de plus capable de persuader cette princesse de lui accorder un entretien d'où dépendait le bonheur de sa vie. Il connaissait l'esprit et l'adresse de dom Ramir; il lui confia sa lettre, pour la rendre en secret à la comtesse.

Dom Ramir avait lié une assez grande amitié avec Émilie; il savait que la comtesse ne lui cachait rien; il jugea à propos de la prier de lui rendre la lettre dont il était chargé. Émilie eut d'abord de la peine à s'y résoudre; mais dom Ramir lui dépeignit le désespoir de Mendoce avec des couleurs si vives, qu'elle se rendit à ses instantes prières. Dès le même soir, elle donna la lettre à la comtesse, sans lui dire de qui elle était. Cette princesse, depuis qu'elle était partie de Carthagène, par un véritable retour sur elle-même, n'avait été occupée qu'à combattre sa passion. La présence de son mari, le tendre attachement qu'il avait pour elle, sa propre gloire, tout l'affermissait dans le dessein de réparer à l'avenir, par sa conduite, les fautes qu'un penchant trop violent lui avait fait commettre. Elle était pénétrée de ces sentimens, lorsqu'elle reçut la lettre de Mendoce; elle ne put la lire sans beaucoup d'émotion, et sa passion, dans ce moment, se fit sentir dans toute sa violence; mais la résolution qu'elle avait prise, de ne jamais voir Mendoce, n'en fut point ébranlée; elle ordonna à Émilie de lui mander, de sa part, qu'elle regarderait comme une offense mortelle la moindre démarche qu'il ferait encore pour la voir ou pour lui écrire ; qu'il fallait se résoudre à une absence et à un silence éternels ; que cette conduite était la seule qui pût le rendre digne d'avoir touché un cœur comme le sien.

Émilie ne s'acquitta que trop facilement d'un ordre si cruel pour Mendoce. Il pensa expirer de douleur en lisant sa lettre ; il trouvait tant de dureté dans le procédé de la comtesse, qu'il s'imagina que son dépit lui donnerait la force d'obéir ; mais son cœur se révolta bientôt contre ce premier mouvement : bien loin de se soumettre aux défenses rigoureuses qu'elle lui faisait, il résolut d'aller secrètement lui-même à la fontaine d'Averroës. Il crut cependant qu'il ne devait rien précipiter, et qu'il devait donner le temps à l'inclination que la comtesse avait pour lui d'agir en sa faveur. Cette princesse, qui craignit que Mendoce n'exécutât pas les ordres qu'elle lui avait fait prescrire, et qui n'osait plus s'assurer d'elle-même après l'épreuve qu'elle avait faite de sa faiblesse, feignit que les eaux lui faisaient mal, et elle obligea le comte de Savoie à la ramener à Turin.

Mendoce, en apprenant ce départ, perdit le peu d'espérance qui lui était resté ; il en demeura accablé : mais enfin, malgré sa douleur, il ne pouvait s'empêcher d'admirer une vertu qui le désespérait. Il revint à Carthagène avec une affliction et une tristesse dans le cœur, qui lui en rendirent le séjour insupportable : il ne songea plus qu'à quitter des lieux où tout lui retraçait le souvenir d'une personne qu'il fallait oublier. Son inclination naturelle le portait à la guerre ; il résolut de l'aller chercher loin de ses états : la fortune lui fournit une occasion d'exécuter ce dessein.

Un jour que ce prince était sur le rivage de Carthagène, il aperçut une flotte que la violence de la tempête poussait sur cette côte. Il envoya dom Ramir au port, ordonner qu'on reçût ceux que la tempête y jetait, et qu'on leur offrît tous les secours dont ils auraient besoin. Ils étaient dignes de l'attention de Mendoce ; c'étaient ces fameux Normands, si connus dans les anciennes histoires d'Italie. Tancrède, comte de Hauteville, d'une des premières maisons de Normandie, avait douze fils de deux lits : comme son bien regardait l'aîné, selon la coutume de la nation, les cadets ne pouvant compter que sur leur courage et sur leurs épées, six de ces jeunes seigneurs prirent la résolution d'aller au delà des monts chercher une fortune qu'ils ne pouvaient espérer dans leur patrie. Ils surent que l'empereur de Grèce voulait entreprendre de recouvrer l'île de Sicile, où les Sarrasins, qui s'en étaient emparés, régnaient depuis deux cents ans, et que Maniasse était chargé de cette expédition. La conquête de la Sicile leur parut propre à commencer leurs premiers exploits. Le comte d'Eu, parent du duc de Normandie, que des raisons secrètes engageaient à s'éloigner de sa patrie, partit aussi avec eux.

La flotte où ces jeunes héros s'embarquèrent pour aller trouver Maniasse fut long-temps sans pouvoir aborder l'île de Sicile ; toujours repoussée par des vents contraires, elle fut battue d'une furieuse tempête, qui l'obligea à relâcher dans le port de Carthagène. Mendoce reçut ces seigneurs avec la magnificence qui lui était naturelle ; mais rien ne leur parut si digne de leur admiration que toute la personne de Mendoce : elle était faite pour plaire ; ses moindres actions avaient des charmes et des agrémens qu'on n'a jamais vus qu'à lui seul ; il avait infiniment d'esprit, et il l'avait orné de tout ce qui peut rendre un prince accompli ; il parlait plusieurs langues, et surtout la française, dans laquelle il s'énonçait avec beaucoup de grâce et de facilité. Pendant le séjour que les Tancrède firent à Carthagène pour faire radouber leurs vaisseaux, le comte d'Eu et Mendoce eurent le temps de se connaître et de prendre beaucoup d'amitié l'un pour l'autre. Comme ils ne se contraignaient point lorsqu'ils étaient ensemble, ils s'aperçurent bientôt du profond chagrin dont ils étaient pénétrés. Le comte d'Eu fut le premier qui témoigna à Mendoce l'envie qu'il avait d'en savoir le sujet. Puis-je me flatter, lui dit-il un jour qu'il trouva ce prince encore plus rêveur qu'il n'avait accoutumé de l'être, que vous ne me refuserez pas de m'apprendre ce qui cause le trouble dont vous paraissez agité? Je ne veux savoir vos peines que pour les partager; c'est même une sorte de douceur qui les diminue, que d'en parler avec un ami qui s'y intéresse; et je suis si persuadé de cette vérité, que je m'imagine un grand adoucissement aux miennes de pouvoir vous les confier; je ne vous cacherai donc point ce qui m'a fait quitter une cour où je tenais un rang assez considérable; vous saurez, quand vous le souhaiterez, les secrets les plus cachés de ma vie; j'espère le même retour de votre part.

Mendoce, touché de l'amitié et de la confiance du comte d'Eu, et se trouvant dans ces momens où le cœur aime à s'épancher, ne balança point à lui apprendre son amour pour la comtesse de Savoie, et jusqu'aux moindres circonstances de tout ce qui lui était arrivé avec elle. Le comte d'Eu entra dans les déplaisirs de Mendoce comme un véritable ami, et qui sait par sa propre expérience ce qu'il en coûte d'avoir un cœur trop tendre; il promit à Mendoce un aveu sincère de toutes ses faiblesses. Comme il était fort tard, ces deux princes se séparèrent. Le lendemain matin, le comte d'Eu tint la parole qu'il avait donnée; il se rendit auprès de Mendoce : il ne fit pas languir son impatience; il prit ainsi la parole :

HISTOIRE DU COMTE D'EU.

Les raisons que j'ai d'être ennemi de Guillaume, duc de Normandie, qui règne aujourd'hui, ne m'empêcheront point de lui rendre justice, et de vous dire, seigneur, qu'il est digne, par ses grandes qualités, du rang qu'il occupe, et dont sa naissance illégitime devait l'exclure. Sa cour est une des plus polies et des plus magnifiques de l'Europe. Le duc Robert, son père, l'avait, avant sa mort, fait reconnaître pour héritier de ses états, au préjudice de son oncle, le comte d'Arque et d'Hiesme. Cette injustice forma des partis qui troublèrent la minorité du jeune duc. La protection que lui donna Henri Ier., roi de France, dissipa tous ces troubles, et l'affermit dans une autorité usurpée.

Lorsque le duc Guillaume fut en âge de gouverner par lui-même, il fit voir tant de valeur

et de vertu, qu'on oublia en quelque manière
le défaut de sa naissance. Le comte d'Arque,
son oncle, avait peine à s'accoutumer à vivre
en sujet; mais, ne se trouvant pas des forces
suffisantes pour s'opposer à la puissance du duc
Guillaume, il fut obligé de dissimuler son chagrin, et d'attendre quelque occasion favorable
pour faire valoir ses droits. Je l'avais suivi
dans son château d'Arque, où il s'était retiré
avec la comtesse sa femme, et mademoiselle
d'Hiesme sa fille, qui m'était destinée : le sang
et l'amitié unissaient déjà nos maisons, et cette
nouvelle alliance devait en resserrer les nœuds.
Le comte d'Arque voulait prendre des mesures
pour faire approuver ce mariage au duc Guillaume, à qui il appréhendait qu'il ne fût suspect :
il jugeait qu'il pourrait s'opposer à l'union de
deux maisons qui avaient de justes prétentions
à la souveraine puissance. Je souffrais impatiemment cette politique ; j'étais passionnément
amoureux de mademoiselle d'Hiesme, et j'avais
eu le bonheur de lui inspirer une passion aussi
tendre que celle que je ressentais pour elle. Nos
sentimens étaient approuvés : ainsi nous nous
abandonnions sans contrainte à toute leur vivacité. Le mariage du duc Guillaume avec la fille
du comte de Flandre, nous attira à la cour :
malgré la haine que ce prince avait pour tous

ceux qui lui appartenaient du côté du duc Robert, il crut ne pouvoir se dispenser de nous prier, le comte d'Arque et moi, de nous rendre auprès de lui, et nous jugeâmes ne devoir point le refuser. J'obtins du comte d'Arque qu'il se servirait de cette occasion pour proposer au duc Guillaume le mariage de mademoiselle d'Hiesme et de moi. Il fut résolu qu'elle accompagnerait la comtesse sa mère, dans ce voyage. J'en fus d'abord transporté de joie ; mais quand je fis réflexion à la grande beauté de cette princesse, aux charmes inévitables qui accompagnaient cette beauté ; qu'elle serait exposée au milieu d'une cour où la galanterie régnait souverainement, j'avoue que je ne pus m'empêcher de trembler, et de craindre que mademoiselle d'Hiesme ne me fît des rivaux de tous ceux qui oseraient la regarder.

Je ne lui cachai point mes alarmes. Si j'avais le bonheur d'être votre mari, lui disais-je, bien loin de m'affliger des effets de votre beauté, je serais ravi de la voir admirer ; votre vertu me rassurerait : mais vous êtes encore votre maîtresse ; votre cœur, qui fait toute ma félicité, sans blesser votre devoir, peut être sensible pour un autre que moi ; enfin la dissipation de la cour vous rendra moins attentive pour un amant qui vous adore. Vos soupçons, me dsait-elle, devraient attirer ma colère ; ils sont offensans : je vous ai laissé voir toute ma tendresse ; cette tendresse est née avec moi ; elle m'est naturelle ; les mouvemens de mon cœur vous sont aussi connus qu'à moi-même ; je n'ai d'autre ambition que celle de vous plaire, et de pouvoir me flatter que je ferai tout votre bonheur. Des assurances si tendres me rendirent plus tranquille. Nous partîmes pour nous rendre à la cour. Mademoiselle d'Hiesme y parut aux yeux de tout le monde, telle qu'elle paraissait aux miens ; et, au milieu d'une infinité de beautés dignes d'admiration, on n'en avait que pour elle. Cet applaudissement général était flatteur pour moi ; j'en avais de la joie ; mais cette joie n'était point tranquille ; elle était souvent mêlée d'inquiétude. Mademoiselle d'Hiesme s'en aperçut ; elle n'oublia rien pour calmer les troubles de mon cœur ; jamais personne n'a eu une conduite si sage ni si aimable pour un amant, que celle qu'elle avait pour moi. Après les fêtes qui suivirent les noces du duc Guillaume, le comte d'Arque ne songea qu'à quitter un séjour où tout blessait ses regards : il était bien cruel pour lui de faire sa cour où il croyait devoir régner. En prenant congé du duc Guillaume, il lui demanda son agrément pour le mariage de sa fille avec moi. Non-seulement ce prince le refusa ; mais il lui dit qu'il avait d'autres vues pour elle, beaucoup plus avantageuses que celles dont il s'agissait ; qu'il la considérait comme si elle eût été sa sœur ; et que, ainsi, le soin de son établissement le regardait. Le comte d'Arque ne se laissa point éblouir par les discours flatteurs de son neveu ; mais un dessein qu'il méditait, et qui éclata dans la suite, lui fit prendre le parti de répondre aux fausses protestations d'amitié de ce prince, par d'autres qui n'étaient pas plus sincères.

Le duc Guillaume ne se contenta pas du refus qu'il venait de faire ; il pria le comte d'Arque de laisser mademoiselle d'Hiesme auprès de la nouvelle duchesse. Cette prière avait l'air d'un commandement. Le comte d'Arque sentit la politique de ce prince, qui voulait, en gardant sa fille, s'assurer en quelque façon de sa fidélité. Toutes les raisons qu'il put alléguer pour s'en défendre furent inutiles ; il fallait consentir à ce que le duc souhaitait, ou se brouiller ouvertement avec lui. La situation des affaires du comte d'Arque ne lui permettait pas d'en venir à cet éclat ; il se contraignit pour ne pas marquer son chagrin, et il promit de partir sans sa fille. Je fus vivement touché du retardement de mon bonheur ; mais les nouvelles assurances que le comte d'Arque me donna que mademoiselle d'Hiesme ne serait jamais qu'à moi, me firent écouter la raison. Pour me rassurer entièrement, ce prince me confia qu'il espérait incessamment se soustraire à la tyrannie de son neveu ; que le roi de France, qui se repentait d'avoir rendu ce prince trop puissant, offrait un secours très-considérable, au cas qu'on voulût former un parti. J'ai résolu, me dit-il, de profiter de cette nouvelle disposition ; cependant, il est à propos que vous demeuriez encore quelque temps à la cour pour ne donner aucun soupçon. Je fus charmé de trouver des raisons de ne me point éloigner de mademoiselle d'Hiesme. Dès le lendemain du départ de son père, le duc Guillaume me dit que je ne pouvais, sans l'offenser, paraître encore attaché à cette princesse ; mais que, en toute autre occasion, il me donnerait des preuves de son estime et de son amitié. Ce ne fut pas sans un grand effort sur moi-même, que je parus soumis à un ordre si cruel. La crainte que ce prince ne m'éloignât de la cour, et ne m'ôtât le plaisir d'être dans le même lieu que mademoiselle d'Hiesme, me rendit capable d'obéir. Quelle différence pour moi, qui étais accoutumé à la voir à toute heure, à lui parler en liberté, de n'oser l'approcher, et de contraindre jusqu'à mes regards ! J'avais du moins la douceur de remarquer dans les siens qu'elle partageait ma peine. Cependant le duc Guillaume, dont l'ambition n'avait point de bornes, travaillait à s'assurer la couronne d'Angleterre, après la mort du roi Édouard, qui n'avait point d'enfans. Il avait envoyé le comte d'Aumale faire cette importante négociation; il s'en acquitta avec succès : il revint avec le comte Harald, frère de la reine d'Angleterre, assurer le duc que le roi l'avait fait désigner publiquement pour son successeur.

Le comte d'Aumale était mon intime ami, et un des plus aimables hommes de la cour : je fus charmé de le revoir. Le soir de son arrivée, j'allai dans son appartement; il me rendit compte de son voyage d'Angleterre. Occupé de ma passion, je commençais à l'entretenir de mademoiselle d'Hiesme, lorsque je crus l'entendre parler. D'abord, je pensai que c'était un effet de mon imagination frappée de son idée ; mais j'eus lieu de croire que ce n'était point une vision, et que réellement j'entendais parler une personne qui avait entièrement le son de voix de cette princesse. Il n'y avait cependant nulle apparence que ce fût la sienne : l'appartement du comte d'Aumale était loin du sien; on y entrait même par une autre cour; ainsi, après un peu de réflexion, nous jugeâmes que cette voix, que je prenais pour celle de mademoiselle d'Hiesme, était celle d'une autre personne qui pouvait ressembler à la sienne. Le lendemain, le duc Guillaume, qui voulait faire voir au comte Harald les beautés de la cour, donna un bal superbe : mademoiselle d'Hiesme en fit tout l'ornement. Elle trouva moyen de s'approcher de moi dans la foule. Je me promenais hier fort tard, me dit-elle, sur une terrasse qui est au bout de mon appartement; il me sembla que je vous entendais parler près de moi : cette pensée m'a tenue éveillée toute la nuit. Je lui répondis, avec précipitation, que la même chose m'était arrivée. La duchesse, qui l'appela dans ce moment, nous empêcha d'en dire davantage. Du reste du soir, je ne pus parler à mademoiselle d'Hiesme; mais ce qu'elle m'avait dit me persuada que c'était elle que j'avais entendue la veille. J'examinai avec tant d'application la manière dont le palais était bâti, que je remarquai que, malgré l'éloignement où ces deux appartemens paraissaient être, ils se rejoignaient par cette terrasse dont mademoiselle d'Hiesme m'avait parlé. Je visitai avec soin la chambre du comte d'Aumale, pour reconnaître par où les voix avaient pu pénétrer : je trouvai sous la tapisserie une ancienne porte qu'on ne connaissait point, et qui avait été condamnée. Dès que j'eus découvert cette porte, je ne doutai pas qu'elle ne répondît à la terrasse de mademoiselle d'Hiesme ; je l'en avertis par une lettre, et j'obtins d'elle, quoique avec beaucoup de peine, la permission d'en profiter pour me jeter à ses pieds, et avoir avec elle un entretien que je souhaitais si ardemment. Je lui répondis de la sagesse et de la discrétion du comte d'Aumale : elle m'avait entendu parler souvent de son mérite et de la tendre amitié que nous avions l'un pour l'autre.

Les femmes de cette princesse étaient entièrement à elle, et elles n'ignoraient pas que le comte d'Arque lui avait ordonné de me regarder comme un homme qui devait être son mari : cette assurance ôtait à cette entrevue ce qu'elle pouvait avoir de trop libre. Je ne laissais point de témoigner à mademoiselle d'Hiesme combien j'étais sensible à la grâce qu'elle m'accordait. Je sens, je vous l'avoue, lui disais-je, un renouvellement de goût, de vivacité et d'empressement que je n'ai jamais senti; tout m'est nouveau ; je crois commencer à vous aimer d'aujourd'hui : si celui qui s'oppose à notre bonheur voyait le fond de nos cœurs, il en serait touché. Vous voyez que je compte si fort sur vous, que je ne sépare point vos sentimens des miens; je serais bien malheureux, s'il m'en fallait faire la cruelle séparation. Cette princesse me répondait avec une tendresse qui me charmait. Si, dans le cours de la journée, mes rivaux me donnaient de la jalousie, elle m'en guérissait par une sincérité qui ne m'était point suspecte. Jamais personne n'a eu, avec infiniment d'esprit, un caractère si simple et si vrai que le sien; mais ce caractère, que j'adorais en elle en ce temps-là, a fait depuis le malheur de ma vie. Des nouvelles que je reçus du comte d'Arque, m'obligèrent à partir de la cour; il me mandait de l'aller joindre promptement. J'aurais eu bien de la peine à me résoudre de quitter mademoiselle d'Hiesme, et de la laisser au pouvoir de son ennemi, si l'envie de contribuer à l'élévation de son père, et de le mettre en état de disposer d'elle, ne m'y avait déterminé. Nos adieux furent tendres et touchans; elle me jura une fidélité à toute épreuve. Je cachai mon départ au comte d'Aumale; la bonne opinion que j'avais de lui me fit penser que je ne devais pas lui confier un secret, dont la connaissance l'aurait mis dans la dure nécessité de trahir son maître ou son ami : je priai mademoiselle d'Hiesme de lui dire que c'était par cette considération que je lui en avais fait un mystère; je lui dis aussi que je me flattais qu'elle lui parlerait souvent de moi, et du regret que j'avais de me trouver engagé dans un parti contraire au sien. Peu de temps après que je fus arrivé auprès du comte d'Arque, nous nous mîmes à la tête des troupes qu'il avait assemblées ; il déclara hautement qu'il prétendait être préféré au duc son neveu, qui n'était pas fils légitime du feu duc Robert. Je ne vous ferai point, seigneur, le détail d'une guerre et d'une entreprise que le bonheur du duc Guillaume rendit inutile. Le comte d'Arque, après avoir perdu une dernière bataille, se jeta dans son château d'Arque; il y fut assiégé; et, malgré le secours que le roi de France y amena en personne, il se trouva contraint de rendre la place, et de se sauver aussi-bien que moi en France, d'où il passa ensuite auprès du comte de Boulogne, qui lui offrit une retraite.

Henri Ier. me retint auprès de lui : j'avais été assez heureux pour le tirer, dans la bataille, d'un danger pressant; ce prince m'en témoigna sa reconnaissance par la donation du comté de Soissons, qui réparait la perte de celui d'Eu, que le duc Guillaume avait confisqué; il voulut me faire épouser la fille du comte de Champagne. L'amitié dont le roi m'honorait me fit prendre le parti de lui dire naturellement mes engagemens avec mademoiselle d'Hiesme, qui m'ôtaient la liberté d'en prendre avec une autre, et d'accepter un parti si considérable. Le roi entra avec bonté dans mes raisons et les approuva. Je fus en quelque manière consolé du mauvais succès de notre entreprise, lorsque je sus que mademoiselle d'Hiesme était auprès du comte son père, à Boulogne, où le duc Guillaume avait eu la générosité de la renvoyer; je sentis moins d'aversion pour lui, en apprenant que cette princesse n'en avait reçu aucun mauvais traitement. Une assez longue absence n'avait rien diminué de la violence de ma passion pour elle; plus pénétré d'amour que d'ambition, la pensée que rien ne s'opposait plus à mon mariage avec elle l'emporta dans mon cœur sur les hautes idées dont nous nous étions flattés. Je demandai au roi la permission d'aller à Boulogne. Le comte d'Arque m'y reçut avec la tendresse d'un père; il supportait son malheur avec une constance digne d'un plus heureux sort; je lui appris les obligations que j'avais au roi de France. Après un entretien, que l'impatience que j'avais de voir mademoiselle d'Hiesme me fit paraître bien long, le comte d'Arque me conduisit dans sa chambre, et il me laissa avec elle. Transporté d'amour et de joie, je me jetai à ses genoux; je ne trouvais point de termes assez forts pour lui exprimer ma passion. Jamais elle ne m'avait paru si tendre pour moi. Je lui rendis compte de tout ce que son absence m'avait fait souffrir, et du refus que j'avais fait de la fille du comte de Champagne. Ce serait, lui disais-je, par de plus grands sacrifices que je voudrais vous prouver l'excès de mon amour; vous me paraissez la plus estimable personne du monde; vous m'assurez que vous m'aimez; je n'ai plus rien à souhaiter, puisque enfin rien ne s'oppose plus à notre parfait bonheur. L'air distrait et embarrassé de mademoiselle d'Hiesme m'empêcha d'en dire davantage : j'en eus de l'inquiétude; mais mon inquiétude et ma surprise augmentèrent, lorsque, tout d'un coup, je la vis qui fondait en larmes. Je ne pouvais comprendre d'où pouvait provenir cette affliction; je lui en demandai la cause avec empressement. Je suis au désespoir, me dit-elle; je vous aime plus que je ne vous ai jamais aimé; mais, avec cette passion que je vous montre, et que je sens encore davantage, je ne serai point à vous; je n'en suis plus digne.

Je crus d'abord que le malheur du comte, son père, qui apportait un si grand changement dans sa fortune, lui faisait tenir ce discours. Prévenu de cette pensée : Est-il possible, lui dis-je, en l'interrompant avec précipitation, que vous ayez assez mauvaise opinion de moi, pour croire que j'aie jamais fait attention aux biens ni aux grandeurs que vous pouviez prétendre? Je n'en ai souhaité que pour vous les offrir, je suis mortellement offensé que vous ayez pu douter un moment de cette vérité. Se peut-il que vous ne vous fassiez pas vous-même ce reproche pour moi ! Hélas! me répondit-elle, je donnerais ma vie pour n'avoir que ce reproche à me faire ; mais je ne veux pas, à ceux que je me fais déjà, ajouter celui d'abuser de la bonne opinion que vous avez de moi, en vous laissant refuser un établissement considérable, pour une personne qui ne mérite plus votre estime, puisqu'elle a été capable de faiblesse pour un autre. Quoi! m'écriai-je, vous m'avez fait une infidélité, et vous avez la cruauté de me l'apprendre, et de me tirer d'une erreur qui m'était chère! Votre présence, me répondit-elle, en redonnant à ma tendresse toute sa vivacité, a si fort augmenté des remords qui l'avaient déjà prévenue, que je n'ai pas été maîtresse de vous les cacher ; j'ai cru même que ce serait vous trahir une seconde fois, si je vous laissais ignorer une faute dont je ne pouvais me punir plus sévèrement, que par l'aveu que je vous en fais. Je ne saurais vous exprimer, seigneur, les différens mouvemens dont j'étais agité pendant que mademoiselle d'Hiesme me confirmait mon malheur. La vérité porte toujours avec elle un caractère qui se fait sentir; je ne pouvais pas plus douter de sa tendresse et de son repentir, que de son infidélité. Sa douleur était si touchante, que mon cœur ne pouvait se livrer contre elle à la colère : j'y cherchai un objet, en voulant savoir le nom de mon rival. Il ne manquait à mon infortune, que d'apprendre que ce rival était ce comte d'Aumale que j'aimais, après mademoiselle d'Hiesme, plus que personne au monde : ce dernier trait de malheur me jeta dans l'accablement et m'ôta la force de m'en plaindre.

Mademoiselle d'Hiesme me conta qu'après mon départ, le comte d'Aumale avait été fort assidu auprès d'elle; que, dans les commencemens, il ne lui parlait que de moi; mais qu'insensiblement il était devenu amoureux d'elle; qu'il lui avait déclaré sa passion; qu'elle avait résisté long-temps à y répondre; qu'enfin mon absence, dont la durée était incertaine, le peu d'espérance que le comte d'Aumale lui faisait envisager que notre entreprise pût réussir, et que nous pussions surmonter les obstacles qui s'opposaient à notre mariage, jointe à la facilité que je leur avais donnée de se voir en particulier, l'avaient entraînée dans une inconstance qui n'était pas excusable. Il fallait bien cependant, continua-t-elle, que vous ne fussiez pas entièrement effacé de mon cœur : je n'entendais rien dire qui eût rapport à vous, sans un trouble et une émotion que le comte d'Aumale remarquait avec douleur : il n'était pas si sûr de ma tendresse qu'il ne craignît un retour pour vous, si je vous revoyais, ou que j'eusse lieu d'espérer d'être à vous. Je ne fus pas long-temps sans m'apercevoir que ses inquiétudes étaient bien fondées : à peine étais-je engagée avec lui, que l'on reçut la nouvelle de la révolte de mon père. Le duc Guillaume n'en parut point alarmé; il songea seulement à en prévenir les suites. Il se rendit à la tête de ses troupes, et me laissa auprès de la duchesse, avec la même liberté que si je n'avais pas été fille d'un prince qui lui déclarait la guerre. Le comte d'Aumale se trouva obligé de le suivre : il partit outré de jalousie; il s'était aperçu que je n'étais occupée que de vous, et des périls où vous alliez être exposé, et que je n'avais qu'une légère attention pour ce qui le regardait. Je répondais d'une manière si contrainte à ses plaintes, que, bien loin de le rassurer, je le confirmais dans la pensée que l'espérance de vous revoir et d'être à vous s'était emparée de mon cœur, et en avait effacé le peu d'impression qu'il pouvait y avoir faite. Il avait raison de le croire : sa présence m'importunait ; je ne pouvais lui pardonner de m'avoir engagée à vous manquer. Son départ, au lieu de m'affliger, me donna de la joie ; j'étais, en quelque façon, soulagée de pouvoir m'abandonner sans contrainte aux tendres sentimens que j'avais pour vous, et au repentir de ma légèreté. Je résolus de rompre entièrement avec le comte d'Aumale. Il m'écrivit plusieurs lettres auxquelles je ne fis point de réponse ; je voulais le préparer, par ce silence, à mon changement. Je me flattai de voir régner mon père ; mais je n'étais sensible au plaisir que me donnaient de si grandes espérances, que par rapport à vous. Je ne jouis pas long-temps d'un espoir si flatteur ; je me vis réduite à pleurer les malheurs de ma famille, trop heureuse encore de n'avoir rien à craindre pour vos jours. Le duc Guillaume me fit dire que je pouvais aller trouver le comte mon père, à Boulogne, où il s'était retiré. Ce fut pour moi une sorte de consolation de partir avant le retour du comte d'Aumale. Le plaisir de vous revoir m'a d'abord fait oublier que j'étais coupable à votre égard ; je me suis abandonnée à toute ma tendresse. Mademoiselle d'Hicsme cessa de parler, parce qu'on la vint avertir que le comte d'Arque se trouvait très-mal.

Cette nouvelle, dont nous fûmes alarmés, nous obligea de nous rendre promptement auprès de lui. Nous le trouvâmes qui sortait d'une faiblesse dont on avait eu peine à le tirer : une fièvre violente suivit cette faiblesse; et, deux jours après, on désespéra de sa vie. Je passai ces deux jours sans avoir aucune conversation particulière avec mademoiselle d'Hiesme; elle ne quittait point la chambre de son père. Les sujets d'affliction que nous avions se confondaient avec celui du péril où on le croyait. J'étais si peu d'accord avec moi-même, que je n'étais point fâché de ne point trouver d'occasion d'entretenir mademoiselle d'Hiesme; il n'y avait rien de décidé en moi, que l'amour et la douleur. L'aveu qu'elle m'avait fait, en me prouvant son véritable retour pour moi, désarmait ma colère; je sentais que, malgré tous les efforts que je faisais pour la haïr, je ne pouvais y réussir; j'étais honteux de ma faiblesse, sans la pouvoir surmonter; tout mon désir de vengeance tomba sur le comte d'Aumale. Un nouveau malheur acheva de m'attendrir pour mademoiselle d'Hiesme; son père, se voyant à l'extrémité, m'appela : Je meurs, me dit-il en me tendant la main; et je meurs avec le regret de n'avoir pu jouir de la satisfaction d'accomplir la parole que je vous ai donnée de vous faire épouser ma fille. Je connais trop votre cœur, pour craindre que la triste situation où elle se trouve puisse changer vos desseins pour elle. Je suis tranquille sur cela, et je compte que vous n'abandonnerez ni la mère ni la fille; je me repose sur vous de tout ce qui les regarde; j'espère qu'elles retrouveront en vous ce qu'elles perdent en moi. La faiblesse où il était ne lui permit pas d'en dire davantage; et, peu de momens après, il mourut. Le comte de Boulogne emmena madame la comtesse d'Arque et mademoiselle d'Hiesme dans une maison religieuse, où elles souhaitèrent qu'on les conduisît. Je fus vivement touché de la mort du comte d'Arque; ce qu'il m'avait dit en mourant ne me fit plus trouver honteux le dessein d'épouser sa fille; je sentais que je ne pouvais vivre sans elle; mon amour me fit regarder ma faiblesse comme un devoir auquel je ne pouvais manquer avec honneur.

Après quelques jours, que je laissai passer, par bienséance, sans voir mademoiselle d'Hiesme, je demandai à lui parler; elle vint seule me trouver, parce que la comtesse sa mère était dans son lit, d'où elle n'avait pas été en état de sortir depuis la perte qu'elle avait faite. Mademoiselle d'Hiesme me parut, malgré sa douleur, d'une beauté à éblouir; le grand deuil où elle était relevait encore son éclat ordinaire; toujours plus aveuglé par ce même amour, je la trouvai plus digne que jamais de ce que je voulais faire pour elle; je me fis une loi de ne pas même lui nommer le nom du comte d'Aumale : heureux si j'avais pu lui faire oublier ce qui s'était passé entre elle et lui, aussi-bien que je l'oubliais ! Mais, lorsque je lui proposai de l'épouser : Non, me dit-elle, c'est en me refusant à vous que je veux vous prouver que je vous aime plus que je n'ai jamais fait; plus jalouse de votre gloire que je n'ai été de la mienne, je ne consentirai point que vous la ternissiez en épousant une personne qui s'est mise hors d'état de prétendre à ce bonheur; ma conduite est toute tracée, parce que je sens que je ne compte plus sur rien d'heureux; je vais, en m'enfermant dans cette maison pour toujours, ne plus songer qu'à mener une vie aussi triste que raisonnable; je ne veux point conserver une liberté dont je ne pourrais plus vous rendre le maître. La résolution de mademoiselle d'Hiesme me fit trembler : je n'oubliai rien pour l'en détourner; je tentai tout inutilement. Jamais douleur n'a été si vive que la mienne : toutes les fois que je me représentais cette princesse dans une grande jeunesse, d'une beauté surprenante, qui se sacrifiait si cruellement aux regrets de m'avoir fait une offense que je lui pardonnais, j'étais prêt à perdre la raison. Elle me fit dire qu'elle ne voulait plus me voir; qu'elle était trop contente de penser que l'engagement qu'elle allait prendre, en me prouvant toute sa tendresse, assurait ma fortune; que son parti était pris, et que je ne devais me flatter d'aucun changement. Je ne perdis cependant l'espérance que lorsqu'elle renonça publiquement au monde. Je repassai en France; je fus long-temps dans une affliction si violente, que je ne comprends pas comment j'ai pu la soutenir sans mourir. J'appris que le comte d'Aumale avait été tué; sa mort dissipa ma haine, et ne me laissa pour lui que des sentimens de pitié. Toujours pénétré de mes chagrins, je m'imaginai qu'en changeant de climat, ils s'adouciraient. Le bruit de l'embarquement des Tancrède pour la Sicile me détermina à quitter la France; j'obtins de Henri Ier. la permission de les aller joindre : le sort m'a conduit ici; l'amitié que j'ai prise pour vous, et celle que je me flatte que vous avez pour moi, est le seul soulagement dont j'ai été capable depuis que j'ai perdu mademoiselle d'Hiesme.

Les Tancrède, qui entrèrent dans la chambre

de Mendoce, l'empêchèrent de répondre aux discours obligeans du comte d'Eu. Ces fameux guerriers, impatiens d'aller où la gloire et les périls les attendaient, avaient si fort pressé les réparations nécessaires à leur flotte, qu'elle était en état de faire voile, et qu'ils venaient prier Mendoce de trouver bon qu'ils se séparassent. Ils furent agréablement surpris, lorsqu'il leur dit qu'il voulait s'embarquer avec eux pour passer en Sicile. Les pleurs et les prières de dona Isabelle ne purent le détourner de ce dessein.

Pendant que Mendoce allait chercher dans les occupations de la guerre à effacer de son cœur et de son esprit les charmes de la comtesse de Savoie, cette princesse était arrivée à Turin, où elle s'applaudissait d'avoir eu assez de fermeté pour se mettre hors de portée de voir un prince qui ne lui était toujours que trop cher. Les règles austères du devoir qu'elle avait suivies satisfaisaient sa raison, sans calmer les troubles de son cœur : elle se croyait la plus malheureuse personne du monde, et elle le devint bientôt. En effet, Édouard, son frère, depuis qu'il était monté sur le trône d'Angleterre, avait eu un règne assez tranquille ; le comte de Godwin, dont il avait épousé la fille, troubla cette tranquillité, et jeta, par sa révolte, le royaume dans le malheur d'une guerre civile. Ce seigneur assembla une armée, que l'inconstance naturelle de la nation rendit bientôt considérable. Édouard, en cette occasion, écrivit au comte de Savoie, qu'il le priait de lui envoyer des troupes. Non-seulement ce comte lui en accorda; mais il voulut, en marchant à leur tête, signaler son amitié pour son beau-frère, et satisfaire l'humeur guerrière qui l'avait animé toute sa vie, et que l'âge n'avait point encore éteinte en lui. Comme il prévoyait que son voyage pourrait être long, il jugea à propos de nommer un tuteur aux enfans qu'il avait de son premier mariage, et un régent pour gouverner ses états en son absence. Son choix pour ces deux importans emplois tomba sur le comte de Pancallier, un des plus grands seigneurs de Savoie, digne à la vérité de ce choix par sa valeur intrépide, et sa capacité au maniement des affaires, si ses grandes qualités n'avaient été effacées par la noirceur de son âme. Son ambition lui avait fait déguiser jusqu'alors sa férocité, sous les dehors trompeurs d'une vertu austère; mais sa cruauté naturelle, après s'être contrainte quelque temps, n'en parut que plus funeste et plus impétueuse aussitôt qu'il cessa de la retenir. Le comte de Savoie, après lui avoir donné ses derniers ordres, partit pour passer en Angleterre. La comtesse sentit une affliction si vive de ce départ, qu'elle en était surprise elle-même;

il semblait que quelque chose l'avertissait au fond du cœur que cette absence lui serait funeste : ce pressentiment ne fut que trop vrai; le cœur du comte de Pancallier, inaccessible à la pitié, ne le fut pas à l'amour.

Obligé par les ordres du comte de Savoie de ne rien décider sans en faire part à la comtesse, il avait souvent des entretiens particuliers avec elle, pour l'informer de ce qui se passait : il ne fut pas moins enchanté de son esprit qu'il l'était déjà de sa beauté. Les sentimens que cette princesse avait dans le cœur répandaient un air de douceur sur son visage et dans toutes ses actions qui acheva de le perdre; il en devint passionnément amoureux. Comme il était né avec une hardiesse qui allait jusqu'à l'insolence, sans aucun égard pour le rang de la comtesse, il ne balança pas à prendre le parti de lui déclarer sa passion. Cet aveu fut reçu avec tant de hauteur et de fierté, que, pour peu qu'il lui fût resté de raison, il se serait repenti de sa témérité, et aurait cessé d'offenser une personne qu'il ne devait regarder qu'avec respect; mais, plein d'une présomption qui le rendait haïssable, il crut que la comtesse ne serait pas toujours si sévère, et qu'il l'engagerait, par sa persévérance, à répondre à sa passion. Dans cette pensée, il continua d'importuner cette princesse d'un amour qui lui était odieux ; il lassa un jour si fort sa patience, qu'elle le menaça d'en avertir le comte de Savoie. Éloignez-vous de mes yeux, lui dit-elle, et ne me forcez pas à en venir à cette extrémité, et à vous faire servir d'exemple aux sujets insolens qui s'oublient. Le comte de Pancallier, que ce discours rendit furieux, perdit toute considération : Les sujets comme moi, madame, lui dit-il, lorsqu'ils s'oublient, ne sont pas aisés à punir ; ils font même quelquefois repentir ceux qui les menacent et qui les traitent avec tant de mépris. Il quitta la princesse en finissant ce discours, si troublé et si outré de colère, qu'il fit trembler tous ceux qui le virent sortir de son appartement. Il était encore dans ces premiers mouvemens de fureur, lorsqu'il reçut un courrier du comte de Savoie : ce prince lui mandait que les troubles d'Angleterre étaient sur le point d'être pacifiés, qu'il espérait pouvoir revenir incessamment dans ses états. Cette nouvelle fit frémir le comte de Pancallier ; et, suivant le génie ordinaire des méchans, qui craignent encore plus qu'ils ne se font craindre, il crut qu'après la menace que lui avait faite la comtesse il était perdu, s'il ne la prévenait en la perdant elle-même. Il avait pour héritier un neveu de même nom que lui ; il avait élevé ce neveu avec de grands soins : le jeune Pancallier était le seigneur de Savoie le plus beau et le mieux fait. Les charmes de sa personne étaient tout son mérite; son oncle le trouva propre, par la simplicité de son esprit, à exécuter les horribles desseins que son amour méprisé lui inspirait. Livré à ses passions abominables, la crainte qu'il avait des menaces de la comtesse, la frayeur qu'il avait du retour du comte et le dessein de vengeance qui s'était emparé de cette âme barbare, ne le firent pas balancer sur le choix de la victime. Il conclut la perte de la princesse par le sacrifice de son neveu; il ne s'en fit pas même le moindre scrupule. Il le fit venir dans son cabinet, où, après lui avoir remis devant les yeux avec quel amour de père il avait pris soin de son éducation : Je ne veux pas borner là mon amitié pour vous, lui dit-il; j'ai une proposition à vous faire, qui sans doute vous sera agréable, et qui est une marque de ma confiance : la comtesse a du goût pour vous, continua-t-il, je m'en suis aperçu; votre peu d'expérience vous a sans doute empêché de le remarquer; n'oubliez rien pour la persuader que vous êtes fort amoureux d'elle; ne craignez point de lui déplaire en vous déclarant son amant; vous ne sauriez faire de faute en suivant mes conseils; songez que votre fortune est attachée au bonheur de vous faire aimer de cette princesse ; surtout, ajouta-t-il, que les avis que je vous donne sur cela soient un secret impénétrable à tout le monde.

Moins on a d'esprit, plus on a d'amour-propre et de confiance. Le jeune Pancallier donna dans le piége ; il témoigna à son oncle combien il était sensible à ses bontés, et il lui promit d'y répondre par une obéissance aveugle : il le fit avec si peu de ménagement, que toute la cour s'aperçut qu'il était amoureux de la comtesse. Comme elle n'avait nulle attention pour tout ce qui n'avait pas rapport à Mendoce, elle n'en faisait aucune sur les actions du jeune Pancallier ; elle n'avait garde de s'imaginer qu'il voulût paraître son amant ; elle était si éloignée de le penser, qu'elle le traitait avec plus de bonté que les autres seigneurs de son âge, lui sachant gré du zèle et de l'assiduité qu'il avait à lui faire sa cour. Cette conduite de la comtesse ne fut attribuée, par ceux qui voyaient de près ce qui se passait, qu'à l'ignorance où elle était des extravagances du neveu du régent ; mais ceux qui n'étaient pas à portée d'approcher souvent de cette princesse, ne lui rendaient pas la même justice : s'ils ne crurent pas le jeune Pancallier heureux, ils crurent du moins qu'il était souffert. Les discours qu'on tenait sur cela eurent le sort de toutes les nouvelles qui s'augmentent à mesure que différentes personnes les racontent; et, par un effet du malheur de la comtesse, elle passa jusqu'à Mendoce de la manière du monde la plus cruelle.

Il était en Sicile, où il rendait son nom aussi fameux que celui de Tancrède. Plus plein de sa passion que jamais, il confiait un jour au comte d'Eu, en se promenant avec lui, que le désir de revoir encore une fois en sa vie la comtesse s'était saisi de lui avec tant de violence, qu'il était résolu, quelque chose qu'il en pût arriver, dès que la campagne serait finie, d'aller inconnu à Turin. Le comte d'Eu promit de l'accompagner. Ils parlaient ensemble des moyens d'exécuter ce dessein, lorsqu'ils furent abordés par un Français nouvellement arrivé. Le comte d'Eu s'informa de lui, avec empressement, des nouvelles de la cour de France : cet homme, après avoir satisfait sa curiosité sur cette cour, parla de celle de Savoie où il avait passé; et, sans attendre qu'on lui fît aucune question, il dit que le comte de Savoie était en Angleterre; que jamais il n'avait rien vu de si surprenant que la beauté de la comtesse. Cet homme, du caractère de la plupart des gens qui veulent paraître informés, aux dépens souvent de la vérité, dit qu'on ne parlait que des amours de cette princesse avec le neveu du régent. Ce discours imprudent causa à Mendoce un saisissement si violent, que le comte d'Eu en fut effrayé; il prit un prétexte pour se séparer du Français; il ramena Mendoce chez lui. Que ne dit point ce prince lorsqu'il y fut arrivé! Il voulait partir pour arracher la vie à ce rival, qui lui ôtait le cœur de la comtesse; un moment après, il se reprochait, comme une faiblesse honteuse à lui, de paraître si sensible à l'infidélité de cette princesse. Je dois la mépriser, disait-il au comte d'Eu ; l'idée que j'avais de sa vertu me la faisait aimer encore plus que sa beauté ; je la croyais différente des autres femmes : mais, puisqu'elle en a les faiblesses, et que, sans aucun ménagement pour elle-même, elle me préfère un indigne rival, je n'aurai pas de peine à vaincre mon amour. Mendoce se flattait vainement d'y trouver tant de facilité; le dépit, la douleur et la jalousie se succédaient tour à tour dans son cœur. Vous vous abandonnez à une trop grande affliction, lui disait le comte d'Eu ; je ne puis en approuver l'excès : la comtesse de Savoie vous sert en vous trahissant; elle vous donne lieu de vous guérir d'une passion qui n'a pas eu le temps de prendre de profondes racines. Vous avez raison, mon cher comte, interrompit

Mendoce, et je devrais me trouver trop heureux que la comtesse de Savoie, par son ingratitude, me délivre d'un amour qui aurait fait toujours le tourment de ma vie. Mais, je l'avoue à ma honte, les charmes de cette princesse balancent encore dans mon cœur les sujets que j'ai de me plaindre d'elle ; il faut cependant travailler à les oublier ; ma gloire y est intéressée : mais cet effort n'est pas l'ouvrage d'un moment ; le temps seul peut effacer des impressions si vives. L'entretien de Mendoce et du comte d'Eu fut interrompu par dom Ramir ; il venait avertir Mendoce qu'on se préparait à attaquer les ennemis : cette nouvelle suspendit en lui toute autre pensée que celles que lui inspirait son courage ; il se rendit en diligence, avec le comte d'Eu, auprès de Maniasse. Le comte d'Eu fit voir, en cette occasion, que la valeur la plus héroïque a toujours été le partage de la nation française. Les Tancrède, par leurs actions brillantes, parurent mériter dès lors cette prodigieuse fortune où ils parvinrent dans la suite ; Mendoce seul pouvait leur être comparé, s'il ne les surpassait. Les Sarrasins prirent la fuite ; peu des leurs échappèrent à la fureur des Grecs ; le gain de cette bataille fut suivi de la prise de Messine et de presque toute la Sicile. La rapidité de cette conquête fit grand bruit en Savoie ; Mendoce y avait trop de part pour n'être pas cité dans toutes les relations qui venaient de ce pays-là à Turin : on y parlait de lui comme d'un héros. Tout ce que la comtesse entendait dire de Mendoce redonnait à ses sentimens la vivacité que l'absence avait en quelque manière affaiblie ; elle ne pouvait s'empêcher de ressentir une joie secrète de la gloire qu'il s'était acquise ; son amour-propre était flatté de penser qu'elle avait touché le cœur d'un homme qui, en toutes façons, paraissait si fort au-dessus des autres.

Le comte de Pancallier s'intéressait peu aux nouvelles publiques ; l'esprit rempli de sa vengeance, et d'en presser l'exécution avant le retour du comte de Savoie, il s'enferma un matin avec son neveu. Vous êtes trop heureux, lui dit-il ; on vous aime, à n'en pouvoir douter ; profitez des sentimens qu'on a pour vous ; obtenez par votre hardiesse les dernières faveurs de la comtesse ; forcez-la à ne rien refuser à vos désirs ; on ne traite pas l'amour avec les princesses comme avec les autres femmes : il faut tout oser quand on est sûr de plaire ; le respect les importune ; elles y sont trop accoutumées. Comme il leur est difficile de trouver des occasions, la comtesse vous pardonnera aisément tout ce que vous entreprendrez pour lui en donner une de contenter sa passion et la vôtre. Trouvez moyen, continua-t-il, de vous cacher le soir dans sa chambre ; et, lorsque les femmes de cette princesse seront retirées, vous paraîtrez à ses yeux ; je laisse à votre amour, ajouta-t-il avec un ris forcé, le soin du reste de l'aventure.

Le jeune Pancallier saisit avec transport le pernicieux conseil de son oncle ; il l'assura qu'il ne manquerait ni d'amour ni de hardiesse pour l'exécuter ; que ce serait dès le soir même, parce qu'il avait appris que la comtesse ferait une promenade, d'où elle ne reviendrait que fort tard, et que cette petite absence favoriserait son dessein. Il dit ensuite à son oncle la manière dont il imaginait de se placer pour n'être point surpris ; après quoi ils se séparèrent. Le comte de Pancallier, charmé d'avoir trouvé tant de crédulité dans son malheureux neveu, attendit avec impatience la fin de la journée ; il fit avertir les principaux seigneurs de la cour de se rendre auprès de lui pour une affaire importante qui regardait le service du comte de Savoie ; et, à l'heure fatale, marquée pour porter les derniers coups à la comtesse, il leur ordonna de le suivre dans l'appartement de cette princesse. Je veux que vous soyez témoins, leur dit-il, qu'il n'y a rien de sacré pour moi, lorsqu'il s'agit de venger l'honneur du comte de Savoie, notre souverain : en finissant ce discours, il fit enfoncer la porte de la chambre de la comtesse ; ses femmes ne venaient que d'en sortir. Le jeune Pancallier n'avait encore osé se montrer ; il fut aussi épouvanté que cette princesse du bruit qui se faisait et du nombre de gens qu'ils entendaient entrer dans cette chambre ; mais son cruel oncle ne lui donna pas le temps de faire réflexion sur ce qui se passait ; il alla lever la portière où il savait qu'il devait être caché : Meurs, traître, lui dit-il, en lui enfonçant son poignard dans le cœur, et que la juste punition de ton audace fasse trembler désormais tous ceux qui voudraient t'imiter. Pour vous, madame, ajouta-t-il, en se tournant du côté du lit de la comtesse, qui, à demi évanouie de frayeur, avait ouvert son rideau, souffrez que nous nous assurions de vous, en attendant que le comte de Savoie, qui seul a droit de disposer de votre sort, nous ait fait savoir ses volontés. Pendant ce discours, l'étonnement et la consternation étaient peints sur les visages de tous les spectateurs de cette sanglante tragédie ; les seigneurs qui en étaient témoins avaient peine à approuver la cruauté du comte de Pancallier ; ils ne pouvaient s'empêcher d'être attendris du malheur de la comtesse ; mais, comme toutes les apparences la faisaient croire coupable, personne n'osa paraître s'intéresser pour elle. On transporta cette princesse dans un autre corps-de-logis du palais, où elle fut gardée avec beaucoup d'exactitude : on ne laissa auprès d'elle que ceux qui étaient absolument nécessaires à son service ; Émilie fut de ce nombre.

La comtesse s'était laissé conduire dans ce nouvel appartement avec l'insensibilité d'une personne qui a entièrement perdu l'usage des sens et de la raison. On la mit dans son lit ; elle y fut long-temps sans reprendre ses esprits : enfin, revenant un peu de ce trouble affreux, elle regarda Émilie qui, à genoux devant son lit, fondait en larmes : Ah ! Émilie, lui dit-elle, quelle horrible aventure est la mienne ! puis-je, sans mourir, y penser ? Je parais convaincue d'un commerce criminel, moi qui n'ai jamais eu le moindre dessein contraire à la vertu ! Pourquoi, continua-t-elle, le jeune Pancallier s'est-il trouvé dans ma chambre ? Pourquoi son oncle en est-il informé, et l'a-t-il fait mourir avec tant de fureur ? Enfin, quel est le motif qui les a fait agir l'un et l'autre ? C'est un mystère que je ne puis démêler ; je comprends seulement que jamais destinée n'a été si malheureuse que la mienne. Qui pourra

prouver mon innocence au comte de Savoie?
Tout ce que je dirai sera suspect. Le jeune Pancallier aurait pu me justifier ; sa mort, en m'ôtant cette espérance, me livre à la haine du régent, que je n'ai que trop irrité. Je paraîtrai coupable aux yeux d'un mari et de toute l'Europe; et, ce qui ajoute encore à ma douleur, Mendoce pourra me soupçonner. Cette réflexion la toucha si vivement, qu'elle n'eut pas la force de parler davantage. Elle garda un morne silence, qui fit craindre cent fois à Émilie que cette princesse ne pût, sans expirer, soutenir l'excès de son affliction : cette fille employa inutilement son esprit et toute son adresse pour l'empêcher de s'abandonner au désespoir. Tout ce qu'Émilie disait était à peine écouté de la comtesse ; elle passa plusieurs jours dans un accablement qui lui tint lieu de quelque repos. Enfin, le courrier que le comte de Pancallier avait envoyé en Angleterre, revint, et lui apporta une réponse telle qu'il la souhaitait.

La douleur et la colère du roi d'Angleterre avaient été grandes en recevant sa lettre; mais celles du comte de Savoie avaient passé les bornes de la raison. Sa jalousie naturelle, animée par un sentiment de gloire, lui fit penser qu'il ne pourrait trop promptement et avec trop de rigueur punir une personne par qui il croyait avoir reçu un affront si sensible. L'action du comte de Pancallier était une preuve contre elle, qui ne laissait aucun doute qu'elle ne fût coupable. Il allait mander qu'on la fît mourir, si le roi d'Angleterre, qui avait conservé plus de sang-froid, ne lui avait représenté qu'il ne fallait pas suivre ce premier mouvement; que, puisque le déshonneur avait été public, la punition devait l'être, et qu'il devait suffire à son honneur outragé d'abandonner la comtesse à la rigueur de la loi établie en Lombardie et en Savoie, qui condamnait toutes les femmes surprises comme l'avait été cette princesse, à mourir, s'il ne se présentait pas un chevalier, qui, en combattant son accusateur, la justifiât par le sort des armes. Le comte de Savoie se rendit aux raisons du roi d'Angleterre, avec d'autant plus de facilité, qu'il savait que la valeur du comte de Pancallier était redoutable; qu'il était bien persuadé que personne n'oserait entreprendre la défense de la comtesse, et qu'ainsi sa vengeance n'en était pas moins sûre pour être différée. Il n'accorda que trois mois à la justification de cette princesse, quoique la loi lui en accordât davantage; et il résolut de ne quitter l'Angleterre pour retourner à Turin, que lorsque ses ordres seraient exécutés.

Le comte de Pancallier, que son crime avait

rendu encore plus farouche, se fit un barbare plaisir d'aller lui-même annoncer à la comtesse un si terrible arrêt : il n'attendit pas sa réponse; il sortit pour le rendre public. Quelque préparée que fût la comtesse au plus funeste événement, une condamnation si prompte la surprit. La tendresse que le comte de Savoie avait paru avoir pour elle, lui avait fait croire qu'il n'en viendrait point à cette extrémité, sans lui avoir parlé, et sans avoir examiné par lui-même si elle était véritablement coupable. L'horreur de son supplice, et la honte qui y était attachée, la firent frémir. Émilie fit un effort sur sa propre douleur, pour adoucir celle de la comtesse, et pour lui donner des espérances qu'elle n'avait peut-être pas elle-même. Rassurez-vous, madame, lui disait-elle, et croyez que, malgré ceux qui veulent ternir votre réputation, votre innocence trouvera des défenseurs. Ce discours fit peu d'impression sur l'esprit de cette princesse; elle se croyait trop malheureuse pour espérer que quelqu'un voulût s'exposer pour elle. Il y avait cependant des momens où il ne lui paraissait pas impossible que Mendoce vînt à son secours; mais elle s'arrêtait peu sur cette pensée; mille raisons la détruisaient. Je ne dois point juger des sentimens de Mendoce par les miens; tout ce qui m'est revenu de lui a contribué à rendre inutiles

les efforts que ma raison faisait pour surmonter ma passion ; et ce qu'il entendra dire de moi me fera paraître à ses yeux, non-seulement indigne de son attachement, mais même de son souvenir. Madame, lui répondit Émilie, dans la situation malheureuse où vous êtes, vous ne devez songer qu'à sauver votre vie et à confondre vos ennemis, qui osent vous accuser d'une façon si injurieuse ; il ne vous est pas permis de n'en pas chercher les moyens ; je n'en vois point de plus sûr que celui d'avoir recours à Mendoce ; c'est le seul homme que vous connaissiez, qui ait une vertu assez noble pour une pareille entreprise ; vous ne devez vous faire aucun scrupule de lui écrire, puisqu'il s'agit de votre gloire ; je me charge de lui faire tenir votre lettre. La comtesse avait bien de la peine à se résoudre de suivre le conseil d'Émilie ; elle craignait de faire une démarche inutile, et que Mendoce, déjà trop prévenu contre elle sur les bruits publics, n'ajoutât pas foi à ce qu'elle lui manderait pour les détruire. Enfin, l'image affreuse d'une mort qui la déshonorerait, et les persécutions d'Émilie qui augmentaient tous les jours, la déterminèrent, quoique avec peu d'espérance de succès, à écrire à Mendoce.

Ce prince éprouvait de son côté d'autres revers de la fortune. Il était parti de Sicile, sur la nouvelle qu'il avait reçue que les Tolède, profitant de son absence, s'étaient emparés d'une partie de ses états, et qu'ils avaient mis le siége devant Carthagène. Mendoce, accompagné du comte d'Eu, qui n'avait point voulu l'abandonner, était entré dans la place : ainsi il ignorait les derniers malheurs de la comtesse de Savoie. Le discours qu'on lui avait tenu contre elle en Sicile était demeuré profondément gravé dans son âme, et y avait jeté tout le trouble imaginable; mais le penchant naturel qui nous porte presque toujours à nous flatter dans nos malheurs, lui faisait quelquefois soupçonner ce bruit de fausseté. Le désespoir de n'être point en liberté d'aller s'en éclaircir lui faisait négliger le soin de sa vie, et avait encore augmenté sa valeur; on le regardait comme un homme extraordinaire. Le comte d'Eu lui faisait souvent des reproches de ce qu'il s'exposait trop légèrement, sans le persuader de prendre à l'avenir plus de précaution. Un jour que Mendoce rentrait dans la ville, au retour d'une sortie où il avait fait des actions surprenantes, on lui dit qu'un prisonnier demandait à lui parler : il ordonna qu'on le fît entrer. Son étonnement ne se put exprimer lorsqu'il reconnut ce prisonnier pour un écuyer de la comtesse, qui était frère d'Émilie. Ce jeune homme, zélé pour sa princesse, n'ayant point trouvé Mendoce en Sicile, où sa sœur l'avait envoyé, était venu le chercher dans ses états; et, ayant appris que ce prince était dans Carthagène, il avait eu l'adresse de se mêler avec les ennemis, et de se faire prendre prisonnier à la sortie qu'avait faite Mendoce. Il fit à ce prince le récit de la cruelle aventure de la comtesse; et il lui dit tout ce qu'il crut devoir le persuader de l'horrible injustice de l'accusation qu'on lui faisait. Il lui donna ensuite la lettre de cette princesse, et il n'oublia rien pour l'engager à la secourir.

Mendoce se trouvait agité dans ce moment de mouvemens si violens, causés par l'amour et la jalousie, qu'il n'écoutait qu'à peine ce qu'on lui disait, et qu'il ne daigna pas lire la lettre. Il se fit dans son esprit une confusion, qui ne lui laissa rien voir que les apparences du crime de la comtesse, et qui lui ferma les yeux sur tout ce qui le pouvait porter à la pitié. Saisi de dépit et de colère : Allez, dit-il au frère d'Émilie, rendez compte de la situation où vous me trouvez ; elle me force à refuser ce qu'on souhaite de moi, et à vous dire qu'il faut chercher un autre défenseur. Partez, continua-t-il, ne perdez pas un moment. En finissant ce discours, sans vouloir l'écouter davantage, il le remit entre les mains d'un officier, à qui il ordonna de le conduire en sûreté hors de la ville. Mendoce était si transporté qu'il ne se reconnaissait plus lui-même ; son trouble était si grand, que le comte d'Eu était entré dans sa chambre, et lui en avait déjà demandé plusieurs fois la cause, sans qu'il y eût fait aucune attention ; il aperçut enfin ce prince, et il fit un effort sur la violence de ses passions, pour lui conter ce qu'il venait d'apprendre de la comtesse de Savoie. En refusant de combattre pour elle, continua Mendoce, sans donner le temps au comte d'Eu de lui répondre, j'ai montré que l'amour n'a plus de pouvoir sur moi, lorsqu'il n'est plus soutenu par l'estime ; la comtesse s'est rendue indigne de celle que j'avais pour elle : les soupçons qu'on m'avait donnés sur sa conduite sont trop cruellement confirmés ; je ne saurais plus douter que l'ingrate n'ait oublié, pour un autre, ces raisons d'honneur et de bienséance dont elle s'est défendue contre moi. Hélas ! lorsque ses rigueurs faisaient toutes mes craintes, je ne pensais pas que j'en serais le seul objet ; et, désespérant de l'obliger jamais à prendre un engagement avec moi, je ne m'étais point imaginé qu'elle en pût prendre avec un autre.

Le comte d'Eu trouvait que la douleur de Mendoce était si juste, qu'il crut en devoir laisser passer les premiers mouvemens avant que d'entreprendre de le persuader de la modérer; il laissait un libre cours à ses plaintes, et se contentait de s'affliger avec lui. Dans le temps que Mendoce était le plus animé contre la comtesse, l'envie de savoir comment elle pourrait s'excuser auprès de lui, et peut-être l'espérance de trouver de nouveaux sujets de la haïr, lui firent ouvrir la lettre qu'elle lui écrivait, et il y lut ces mots :

« Le peu d'attachement que j'ai pour la vie
» m'a fait jusqu'ici négliger le soin de la con-
» server ; mais, quand je fais réflexion que,
» si je la perds, je paraîtrai coupable d'un
» crime dont le simple soupçon me fait horreur,
» je me reproche à moi-même cette indiffé-
» rence, et je me détermine enfin à vous faire
» savoir mes malheurs : le frère d'Émilie vous
» en instruira ; je m'en épargne le récit trop
» cruel. Malgré les apparences qui me condam-
» nent aux yeux de tout le monde, j'ose me
» flatter que je ne le serai point par vous ; vous
» savez mes sentimens les plus secrets; l'aveu
» que vous m'en avez arraché, et dont je me
» suis punie si sévèrement, me justifie auprès
» de vous. Il m'est permis de le rappeler dans
» l'état où je suis; il doit vous engager à prendre
» ma défense; mais d'affreuses idées me persua-

» dent que, peut-être, il ne sera plus temps,
» et qu'une mort indigne de ma vie préviendra
» votre secours. Qui aurait pu croire qu'une fin
» si funeste terminerait des jours qui étaient si
» tranquilles, avant que je vous eusse vu? Ne
» refusez pas des larmes à une destinée si peu
» méritée et si malheureuse, et n'oubliez jamais
» que je vous donne aujourd'hui la plus forte
» preuve de confiance et d'estime que, pendant
» sa vie et en mourant, pouvait vous donner la
» comtesse de Savoie. »

Cette lettre fit sur Mendoce un effet bien différent de celui qu'il en avait attendu ; il en fut si attendri, qu'il ne put s'empêcher de répandre des larmes. A peine eut-il la force d'achever de la lire ; elle lui tomba des mains. Si elle ne lui ôta pas entièrement sa jalousie, elle lui fit du moins regarder, avec étonnement, que cette jalousie l'eût aveuglé au point de lui faire envisager, sans frémir, la mort d'une personne qu'il avait aimée si passionnément, et qu'il n'aimait encore que trop pour son repos. Il se reprochait sa dureté ; l'action qu'il venait de faire lui parut blesser les lois de l'honneur. Plus il réfléchissait sur ce que lui mandait la comtesse, et plus il trouvait que, quelque chose qui lui en pût coûter, il devait la tirer du péril où elle était. Je serais indigne de vivre, disait-il au comte d'Eu, si j'abandonnais une princesse qui a recours à moi. La crainte de hasarder, par mon absence, de perdre mes états, ne doit point me faire balancer un moment. Le comte d'Eu, non-seulement ne s'opposa point à la résolution de Mendoce, mais il en facilita même l'exécution, en lui disant qu'il pouvait lui confier la défense de Carthagène, et qu'il devait être assuré que, s'il n'était pas assez heureux pour la lui conserver, il pouvait compter du moins qu'il s'ensevelirait sous ses ruines avant que de la laisser passer à ses ennemis.

Mendoce, pénétré de reconnaissance, embrassa le comte d'Eu; et, après lui avoir demandé pardon de ce qu'il allait abuser de son amitié, il prit avec lui les mesures nécessaires pour son départ. Elles furent, de faire répandre le bruit qu'il allait s'absenter pendant quelques jours pour une négociation secrète qui pouvait terminer la guerre, et de laisser au comte d'Eu un ordre pour commander en son absence. Il ne voulut mener dans son voyage qu'un seul homme avec lui; ce ne put être dom Ramir; il avait été blessé quelques jours auparavant.

Les assiégés firent une sortie : comme elle n'était que pour favoriser celle de Mendoce, elle ne fut ni difficile ni dangereuse. Ce prince fit, pour se rendre en Savoie, toute la diligence que peut faire un amant qui court assurer les jours de ce qu'il aime. Il laissa l'Espagnol qu'il avait avec lui, à cinq ou six lieues de Turin : il jugeait à propos d'y entrer seul. Son impatience lui permit à peine, lorsqu'il y fut arrivé, de descendre de cheval pour se rendre au palais ; il espérait trouver le moyen de parler à Émilie ou à son frère, avant que de combattre le comte de Pancallier. Comme il marchait dans le palais avec quelque sorte d'inquiétude d'être reconnu de quelque autre que de ceux qu'il cherchait, en traversant une galerie, il vit paraître une foule de monde qui lui sembla venir à lui; il songeait à l'éviter, lorsqu'il aperçut une porte à demi ouverte ; il s'y jeta, et, par un effet du hasard, c'était précisément le lieu où l'on amenait la comtesse ; le terme fixé pour sa justification expirait, et elle venait satisfaire aux devoirs que sa vertu et la religion exigeaient d'elle. Mendoce était placé derrière un rideau dans l'embrasure d'une fenêtre. Le spectacle qui s'offrit à lui mit sa constance à la dernière épreuve : il vit la comtesse entrer avec un air modeste et une douleur courageuse, qui semblaient faire voir l'innocence de son âme, et le mépris qu'elle avait pour la vie. Elle demeura seule avec celui qu'elle avait choisi pour la préparer à la mort; la certitude qu'elle croyait avoir de n'être entendue que de lui, la faisait parler assez haut; ainsi, Mendoce, sans le vouloir, fut forcé d'apprendre les secrets les plus cachés de cette princesse, et il fut convaincu, par ce qu'il entendit, qu'elle ne se reprochait rien que la tendresse qu'elle avait eue pour lui, et dont, malgré les sujets qu'elle croyait avoir de s'en plaindre, elle s'accusait encore dans ces tristes momens. Je pardonne au comte de Savoie, ajouta-t-elle enfin à ce qu'elle venait de dire, l'injustice de ma mort; je ne me crois pas entièrement innocente à son égard, puisque j'ai eu pour un autre des sentimens que je ne devais avoir que pour lui; et c'est à cette faute involontaire et qu'il ignore, que je sacrifie ma vie à celui de qui je la tiens.

Pendant que la comtesse parlait, Mendoce pensa vingt fois ouvrir le rideau et s'aller jeter, transporté d'amour, d'admiration et de joie, aux genoux de cette princesse : le respect pour ce qui se passait, et la crainte de se rendre inutile à la défense des jours de la comtesse, furent seuls capables de l'arrêter. Il profita du trouble et de la confusion, lorsqu'on la ramena dans son appartement, pour sortir sans être remarqué.

On avait dressé, dans le milieu de la place

qui était devant le palais, une colonne de marbre blanc, où était attaché une espèce de bouclier, sur lequel celui qui demandait le combat devait écrire son nom. Mendoce, ne voulant point y faire mettre le sien, fit seulement écrire qu'un chevalier se déclarait défenseur de la comtesse de Savoie; et aussitôt il alla dans un endroit écarté de la ville, où il avait laissé ses armes. Pendant qu'il les reprend avec beaucoup de diligence, la joie publique avait déjà annoncé au comte de Pancallier le secours imprévu qui arrivait à la comtesse. Sa fierté ne se démentit point en cette occasion; son esprit, peu susceptible des préventions de ce temps-là, ne lui fit point appréhender une preuve remise au sort des armes. Persuadé que la valeur et non la justice décidait, il se prépara à soutenir son crime sans crainte et sans remords; il méprisa même un ennemi qui ne voulait pas se nommer, et, sans faire sur cela les difficultés qu'il aurait pu faire, il ordonna que, selon l'usage, on demandât à la comtesse si elle remettait ses intérêts au chevalier inconnu qui offrait de les soutenir. Cette princesse, bien loin de ressentir de la joie de ce qu'il se trouvait enfin un homme assez généreux pour prendre son parti, ne put s'empêcher d'en soupirer et d'hésiter sur sa réponse; mais aussitôt, se faisant un crime des raisons qui la portaient à cette incertitude et à souhaiter la mort, elle accepta un secours qu'elle eût peut-être refusé, si elle avait osé s'abandonner aux mouvemens de la douleur et du désespoir secret que toute sa vertu avait peine à vaincre. Voulant même, par un témoignage public, réparer le peu de satisfaction qu'elle avait laissé voir, elle tira de son doigt une bague, et, en la remettant à celui qui était chargé de savoir sa volonté, elle lui ordonna de la porter à son protecteur, et de le prier de sa part de la recevoir, non-seulement comme un aveu qu'elle faisait de lui, mais aussi comme le présage assuré de la victoire dont son innocence lui répondait.

Peu de momens après le consentement de la comtesse, on vint la prendre pour la conduire au lieu où, selon ce qui était porté par la loi, elle devait être témoin de la décision de son sort. La honte de paraître en public d'une façon si indigne d'elle répandait sur son visage une rougeur qui ne servait qu'à augmenter sa beauté, sans diminuer cet air de noblesse qui lui était naturel. Il s'éleva un murmure d'admiration en la voyant paraître, qui ne cessa que lorsque les juges du camp eurent fait donner le signal d'un combat où la valeur et le courage firent voir ce qu'ils ont de grand et d'admirable. La victoire demeura long-temps incertaine; enfin Mendoce, irrité de trouver tant de résistance, pressa si vivement le comte de Pancallier, qu'il le fit tomber à ses pieds mortellement blessé. Tout le monde applaudit par de grands cris à la victoire de Mendoce, et aussitôt les principaux seigneurs de Savoie s'approchèrent pour entendre le comte de Pancallier, qui avait fait signe qu'il voulait parler : il déclara publiquement sa trahison. A peine avait-il justifié la comtesse par le récit de tous ses crimes, que le peuple furieux se jeta sur lui, et, par toutes sortes de cruautés et d'indignités, rendit sa mort aussi terrible que devait l'être celle d'un aussi méchant homme.

Pendant que le peuple marquait à la comtesse, par l'ardeur de la venger, son zèle et son attachement, et que toute la cour, dont elle était adorée, la reconduisait en triomphe au palais, Mendoce disparut; et, malgré tous les soins que l'on prit, par les ordres de la comtesse, pour en apprendre des nouvelles, on ne put y réussir. Elle fut véritablement fâchée de ne point connaître celui à qui elle avait de si grandes obligations, et de ne pouvoir lui en témoigner sa reconnaissance. On fit partir un homme considérable pour porter au comte de Savoie, en Angleterre, une nouvelle qui le devait combler de joie. La comtesse s'était trouvée, dans le cours de cette journée, dans des situations si violentes, qu'il était bien juste qu'on la laissât enfin à elle-même : elle s'enferma avec Émilie dans son cabinet. Dès qu'elle se vit seule avec elle, et qu'elle fit réflexion sur le peu de joie que lui donnait un changement si avantageux, quels reproches ne se fit-elle point ! Je suis justifiée, Émilie, disait-elle, et je ne suis pas contente ; je dois la vie et l'honneur à un autre qu'à Mendoce ; il ne m'a pas même jugée digne de sa pitié ; il ne s'est fait un fantôme d'obligation et de devoir que pour m'abandonner. Je vois combien je me suis trompée, quand j'ai cru lui avoir inspiré les mêmes sentimens que j'avais pour lui ; et cependant je suis dans un état où je ne puis m'en consoler ni le haïr. Ces tristes réflexions étaient suivies d'un torrent de larmes. Madame, lui dit Émilie, le ciel a permis que Mendoce, par un procédé si cruel, vous donnât lieu de vous guérir d'une passion qui vous rendait malheureuse. Oui, Émilie, interrompit la comtesse, je surmonterai ces égaremens de mon cœur ; les mépris de Mendoce et ma vertu m'en assurent ; je vais du moins prendre toutes les apparences de la raison, et ne plus parler d'une faiblesse dont je sens toute la honte.

Mendoce n'était pas dans un état plus tranquille : après l'aveu du comte de Pancallier, il s'était d'abord livré à la joie d'avoir assuré les jours d'une personne qu'il adorait, et rendu à sa vertu tout son éclat; mais cette joie fut bientôt troublée par la dure nécessité de partir sans lui parler. Il ne pouvait, après sa victoire, en chercher les moyens sans être reconnu ; et il ne pouvait l'être sans exposer la comtesse à de nouveaux soupçons, qui auraient pu être très-dangereux pour elle. Ces réflexions le déterminèrent à se faire la cruelle violence de partir sans la voir, et à saisir ces premiers momens de confusion, où on ne faisait pas encore attention à lui, pour sortir de Turin. Lorsqu'il eut rejoint l'Espagnol au lieu où il lui avait ordonné de l'attendre, il ne put résister à l'envie d'écrire par lui à la comtesse. Il trouvait une sorte de consolation à ne pas laisser ignorer à cette princesse qu'elle ne devait son triomphe qu'à ce même amour qui l'obligeait à s'éloigner d'elle. Il instruisit l'Espagnol des précautions qu'il fallait qu'il prît, non-seulement pour rendre sa lettre en secret à Émilie, mais aussi pour éviter qu'on pût penser qu'elle vînt de sa part. Pour plus de sûreté, il lui ordonna de laisser passer deux ou trois jours, et de prendre un long détour pour aller à Turin. L'espérance qu'avait Mendoce d'y revenir un jour lui-même, et celle que sa lettre, qui apprendrait à la comtesse ce qu'il venait de faire pour elle, effacerait de son esprit l'impression désavantageuse que son refus y aurait pu faire, adoucirent un peu sa douleur, et lui donnèrent la force d'aller à Carthagène où son honneur l'appelait.

Cependant le comte d'Eu avait défendu cette place avec autant de gloire que de bonheur. Les ennemis, informés de l'absence de Mendoce, voulurent en profiter; ils donnèrent un assaut. Dans le fort de la mêlée, le comte de Tolède fut fait prisonnier, et les ennemis obligés de se retirer avec une perte considérable. Privés de leur chef, ils ne pressèrent plus le siége avec la même ardeur. Le comte d'Eu crut ne pas manquer à l'amitié qu'il avait pour Mendoce, en cherchant à adoucir la prison du comte de Tolède, et à la lui rendre supportable; touché même des grandes qualités qu'il remarqua en lui, et de sa valeur dont il avait été témoin, il forma le dessein de finir, par son mariage avec dona Isabelle, une guerre qui n'était fondée que sur une haine héréditaire qui n'avait que trop duré. Il en parla au comte de Tolède, et lui dit qu'il emploierait tout le crédit que son amitié lui devait donner sur l'esprit de Mendoce, pour le porter par cette alliance à la réunion de leurs maisons. L'état où se trouvait le comte de Tolède, et ce qu'il avait entendu dire du mérite de dona Isabelle, rendaient cette proposition trop avantageuse pour n'être pas écoutée avec plaisir. On convint d'une suspension d'armes jusqu'au retour de Mendoce : il fut plus prompt que le comte d'Eu ne l'avait espéré. Mendoce, pénétré des obligations qu'il avait à ce prince, lui en témoigna, en arrivant, toute sa reconnaissance dans les termes les plus tendres. Il lui rendit compte de l'heureux succès de son voyage, et de la façon singulière et touchante dont il avait appris qu'il était toujours aimé de la comtesse de Savoie. Le comte d'Eu oublia dans ce moment ses chagrins, pour prendre part à la satisfaction de son ami. Il lui parla ensuite du comte de Tolède, et de l'envie qu'il avait de voir finir leurs inimitiés par une paix solide. Mendoce devait trop au comte d'Eu, pour n'être pas charmé de trouver une occasion de lui faire connaître le pouvoir qu'il avait sur lui : il le rendit maître absolu de ses intérêts. Dona Isabelle, de son côté, sacrifia à la tendresse qu'elle avait pour son frère, la répugnance qu'elle se sentait pour un nouvel engagement. Le comte de Tolède et Mendoce oublièrent qu'ils avaient été ennemis ; l'amitié prit facilement la place de la haine dans le cœur de deux hommes déjà si prévenus d'estime l'un pour l'autre. Le mariage de dona Isabelle, qui assurait la paix, causa une joie générale : elle partit aussitôt après, pour suivre son mari dans ses états. Les soins importans dont Mendoce avait dû être occupé n'avaient pu le distraire un moment du souvenir de la comtesse de Savoie. Plus tourmenté que jamais de l'envie de la voir et des obstacles qui s'y opposaient, il s'abandonnait au chagrin le plus vif. A ces agitations se joignait l'impatience de savoir comment elle aurait reçu sa lettre : celui qu'il en avait chargé ne revenait point, et ce retardement lui donnait des inquiétudes mortelles. Mille craintes s'emparaient de son esprit : celle qui le frappait le plus, était que cet homme n'eût fait quelque imprudence; il lui paraissait qu'il en avait fait une lui-même d'écrire à la comtesse; tout le désespérait; il ne savait à quoi se résoudre. Le comte d'Eu, pour terminer l'incertitude où il le voyait, lui proposa de venir avec lui à la cour de Henri Ier., où il se croyait obligé de retourner : Vous y trouverez peut-être, lui dit-il, une occasion d'aller à celle de Savoie, sans que ce voyage puisse être suspect; du moins vous serez plus à portée en France d'apprendre des nouvelles de la comtesse. Mendoce se laissa d'autant plus aisément persuader par les discours de ce prince, qu'il trouvait que ce serait toujours un grand adoucissement à ses peines de ne point quitter un ami qu'il aimait tendrement, et avec qui il en pouvait parler. La veille de son départ, lorsqu'il ne l'espérait plus, l'Espagnol qu'il avait envoyé à Turin arriva, et lui donna un nouveau sujet de s'affliger, en lui rapportant sa lettre qu'on n'avait pas voulu recevoir. Cet homme dit à Mendoce qu'un malheur imprévu l'avait empêché d'exécuter ses ordres aussi promptement qu'il l'aurait souhaité ; que, pour y satisfaire, trois jours après qu'il l'eut laissé, sans faire attention au mauvais temps, il s'était mis dans une barque dans le dessein de repasser le Pô ; que cette barque avait eu le sort de plusieurs autres qui avaient péri ; qu'on l'avait retiré de l'eau presque mort, et porté dans une maison près du rivage, où une maladie violente, causée sans doute par cet accident, l'avait retenu pendant près d'un mois ; que, aussitôt que ses forces le lui avaient pu permettre, il s'était rendu à Turin ; qu'il avait trouvé l'occasion de donner à Émilie la lettre dont il était chargé ; que, peu de momens après, elle la lui avait rapportée avec un ordre exprès de la comtesse de repartir sur-le-champ : il ajouta que, lorsqu'il sortait de la ville, le comte de Savoie y arrivait.

Mendoce écoutait impatiemment ce récit, et,

sans faire réflexion que le refus qu'avait fait la comtesse de recevoir sa lettre pouvait n'avoir point d'autre cause que l'opinion où elle était qu'il lui avait refusé son secours, il se livrait aux plus cruelles pensées que puisse avoir un amant qui croit que la personne qu'il aime ne veut plus entendre parler de lui. Dans cette douloureuse situation, il partit avec le comte d'Eu, sans avoir aucun dessein bien formé. Il arrivait en même temps des événemens si favorables pour lui, que, quand il en eût été le maître, il n'eût pas pu les disposer autrement.

Henri Ier., toujours jaloux de la puissance du duc Guillaume, et ne se trouvant pas en état de l'abaisser, songea du moins à lui ôter l'espérance de la couronne d'Angleterre, en appuyant auprès d'Édouard les intérêts d'un jeune prince de son sang, que l'empereur avait élevé et renvoyé depuis peu auprès de lui. Le comte d'Eu, avec Mendoce qui ne se faisait pas connaître, arriva dans cette conjoncture à la cour de Henri Ier.; il parut au roi que personne n'était plus propre que le comte d'Eu à conduire avec succès l'importante négociation qu'il voulait commencer en Angleterre. Le même jour que ce prince reçut les ordres du roi, et qu'il accepta l'emploi dont il le chargeait, on apprit en France la nouvelle que le comte de

Savoie était mort, et que la comtesse, qui n'avait point d'enfans, avait voulu, en retournant auprès du roi, son frère, quitter une cour où elle avait essuyé de si sensibles déplaisirs. A cette nouvelle, tous les sentimens de Mendoce changèrent ; et, sans savoir si ce qu'il souhaitait lui serait heureux ou funeste, il eut une impatience extrême de suivre le comte d'Eu en Angleterre, et il ne cessa point de le presser et de le prier de partir, jusqu'au moment qu'ils s'embarquèrent ensemble à Calais ; mais plus Mendoce approchait deLondres, plus ses craintes et ses agitations renaissaient. Dès le soir même qu'il y fut arrivé, il se déroba des gens du comte d'Eu ; et, habillé le plus simplement qu'il lui fut possible, il se rendit à l'appartement de la comtesse de Savoie. Il lui fit dire qu'un homme de la suite de l'ambassadeur de France prenait la liberté de lui demander une audience particulière. La comtesse, qui ne pouvait comprendre ce que cet homme pouvait avoir à lui dire, envoya Émilie pour le savoir ; mais Émilie n'eut pas sitôt jeté les yeux sur lui, que, sans lui parler, elle rentra brusquement dans la chambre : il la suivit avec un trouble qui ne peut être comparé qu'à celui de la comtesse, lorsqu'elle le reconnut. Quoi ! dit-elle avec un ton animé de colère, et voulant entrer dans son cabinet pour le fuir, Mendoce ose se présenter devant moi? Oui, madame, lui dit-il, en se jetant à ses genoux et en l'arrêtant malgré elle; mais il ne vous importunera pas long-temps; je ne veux que remettre entre vos mains ce témoignage de votre confiance. En disant cela, il lui présenta la bague qu'il avait reçue d'elle. La vue de cette bague fit démêler en un moment à la comtesse toute la vérité, et la tira d'erreur. Un nouveau trouble s'éleva dans son âme; elle demeura quelque temps interdite, sans songer à faire relever Mendoce, qui était toujours à ses genoux, et sans avoir la force de lui rien dire. Rompant enfin un silence qui ne causait pas moins d'étonnement que de crainte à ce prince : Ah! Mendoce, lui dit-elle, en le regardant avec des yeux pleins de douceur et de charmes, c'est donc à vous que je dois et ma vie et ma gloire? Non, madame, lui dit-il, vous ne devez rien qu'à vous-même; je n'ai d'autre avantage que d'avoir puni votre ennemi. A ce court éclaircissement succéda, entre ces deux personnes qui s'aimaient, une de ces conversations douces et animées qu'on imagine facilement, et qu'il n'est pas aisé de rapporter. Ils parlèrent de tous les événemens extraordinaires de leur vie depuis qu'ils s'étaient connus : les soupirs et les larmes interrompirent souvent leurs discours. Enfin, la comtesse, qui n'avait plus de devoir qui combattît son inclination, et qui ne se reprochait plus la passion qu'elle avait pour Mendoce, la lui avoua sans scrupule. Charmés du plaisir de se voir et d'être en liberté de se rendre compte de leurs moindres pensées, ils passèrent plusieurs jours dans l'état du monde le plus heureux. La comtesse apprit au roi, son frère, les obligations qu'elle avait à Mendoce; il entra dans sa reconnaissance en approuvant le dessein où elle était de l'épouser aussitôt que la bienséance le pût permettre. Ce mariage se fit avec toute la magnificence possible.

La négociation que le comte d'Eu traitait en Angleterre fut aussi funeste à ce prince qu'elle avait été favorable à Mendoce. Le duc Guillaume se servit de ce prétexte, lorsque, après la mort d'Édouard, il monta sur le trône d'Angleterre, pour satisfaire sa haine en terminant les jours du comte d'Eu par une mort tragique, comme toutes les histoires le rapportent.

FIN DE LA COMTESSE DE SAVOIE.

HISTOIRE

D'AMÉNOPHIS,

PRINCE DE LIBYE.

HISTOIRE
D'AMÉNOPHIS,
PRINCE DE LIBYE.

Un historien fameux a écrit les aventures d'une reine de Libye qui, par un seul accouchement, se vit mère de sept princes. Je ne m'étendrai pas sur cette histoire surprenante; je me contenterai d'en rapporter une seule circonstance nécessaire au sujet que j'ai entrepris de traiter. L'oracle de Jupiter-Ammon ayant déclaré qu'Adonisthus, celui de tous les fils de la reine, qu'elle aimait le plus, serait roi avant tous ses autres frères, la reine, qui craignait que cette prédiction ne donnât de la jalousie aux frères de ce prince, aima mieux se priver de sa vue, que de le laisser exposé au malheur que cette jalousie lui pourrait attirer : elle le fit partir de Libye pour aller chercher dans les pays étrangers à avancer, par quelque grande action, l'effet de l'oracle, ou du moins à s'en rendre digne.

Le départ d'Adonisthus fut reçu diversement

dans la cour du roi de Libye ; les uns louèrent la courageuse résolution de ce jeune prince ; les autres la trouvèrent trop indiscrète et trop téméraire ; quelques-uns appréhendèrent qu'il n'y eût sous cette résolution des intrigues secrètes de la reine avec les étrangers, pour lui assurer le royaume au préjudice de tous ses autres frères ; presque tous ces princes, sans faire aucune réflexion sur les suites, eurent beaucoup de joie de son éloignement ; le seul Aménophis en eut un véritable chagrin. Ce n'était pas qu'il eût aucune affection particulière pour Adonisthus ; mais, comme il était né avec les plus grandes et les plus nobles inclinations qu'un prince puisse avoir, il était affligé que son frère se mît sitôt dans le chemin d'acquérir de la gloire, pendant qu'il se voyait en quelque manière éloigné de l'imiter, parce que la reine, dont toute la tendresse était pour Adonisthus, ne voulait pas permettre que les autres princes, ses fils, fissent de semblables entreprises, où peut-être ils eussent effacé Adonisthus.

Aménophis passait tristement ses jours avec le regret de languir dans une honteuse oisiveté ; il ne prenait plus aucune part aux plaisirs de la cour ; il était toujours dans les forêts, où la chasse faisait son unique occupation, moins pour se divertir, que pour se préparer et s'accoutumer à soutenir de bonne heure de plus grandes fatigues. Un jour qu'il se trouva seul, fort éloigné de tous ceux qui l'avaient suivi, il arriva en rêvant jusque sur le bord de la mer; elle était encore enflée et agitée d'une furieuse tempête : il s'arrêta, et il promenait ses regards sur les flots, sans dessein et sans attention, lorsqu'une planche du débris d'un vaisseau, poussée par une vague impétueuse, jeta presque à ses pieds un homme qui était sur cette planche et qu'il crut mort. La compassion le fit approcher, et il s'aperçut qu'il respirait encore. La pâleur de son visage n'empêcha pas Aménophis d'y remarquer je ne sais quel air de noblesse qui lui fit souhaiter de le pouvoir secourir utilement; il le fit, et l'infortuné étranger revint insensiblement à lui. Il regarda Aménophis avec des yeux où la mort était encore peinte, et où elle n'empêchait pas la reconnaissance de paraître. Qui que vous soyez, dit-il au prince, vous venez de sauver la vie au plus malheureux des hommes. Je croirai que les dieux sont las de me persécuter, s'ils daignent quelque jour me mettre en état de la perdre pour vous.

Ce discours, la physionomie noble de l'étranger, ses habits même qui, tout mouillés qu'ils étaient, laissaient voir de la magnificence, augmentèrent l'attention et la curiosité d'Aménophis, et, voyant arriver de ses gens écartés par la chasse, il fit donner un cheval à l'inconnu, et il l'obligea à venir avec lui à une maison de campagne où il avait accoutumé de coucher assez souvent. Les premiers jours qu'ils passèrent ensemble leur inspirèrent de l'estime l'un pour l'autre; et cette estime fut suivie de l'envie de se connaître.

Aménophis ne lui cacha point qu'il était fils du roi de Libye : Prince, lui dit alors Ménécrate (c'était le nom de l'étranger), je ne vous laisserai pas ignorer plus long-temps que vos secours sont tombés sur un homme qui, par sa naissance, n'en est pas indigne, et qui, par ses malheurs, les mérite d'un cœur aussi généreux que le vôtre.

Je suis fils du roi de l'île du Soleil. Les infortunes de ce prince sont aussi connues que l'est cette île, où, de tous les côtés du monde, on vient adorer le soleil; je ne sais, ajouta-t-il, si elles sont parvenues jusqu'à vous, ou s'il est possible que vous les ignoriez. Aménophis lui avoua qu'il en avait entendu parler fort confusément, et qu'il lui ferait plaisir de les lui apprendre. Alors Ménécrate reprit ainsi la parole :

L'île du Soleil, où, comme je vous l'ai dit, presque tous les peuples qui adorent le soleil envoient tous les ans faire des sacrifices, était gouvernée par deux puissances; le roi avait le commandement des armées et la disposition des emplois et des dignités ; le grand-prêtre du soleil exerçait souverainement toutes les autres parties du gouvernement. Jusqu'à nos derniers temps ces deux puissances avaient été si bien unies, que rien n'était comparable au repos et à la félicité dont jouissaient les peuples de cette île. La fortune s'est lassée de leur être si favorable; elle a élevé à la dignité de grand-prêtre un homme également dangereux par ses vices et par ses vertus. Cet homme, qui s'appelle Philocoris, a beaucoup d'esprit, et autant de connaissance des sciences que s'il avait passé toute sa vie dans l'étude. On dit que c'est un des hommes du monde les mieux faits, aussi séduisant par la beauté et par les grâces de sa personne, que par les charmes de son esprit. Il avait à peine vingt-cinq ans, lorsqu'il fut élevé à cette haute dignité par le suffrage de tous les peuples, que son éloquence avait éblouis dans les fréquentes harangues qu'il leur faisait. Jusqu'alors il avait si bien imité les apparences de la vertu, qu'on ne le soupçonnait pas même de connaître les vices. Il en avait pourtant beaucoup : une ambition sans bornes, un orgueil insurmontable, et un si furieux déréglement dans ses mœurs, que, quoique par les lois de notre religion il lui fût permis d'avoir trois femmes légitimes, ses passions insensées ne pouvaient pas s'y fixer; il cherchait tous les jours des maîtresses nouvelles. Il en était venu à un tel excès de désordres, qu'il faisait enlever dans l'île les plus belles personnes que les ministres de ses passions pouvaient découvrir, et il les tenait enfermées dans le palais du Soleil, pour servir à ses déréglemens. Le roi Zénotras, mon père, crut qu'il ne lui était pas permis de souffrir tant de vices impunis; il en parla au grand-prêtre, qui lui répondit avec tant d'insolence, que le roi entreprit de le faire déposer. Il y trouva des difficultés invincibles, et les affaires s'aigrirent à tel point qu'il fut obligé de lever des troupes.

Le grand-prêtre trouva plus de scélérats pour le défendre, que le roi mon père n'eut de sujets fidèles pour lui obéir. Philocoris répandit parmi le peuple un faux oracle rendu par le Soleil, à ce qu'il disait; cet oracle déclarait que le Soleil voulait que son île fût libre, et que les peuples n'y reconnussent aucune autre autorité que la sienne. Ce fut là le signal d'une révolte générale; le peu de troupes fidèles qui combattaient pour le roi furent massacrées avec lui; la reine ma mère eut un semblable sort, et je n'aurais pas échappé au glaive cruel du grand-prêtre, quoique je n'eusse que huit ans, si un fidèle sujet du roi et de la reine ne m'eût enlevé, et s'il ne m'eût mis dans une barque qui me conduisit secrètement dans une autre île où j'ai été élevé. Aussitôt que je fus parvenu à l'âge de raison, je n'ai songé qu'à venger le sang de mes parens, et qu'à punir leurs meurtriers; j'ai couru inutilement dans diverses îles de nos mers fort éloignées de cette contrée; j'y ai trouvé beaucoup de compassion et fort peu de secours; enfin j'arrivai au royaume de Chypre, dont le roi, généreux et sensible à la gloire, voulut bien me donner une flotte pour reconquérir l'île du Soleil. Ma navigation a été très-longue. Il a semblé que les dieux me refusaient l'abord de cette île; je l'ai vue plusieurs fois sans en pouvoir approcher; mais, m'étant rendu maître de quelques vaisseaux qui en sortaient, j'en appris des nouvelles qui me font horreur. L'indigne Philocoris, devenu souverain et maître absolu, a exigé de ses malheureux sujets un tribut jusqu'à présent inouï. Il les a obligés à courir les mers comme des pirates pour lui amener, des pays les plus éloignés, les plus belles personnes qu'ils peuvent rencontrer, et il a autorisé cette impiété par de nouveaux mystères de religion qu'il a inventés. J'ai pourtant su que la plupart des grands et le peuple commencent à être détrompés, et qu'ils voient avec horreur les désordres de leur tyran. Une tempête furieuse m'a poursuivi pendant plusieurs jours; j'ai vu périr et submerger toute la flotte qui m'accompagnait; j'ai été jeté sur le bord de la mer, où je commence à croire que les dieux veulent me protéger, puisqu'ils m'ont fait rencontrer dans le prince de Libye les secours que j'y trouve.

Aménophis rêva long-temps après avoir entendu ce récit, et Ménécrate ne savait à quoi attribuer un silence si extraordinaire, lorsque ce prince, sortant de sa rêverie, l'embrassa et le pria de vouloir bien n'apprendre à personne qu'à lui ce qu'il venait de lui raconter. Vous m'êtes envoyé par les dieux, lui dit-il, pour me déterminer au parti qu'il y a long-temps que j'ai résolu de prendre.

La vie obscure que je mène ici dans les délices d'une vie oisive, me fait honte; je voulais aller chercher la gloire et les aventures qui peuvent donner un nom célèbre, et je ne savais de quel côté tourner mes pas; ce sera présentement vers l'île du Soleil. Je ne vous cacherai pas qu'il faut que ce soit à l'insu du roi mon père et de la reine ma mère; mais ne craignez point que le secours que je veux vous donner en soit moins prompt, ni peut-être moins utile. Je ne vous promets pas des flottes ni des armées, mais je vous promets un nombre choisi des plus braves et des plus fidèles hommes de la Libye ; ils me suivront partout où je voudrai les mener ; et ce que vous venez de me dire de la disposition où sont les peuples de l'île du Soleil me fait penser que nous réussirons mieux à détrôner le tyran, si nous y arrivons sans lui donner aucun sujet d'ombrage.

Ces deux princes convinrent de toutes les mesures qu'ils devaient prendre, et de garder un profond secret de leur dessein. Ménécrate demeura inconnu dans la maison de campagne où Aménophis le laissa, et ce prince conduisit si heureusement son entreprise, qu'au bout de quelques jours il fut assuré de deux cents jeunes Libyens résolus à se dérober de leur patrie pour le suivre. Ayant fait préparer un vaisseau dont les pilotes ignorèrent l'usage qu'on en voulait faire, il partit avec Ménécrate et ses braves Libyens. Ils firent voile vers l'île du Soleil, où, au bout d'un mois de navigation heureuse, ils prirent port, tous également inconnus, et sous le prétexte de faire des sacrifices au Soleil, comme c'était la coutume. Ils jugèrent à propos de se disperser dans l'île en différens endroits, pour jeter en plus de lieux les bruits que dans la suite il leur serait nécessaire de répandre; ils convinrent d'un rendez-vous pour se donner de leurs nouvelles, et d'un signal pour se rassembler lorsqu'il en serait besoin.

Ménécrate mena Aménophis à un château qui était peu éloigné de la capitale de l'île. Ce château appartenait à Crisotas, ce vertueux sujet qui avait sauvé Ménécrate. Il avait reçu de temps en temps des nouvelles de ce prince. Il savait qu'il était parti de Chypre avec une flotte puissante; il l'attendait avec beaucoup d'impatience; mais il fut extrêmement surpris lorsque Ménécrate, se faisant connaître à lui, lui raconta que sa flotte était perdue, et qu'il n'arrivait qu'avec deux cents hommes, que cet ami, qu'il lui montra en lui présentant Aménophis, lui avait donnés. Crisotas versait des larmes de joie en embrassant Ménécrate : Prince infortuné, lui dit-il, venez-vous vous livrer au meurtrier de votre maison? Qu'espérez-vous que deux cents hommes puissent faire contre un tyran qui en a plus de vingt mille toujours sous les armes? Il est vrai que les peuples commencent à se désabuser; il est vrai aussi que le palais du Soleil est devenu un lieu rempli de toutes sortes de honteuses voluptés; mais les peuples, qui le savent, et qui en ont horreur, ne laissent pas d'être attachés au grand-prêtre par une infinité d'intérêts différens.

Crisotas, lui répondit Ménécrate, pourvu que vous nous donniez vos conseils, nous espérons tout de notre courage et de la justice des dieux. Voyant que Crisotas considérait avec une extrême attention Aménophis, et qu'il paraissait surpris de l'air de grandeur et des charmes qui étaient répandus sur toute sa personne, il ne crut pas lui devoir cacher la naissance de ce prince. Crisotas, après avoir loué leur amitié, les pria l'un et l'autre de s'abandonner à sa conduite et de se tenir enfermés chez lui, jusqu'à ce qu'il eût été réveiller le courage et le zèle des anciens serviteurs de Zénotras; et, partant peu de jours après, il laissa ces deux princes dans son château.

Après son départ, Ménécrate et Aménophis passèrent les premiers jours de leur solitude sans s'ennuyer. La femme de Crisotas, quoique avancée en âge, était encore aimable par ses manières et par son esprit; Célidonie, sa fille, sans avoir un beauté parfaite, plaisait infiniment; elle était petite, mais sa taille était si proportionnée, et ses façons de penser et de s'exprimer si vives et si piquantes, que les beautés les plus régulières ne l'effaçaient pas; ses cheveux étaient blonds; elle avait le plus beau teint et les plus belles dents du monde.

On admirait d'autres personnes auprès d'elle; mais on n'aimait qu'elle : les qualités de son âme étaient au-dessus des charmes de sa personne. Les deux princes passaient des jours entiers avec elle ; elle les instruisait des particularités de l'histoire de l'île. Aménophis, à son tour, lui contait les aventures de la cour de Libye, le dessein qu'il avait déjà formé, avant que de connaître Ménécrate, de chercher à acquérir de la gloire dans les pays étrangers. De semblables entretiens n'amusèrent pas long-temps Aménophis ; il était naturellement vif et ennemi du repos. Pour Ménécrate, il s'occupait, sans s'en apercevoir, et plus même qu'il ne voulait, du plaisir de voir et d'entretenir Célidonie ; mais Aménophis, ne trouvant rien qui fixât ses pensées, se remit dans le goût de la chasse. Il suivait un jour un cerf qu'il avait lancé aux environs du château de Crisotas, et n'était accompagné que d'Anaxaras, Libyen qui avait toute sa confiance, lorsque la chasse le menant dans des campagnes où il n'avait point encore couru, le conduisit dans un bois dont la beauté et la magnificence des routes le surprirent. Il n'y fut pas long-temps sans être arrêté par un vaste enclos qui lui donna de la curiosité ; il oublia sa chasse et suivit long-temps le tour des murailles, pour voir s'il n'y

découvrirait pas quelque entrée. Le hasard lui
fit apercevoir une porte que la négligence d'un
jardinier avait laissée entr'ouverte : il mit pied
à terre ; et, donnant son cheval à Anaxaras,
il entra dans les plus beaux jardins du monde.
La fraîcheur d'une infinité de fontaines jaillis-
santes, la beauté des arbres toujours verts, et
la grande quantité de fleurs qui semblaient naître sous ses pas, lui causèrent un étonnement
qui l'engagea à marcher toujours, sans savoir
où il allait. Il entra dans une salle d'orangers,
où, sur un gazon vert et semé de fleurs, entre
quatre myrtes, qui semblaient former une espèce de lit, il vit une jeune beauté endormie.
Il en approcha, avec une émotion dont il ne
connaissait pas la cause ; il craignit de la réveiller ; ses nouveaux sentimens le rendant ti-
mide et comme immobile, il la considéra long-
temps ; il s'oubliait lui-même, et il ne savait
ce qu'il devait souhaiter ou craindre ; cependant
il était plein d'admiration et de désirs. Une esclave, qui apparemment avait accompagné cette
belle personne, et qui s'était éloignée, de peur
de troubler son repos, revint en marchant doucement, et sans être aperçue d'Aménophis. Elle
fut effrayée de voir un homme assez audacieux
pour être entré dans les lieux sacrés ; cependant
comme elle vit que la jeune personne n'était

point éveillée, elle se contenta de se mettre entre elle et Aménophis, à qui elle dit d'une voix basse : Téméraire ! ignorez-vous où vous êtes, et que la mort est le prix d'une telle hardiesse? Parlant ainsi, elle le poussa hors de la salle d'orangers. Il était si troublé et si saisi de mouvemens inconnus, que, sans répondre à cette esclave, peut-être même sans entendre ce qu'elle lui disait, il se laissa conduire où elle voulut. Dès qu'elle fut derrière une palissade, où elle crut lui pouvoir parler plus sûrement, elle lui demanda qui il était. Je ne sais, dit-il, et j'ignore où je suis. Vous êtes, lui dit cette esclave, dans les jardins délicieux du grand-prêtre. Il n'est permis à aucun mortel d'y entrer, vous vous exposez à une mort cruelle, et vous exposez en même temps à une disgrâce terrible la beauté que vous avez vue endormie. Apprenez-moi, continua-t-elle, qui vous a ouvert l'entrée de ces lieux. Je vois que vous êtes étranger, et j'ai pitié du péril où votre imprudence vous a fait tomber. Aménophis, un peu revenu à lui, raconta à l'esclave la manière dont il était parvenu jusque dans cet endroit où elle l'avait trouvé. Il lui demanda ensuite, avec empressement, si c'était une femme du souverain pontife qu'il venait de voir. L'esclave lui apprit que c'était une étrangère que des pirates avaient enlevée et présentée depuis peu au grand-prêtre, qui en était devenu éperdument amoureux. Il lui fit en même temps beaucoup de questions, à quoi l'esclave allait répondre, quand elle entendit du bruit, qui lui donna à peine le temps de dire à Aménophis de fuir promptement, s'il ne voulait se perdre, et perdre la beauté qu'il venait de voir.

La crainte d'exposer une personne qui venait de faire une si vive impression sur son cœur, lui fit prendre le parti de se retirer. Il fut assez heureux pour retrouver la même porte par où il était entré. Dès qu'il eut rejoint son fidèle Libyen, il le regarda sans lui rien dire, il reprit son cheval, et, sans s'informer de ce qu'était devenue la chasse : Anaxaras, lui dit-il, où veux-tu que nous allions? Anaxaras, étonné de ce discours, lui demanda d'où venait le trouble où il le voyait, et ce qui lui était arrivé. Mon cher Anaxaras, répondit le prince, je ne puis te le dire. Je suis le plus amoureux des hommes, et je ne me connais plus. Seigneur, dit Anaxaras, songez-vous que vous êtes venu ici pour détrôner un tyran, et non pas pour vous livrer à l'amour? Ah! reprit Aménophis, cet amour précipitera la perte de ce tyran. Je le hais, non-seulement comme un usurpateur, mais encore comme un rival qui possède ce que j'adore. Il s'abandonna ensuite à des rêveries, qu'Anaxaras n'osa interrompre. Ils arrivèrent fort tard au château de Crisotas ; on commençait à s'inquiéter de ne point voir Aménophis. Il se montra un moment, et, sur le prétexte de sa lassitude, il se retira aussitôt dans son appartement avec Anaxaras. Il passa toute la nuit dans l'agitation que donne une nouvelle passion, et sans pouvoir parler d'autre chose que de ce qu'il avait vu ; il dépeignit à ce favori l'air, le visage et la taille de l'esclave qu'il avait entretenue, et il le conjura de s'informer qui elle était, et de tâcher de trouver accès auprès d'elle.

Anaxaras s'acquitta de cette commission, avec tant d'adresse, qu'il lia un commerce assez particulier avec elle. Peu scrupuleux dans ces sortes d'intrigues, qu'il ne craignait pas qui eussent de trop longues suites, il y a apparence qu'il lui persuada qu'il l'aimait. Quoi qu'il en soit, l'esclave était jolie ; elle se plaisait à entretenir Anaxaras, et bientôt elle ne lui cacha rien de tout ce qu'elle savait. Il apprit, par elle, que l'étrangère, qui donnait à Aménophis une curiosité si vive, s'appelait Cléorise, qu'elle était insensible à la passion du grand-prêtre, qu'elle ne savait si cette insensibilité n'était point causée par quelque autre passion, dont elle pouvait être prévenue; car, ajouta l'esclave, Philocoris est le plus aimable et le mieux fait de tous les hommes, et je n'ai vu aucune femme lui résister. On ignore qui est celle-ci; elle passe les jours à soupirer, et je suis la seule à qui elle daigne quelquefois parler; mais je n'ai encore osé lui faire aucune question, ni sur son cœur, ni sur sa fortune. Anaxaras la pria de faire en sorte qu'Aménophis pût revoir encore Cléorise. L'esclave lui répondit, que ce ne pourrait être que le jour de la fête du Soleil; que ce jour-là elle placerait son ami dans le temple, en un lieu d'où il pourrait considérer cet objet de sa curiosité; qu'il ne lui était pas possible de faire rien davantage. Anaxaras rendit compte de toute cette conversation au prince de Libye, qui attendit avec impatience le jour de la fête du Soleil.

Cependant Crisotas, qui était allé parcourir toute l'île et ranimer le courage et le zèle de ce qui était resté de sujets fidèles, vint retrouver les deux jeunes princes. Il leur dit qu'il avait confié le secret de la vie de Ménécrate à plusieurs des plus considérables de l'île; qu'il espérait que, lorsque l'occasion s'offrirait de se déclarer, ce prince se trouverait le plus fort; mais qu'il croyait qu'il ne fallait rien précipiter; et que, avant d'attaquer l'usurpateur, il fallait prendre des mesures si justes et si certaines, qu'on fût assuré de le détrôner.

Ménécrate et Aménophis, tout impatiens qu'ils étaient de signaler leur courage, ne furent point fâchés de ce petit retardement. Ménécrate devenait tous les jours plus amoureux, et il appréhendait que l'embarras de l'entreprise qu'il méditait ne lui ôtât les moyens d'achever de gagner le cœur de la fille de Crisotas, à qui il se faisait déjà un plaisir de pouvoir offrir la moitié de son trône s'il y remontait. Aménophis souhaitait aussi de connaître mieux Cléorise, qu'il aimait déjà si passionnément, et il était bien aise, avant que de se jeter dans le tumulte des armes, de prendre quelques mesures pour empêcher que cette étrangère ne lui fût enlevée.

Cependant le jour de la fête du Soleil arriva, et le grand-prêtre, qui espérait que sa magnificence ferait sur le cœur de sa nouvelle maîtresse ce que ses soins et ses assiduités n'avaient pu faire encore, voulut rendre cette fête plus éclatante qu'elle n'avait jamais été.

Au milieu de la ville du Soleil est une grande et magnifique place, dont le temple du Soleil fait une des faces ; derrière ce temple est le palais du souverain pontife ; les trois autres faces de la place sont ornées d'une colonnade de marbre et de jaspe; cette colonnade soutient de longues et de larges terrasses, avec des balustrades de porphyre à hauteur d'appui; les maisons qui sont derrière cette colonnade sont de marbre, avec de grandes fenêtres, toutes de symétrie, ouvertes sur les terrasses; la place sert aux jeux et aux combats qui se donnent le jour de la fête. Cette fête commence le matin par un auguste sacrifice que le grand-prêtre fait lui-même. On peut croire que le temple du Soleil, où l'on arrive par une place si magnifique, est encore plus superbe et plus orné que la place; l'or et les pierres précieuses y éclatent de tous côtés; l'autel surtout en est si couvert, qu'il est impossible de le regarder sans en être ébloui. Il est élevé sur six marches de porphyre, sous une espèce de dôme d'or, soutenu de quatre colonnes du plus beau lapis que la nature ait jamais produit. Ce dôme est chargé en dedans et en dehors d'une infinité de diamans qui jettent leurs feux sur l'autel, sur lequel il n'y a qu'un seul brasier d'un feu toujours ardent et brillant, pour représenter le Soleil.

La jeune esclave n'oublia pas la parole qu'elle avait donnée à Anaxaras; elle le fit placer avec Aménophis vis-à-vis d'une tribune qui regardait sur l'autel. Ils n'eurent pas de peine à croire que ce serait là que Cléorise serait placée. La tribune était ornée avec tant de soins, et elle était tendue d'un brocard d'or si riche, qu'ils comprirent aisément que c'était le lieu d'où l'amoureux grand-prêtre voulait être regardé par sa nouvelle maîtresse. Ils virent, peu de temps après, des esclaves qui vinrent répandre des eaux de senteur et brûler des parfums dans cette tribune, et ils jugèrent que la véritable divinité du grand-prêtre allait bientôt arriver; mais dans le moment qu'Aménophis, inquiet et troublé par des agitations extraordinaires, tenait ses yeux attachés sur le lieu où il l'attendait, une grille dorée en façon de jalousie tomba, et ferma toute l'ouverture de la tribune.

Cette aventure imprévue causa au prince de Libye un saisissement si violent qu'il en pâlit. Il s'appuya sur Anaxaras, et il attacha ses yeux sur cette fatale grille avec tant d'application, qu'on eût cru qu'il perçait à travers, et qu'il voyait tout ce que sa seule imagination lui représentait.

Il s'était paré avec tant de soins, et il avait tâché de relever sa bonne mine naturelle par des habits si riches, que tout le monde le regardait avec admiration, et que le grand-prêtre lui-même, lorsqu'il approcha de l'autel, ne put s'empêcher de jeter plusieurs fois les yeux sur lui. Le souverain pontife était beau, quoiqu'il

ne fût plus dans sa première jeunesse ; il avait
la taille haute et majestueuse ; il portait sur sa
tête un de ces chapeaux en pointe, dont les
rois de Perse se couronnaient ; il avait sur ses
épaules et autour de sa poitrine une large bande
de pourpre brodée d'or, sur laquelle étaient appliqués les douze signes du zodiaque, taillés chacun d'une seule pierre fine : elles étaient toutes
de couleurs différentes. Rien n'était si beau, ni
si digne d'être vu, que l'habillement et que le
prince qui le portait ; mais il ne fut regardé
ni d'Aménophis, ni de Cléorise, de qui Aménophis et lui souhaitaient également d'être regardés. Elle s'était assise derrière la jalousie de
sa tribune, et le hasard avait fait qu'elle avait
d'abord jeté les yeux sur le prince de Libye. Il
lui parut si bien fait, qu'elle les y arrêta quelque temps sans croire qu'elle eût ni plaisir ni
attention à le considérer. Elle s'aperçut, peu de
temps après, qu'il ne détournait pas les yeux
de dessus la tribune ; elle en rougit comme s'il
eût pu voir qu'elle le regardait. Elle voulut
tourner les yeux d'un autre côté, et elle les ramena aussitôt sur le même objet. Il lui sembla
que c'était par aversion pour le grand-prêtre,
qui lui était odieux, et qu'elle ne voulait point
regarder. Elle se contenta de cette raison, qu'elle
se dit à elle-même, et, pendant tout le temps

que dura le sacrifice, elle ne leva pas les yeux de dessus lui.

Heureux Aménophis, s'il eût pu s'en apercevoir! Il sortit du temple après que la cérémonie fut achevée, et il se plaignit si douloureusement à Anaxaras de son malheur, qu'Anaxaras en fut touché, et qu'après l'avoir prié d'aller l'attendre chez Crisotas, il alla conjurer l'esclave de faire en sorte qu'Aménophis pût entrer dans le palais pour y voir la beauté qui lui avait été cachée dans le temple. L'esclave trouva long-temps que ce qu'Anaxaras proposait était impossible : enfin, elle se souvint qu'il y avait sous le temple des souterrains qui communiquaient au palais du grand-prêtre; que la clef de ces souterrains était entre les mains d'un officier du temple, sur qui elle avait beaucoup de pouvoir, parce que c'était elle qui avait eu le crédit de lui faire donner son emploi.

Elle dit à Anaxaras que le souverain pontife passerait huit jours dans son palais du temple, suivant la coutume; qu'elle verrait si, pendant ce temps-là, il était possible qu'elle procurât à son ami la dangereuse satisfaction qu'il souhaitait, et que le lendemain elle lui en rendrait compte.

Anaxaras rendit presque la vie au prince de Libye, quand il lui porta cette nouvelle.

Les amans se flattent aisément ; et, quoique l'esclave n'eût encore rien promis de positif, Aménophis ne voulut pas douter un moment qu'elle ne fît tout ce qu'il espérait qu'elle ferait : Je puis donc, charmante Cléorise, disait-il dans les transports de sa joie, me flatter du plaisir de vous voir ! il ne me paraît pas même impossible que je puisse vous apprendre que je vous adore ; mais, hélas ! reprenait-il aussitôt, je vous trouverai peut-être si prévenue pour un autre, que je ne serai pas plus heureux que le grand-prêtre : il n'importe ; que je vous voie et je mourrai sans regret.

Le lendemain l'esclave instruisit Anaxaras de tout ce qu'Aménophis et lui, dans trois ou quatre jours, auraient à faire pour entrer secrètement dans une des galeries du palais, où Cléorise avait accoutumé de se promener une partie de la nuit. Cette galerie, qui terminait l'appartement où le grand-prêtre avait logé cette étrangère, était ornée de statues qui représentaient d'un côté les héros de la Grèce, et de l'autre les grands princes qui avaient gouverné les Perses depuis Cyrus.

Les statues étaient si artistement incrustées de marbre de différentes couleurs, et revêtues de lames d'or, d'argent et d'acier, pour représenter des cuirasses, qu'on eût dit que c'était de véritables hommes vivans et armés.

Il manquait d'un côté la statue de Diomède, et de l'autre celle du grand Artaxercès, que les ouvriers achevaient, et dont les places étaient préparées ; l'ingénieuse esclave, devenue hardie par l'envie de plaire à Anaxaras, imagina qu'Aménophis et lui pourraient se couvrir, l'un d'armes grecques et l'autre d'armes persiques, et qu'ils se placeraient dans les deux endroits destinés aux statues qui manquaient ; qu'elle amènerait auprès d'eux l'étrangère qu'ils voulaient voir, et avec qui elle avait accoutumé de venir toutes les nuits se promener dans cette galerie. Elle était assurée de les faire entrer par le souterrain, et, après avoir donné à Anaxaras toutes les instructions qu'elle crut nécessaires, elle le pria seulement de lui répondre de la discrétion et de la sagesse de son ami, comme elle se répondait de celle d'Anaxaras.

Il faut avoir aimé, et il faut s'être trouvé dans des inquiétudes et dans des impatiences semblables à celles du prince de Libye, pour pouvoir dépeindre et pour concevoir la joie qu'il eut lorsqu'Anaxaras vint lui apprendre tout ce que l'esclave lui avait dit. Il ne trouva rien de difficile dans l'entreprise. Il employa deux ou trois Libyens à faire faire en leur présence des armes sur le modèle qu'Anaxaras avait donné : ces Libyens firent aux ouvriers des présens si considérables, et ils s'attachèrent si assidûment à les voir travailler, qu'en deux jours Aménophis eut tout ce qui lui était nécessaire pour son dessein.

Il ne passa pas ces deux jours sans impatience et sans inquiétude ; mais, comme l'espérance, quand elle entre dans l'esprit d'un amant, y fait presque autant d'impression que la félicité même, Aménophis, qui se croyait assuré qu'il verrait bientôt Cléorise, avait une joie douce qui lui avait rendu tous les charmes de la conversation.

Il y avait plusieurs jours que Ménécrate s'était aperçu du changement d'humeur du prince de Libye, et qu'il cherchait l'occasion de lui en demander la cause. Aménophis ne lui donna pas la peine d'attendre long-temps cette occasion ; il vint le trouver, et lui parla de tant de choses différentes, et avec une ouverture de cœur et d'esprit si parfaite, que Ménécrate crut qu'il pouvait lui demander ce qui l'avait obligé de paraître si rêveur depuis quelque temps. Aménophis rougit. Je vous avoue, dit-il à Ménécrate, que la honte d'être si long-temps inutile à vos intérêts m'avait jeté dans une espèce de tristesse et d'abattement dont je ne voulais point cependant que vous vous aperçussiez. Mais je viens d'entretenir Crisotas, et tout ce qu'il m'a dit de la disposition où sont les esprits des grands et du peuple, me donne une satisfaction que je ne puis vous exprimer. Ils attendent avec impatience le moment de se déclarer pour vous, et j'ai fait convenir Crisotas qu'il n'est plus permis de différer, et qu'il faut, avant la fin des fêtes du Soleil, accabler le tyran ou être accablé par lui. Songez, prince, continua-t-il, qu'en remontant sur un trône qui est si légitimement dû à vos vertus et à votre naissance, vous serez en état de rendre libres tant d'innocentes beautés que votre ennemi tient captives. Songez vous-même, prince, lui répondit Ménécrate, que si je règne ce sera par vous, et que ce sera vous qui disposerez de tout ce que la fortune mettra en mon pouvoir. Puis-je vous demander, continua Ménécrate, si vous êtes mieux informé que moi de tout ce qui se passe au dedans de ces murs où Philocoris jouit tranquillement de ses crimes ? J'ignore s'il y a quelque beauté qui soit digne de votre attention : on m'a parlé d'une étrangère qu'on appelle Cléorise ; on dit que c'est une des plus surprenantes beautés qu'on ait jamais vues, et dont le grand-prêtre est fort amoureux : vous serait-elle connue ? Aménophis se trouva embarrassé à cette question; il ne voulait pas avouer qu'il était amoureux : il craignait de se trahir en parlant de Cléorise, et cependant il en voulait parler; et, quoique Ménécrate l'assurât qu'il n'en savait rien de plus particulier que ce qu'il avait déjà dit, il ne laissa pas de lui faire encore plusieurs questions; et il les fit avec tant de trouble et d'agitation, que Ménécrate ne douta plus qu'il n'en fût amoureux, sans pouvoir comprendre comment il avait pu le devenir : mais, ne voulant pas augmenter l'embarras où il voyait déjà son ami, en lui faisant apercevoir qu'il commençait à pénétrer les secrets de son cœur, pour détourner la conversation, il parla de sa passion pour Célidonie, et du bonheur dont il se flattait de ne lui être pas entièrement indifférent ; et, regardant Aménophis : Plût aux dieux, lui dit-il, que vous fussiez amoureux aussi-bien que moi ! et que le même jour qui me mettra en état de couronner Célidonie pût vous rendre possesseur de quelque autre personne aussi tendrement aimée de vous que Célidonie l'est de moi ! Mon cher Ménécrate, dit Aménophis en l'embrassant, je vois que vous lisez trop dans mon cœur. Contentez-vous de savoir que je suis amoureux, et que, si mon bonheur ne dépend pas entièrement de vous, vous pourrez du moins y contribuer beaucoup, si le ciel favorise la justice de notre entreprise.

Ces deux princes, depuis cette conversation, ne se quittèrent presque plus, et Aménophis ne fit plus un mystère à son ami de l'aventure qui l'avait rendu amoureux de Cléorise. Cependant le prince de Libye, qui ne doutait pas qu'en entrant dans le palais du grand-prêtre de la manière dont il devait y être introduit, il n'y eût quelque danger à courir, ne voulut pas en faire confidence à Ménécrate, de peur qu'il n'eût envie de partager le péril avec lui.

Enfin arriva cette nuit où la jeune esclave avait promis de le faire entrer avec Anaxaras dans la galerie : les armes furent portées chez cet officier du temple, nommé Créon, que l'esclave avait disposé à faire tout ce qu'on souhaitait. Elle lui avait même dit que le déguisement des deux hommes qu'elle introduirait par le souterrain, dans l'appartement de Cléorise, se faisait par l'ordre du grand-prêtre. Ainsi le ministre du temple ne fut point étonné lorsqu'Aménophis et Anaxaras vinrent chez lui, et qu'ils se travestirent l'un en Diomède et l'autre en Artaxercès. Il admira la bonne mine du prince de Libye, qui choisit le personnage de Diomède; et, comme il lui sembla qu'Anaxaras, qui s'habillait en Artaxercès, témoignait quelque déférence pour Aménophis, ce fut à Anaxaras qu'il s'adressa pour lui demander si, dans le divertissement qu'il s'imaginait que le grand-prêtre voulait donner, ils seraient les seuls acteurs.

Jamais Anaxaras ne fut si surpris et si charmé, qu'il le fut à cette question : la fortune, qui, lorsqu'elle veut se mêler des affaires humaines, contribue à leur succès plus que la prudence la plus éclairée, offrait à Anaxaras ce qu'il n'eût jamais osé espérer. Il avait fait venir autour du palais, à l'insu d'Aménophis, un grand nombre de Libyens, à qui il avait dit d'avoir des armes cachées, et de se tenir prêts à forcer quelque porte du palais, au premier bruit qu'ils entendraient. Il ne savait de quel avantage lui pourrait être cette précaution, ni quels secours il pourrait tirer de ces Libyens, si Aménophis et lui étaient découverts, et si le grand-prêtre les faisait arrêter; il jugeait même sans peine, que, s'ils étaient surpris, il pourrait les faire punir sur-le-champ de leur témérité, sans qu'il se fît dans le palais aucun mouvement, ni aucun bruit qui servît de signal aux Libyens : cependant, comme il pouvait arriver telle occasion où le secours de ces Libyens ne leur serait pas inutile, il avait jugé à propos de les faire venir.

La question que lui fit l'officier du temple lui inspira une vue très-avantageuse, dont il se servit en homme d'esprit ; il répondit à Créon qu'Aménophis n'avait pas le secret de la fête ; que lui seul en était chargé ; il dit aussi à Créon qu'il y avait à sa porte deux ou trois hommes qu'il fallait qu'il fît entrer, sans qu'Aménophis s'en aperçût. Créon sortit avec Anaxaras, qui fit signe à deux des trois Libyens d'approcher. Il leur parla en présence de Créon; et, sans que Créon comprît le véritable sens de ce qu'il leur disait, il leur fit entendre ce qu'ils avaient à faire.

A peine Anaxaras était revenu joindre Aménophis, que la jeune esclave vint les trouver, et qu'elle leur dit de la suivre. Elle les conduisit par une longue voûte, où ils n'étaient éclairés que d'un flambeau qu'elle portait, et les mena à un petit escalier dérobé, qui était à un coin de la galerie où elle les fit entrer. Voilà, leur dit-elle, en leur montrant les deux places des statues, celles qu'il faut que vous occupiez. J'espère que, comme la nuit est fort avancée, et qu'il y a déjà du temps que le grand-prêtre s'est retiré, vous ne passerez pas encore une heure sans voir arriver Cléorise, que je vais même presser de venir ici, comme elle a accoutumé de faire toutes les nuits. L'esclave s'approcha d'Anaxaras : Vous voyez, lui dit-elle, à quoi je m'expose pour vous. Elle ne lui donna pas le temps de répondre, se hâtant d'aller le long des deux côtés de la galerie, allumer des lampes magnifiques, qui répandirent une lumière aussi brillante que le jour.

Le prince de Libye et Anaxaras, en occupant chacun la place d'une statue, et en se regardant, sans oser se parler, n'étaient pas l'un et l'autre sans inquiétude, quoique bien différente. Aménophis, dans l'impatience de voir Cléorise, n'était agité que de son amour, et Anaxaras tremblait du péril où un amour indiscret exposait ce prince, dont la vie lui était plus chère que la sienne.

Il y avait déjà quelque temps qu'ils étaient livrés à leurs réflexions, lorsque Cléorise, appuyée sur la jeune esclave, entra dans la galerie. Elle était dans un déshabillé magnifique, jaune et argent, qui, en marquant sa taille, en laissait voir toute la beauté, aussi-bien que celle de sa gorge et de ses bras. Ses cheveux, du plus beau noir du monde, étaient relevés négligemment, et attachés sur le haut de sa tête, par un tissu jaune et argent. La perfection de ses traits était accompagnée de toutes les grâces de l'enfance et des charmes de la plus brillante jeunesse. L'esclave, lui aidant à marcher, la conduisit d'abord du côté où était Anaxaras.

Cléorise ne s'aperçut pas qu'il y avait une statue de plus qu'à l'ordinaire; elle passa sans attention, et s'assit sur un lit de repos qui était au bout de la galerie. Elle soupira, et regardant tristement l'esclave, qui était debout à côté d'elle : Ma chère Péritée, lui dit-elle, vous êtes la seule personne, dans ces horribles lieux, pour qui je n'ai point senti d'aversion; il me semble que vous êtes digne d'une fortune plus heureuse que celle que vous avez ici, et d'un séjour où il y aurait plus d'innocence. Ne pourrions-nous point, vous et moi, sortir de notre captivité? Madame, lui dit Péritée, je suis née dans le palais du grand-prêtre; je ne connais nul autre bonheur que celui d'y vivre honorée des bontés du souverain. Plût au ciel que vous puissiez n'être pas insensible aux sentimens qu'il a pour vous! vous vous feriez un destin dont les plus grandes princesses seraient jalouses. Je sais, poursuivit-elle, que vos charmes ont fait une si vive impression sur le cœur du grand-prêtre, que je ne doute pas qu'il ne renonce à toutes les volages amours qui l'ont occupé jusqu'ici, et que vos vertus ne l'engagent à s'attacher à vous par des nœuds légitimes. Vous savez qu'il est en même temps roi et grand-prêtre : Ah! madame, pourquoi ne voulez-vous pas être reine de l'île du Soleil? Que plutôt, s'écria Cléorise, ce divin Soleil, adoré de tant de peuples, se retire à jamais de dessus nous!

Aménophis entendait toute cette conversation. Il n'avait pu s'empêcher de tourner la tête toute entière du côté de Cléorise, et il avait fait trembler Anaxaras et Péritée. Cléorise, tout occupée de ses ennuis, n'avait pas aperçu le mouvement de tête d'Aménophis; mais, comme elle tourna, un peu après, les yeux de son côté, et qu'en même temps, l'idée de l'inconnu qu'elle avait considéré avec tant d'attention dans le temple, se présenta à elle, elle cessa de parler à Péritée. Elle regarda cette nouvelle statue de Diomède, et, se tournant du côté de l'esclave, en la lui montrant : Depuis quand, lui dit-elle, cette place, qui était vide, a-t-elle été remplie. La jeune esclave, un peu interdite, lui répondit que la statue n'avait été placée que le jour même. Cléorise, par un mouvement dont elle ne fut pas la maîtresse, s'approcha pour la considérer de plus près. L'amour même aurait de la peine à décrire ce qui se passait alors dans le cœur d'Aménophis. Il fut si troublé, en voyant Cléorise si près de lui, que, ne pouvant soutenir le feu de ses regards, il se jeta à ses genoux; et, par ce transport, il lui causa une frayeur qui lui fit faire de grands cris.

O dieux! dit-elle tout éperdue, et voulant

s'éloigner; où suis-je! et que vois-je! Vous voyez, lui dit Aménophis, l'homme du monde le plus amoureux. Cléorise, alarmée du déguisement et du discours d'un inconnu, au milieu de la nuit, dans un palais où tout lui était suspect, arracha avec violence sa robe que tenait Aménophis, et, sans balancer ni l'écouter davantage, elle courut pour gagner son appartement, d'où plusieurs esclaves, attirées par ses cris, entraient déjà dans la galerie. Elles ne furent pas moins effrayées que Cléorise de voir Aménophis, qu'elles prenaient pour une statue, s'animer et marcher; elles remplirent le palais d'alarmes; le bruit en vint jusqu'au grand-prêtre. Il était alors dans un entretien qui lui donnait beaucoup d'inquiétude : un de ses favoris lui apprenait qu'il se tramait une conspiration contre lui; qu'on disait qu'il y avait dans l'île un fils du feu roi; que les peuples, amoureux de la nouveauté, paraissaient charmés de cette fable, et que, depuis le jour de la fête du Soleil, il s'était fait plusieurs assemblées secrètes chez les plus considérables de l'île.

Le grand-prêtre fut interrompu dans cette conversation par les cris qui venaient du côté de l'appartement de Cléorise. Il craignit que ce ne fût le commencement de la trahison dont on venait de lui parler. Il y courut, suivi de ce qu'il put ramasser de ses gardes ; il trouva Cléorise dans sa chambre, où elle n'était pas encore remise de son premier trouble : son silence et les restes de frayeur qui paraissaient dans ses yeux, augmentèrent celle que le grand-prêtre avait déjà. Les esclaves voulurent lui apprendre la cause de ce trouble, et elles ne firent que l'embarrasser et que l'étonner davantage, en lui racontant que l'une des statues de la galerie s'était animée. Il voulut entrer dans cette galerie, et, comme il traversait un grand salon qui y conduisait, il trouva Aménophis. La surprise fut égale entre eux. Aménophis reconnut le grand-prêtre ; et le grand-prêtre, qui n'avait pas ajouté foi aux discours des esclaves, ne laissa pas d'être alarmé de voir un inconnu, au milieu de la nuit, dans l'appartement de Cléorise, couvert de tous les ornemens qui l'avaient fait prendre pour une statue.

Il se tourna du côté de ses gardes ; il leur ordonnait de se saisir d'Aménophis, lorsque ce prince, à la vue du grand-prêtre, se sentit enflammer de tous les mouvemens d'indignation, de haine et de colère que peuvent inspirer l'amour contre un rival, et l'amitié contre l'usurpateur du trône d'un ami ; et, sans considérer qu'il était seul, il lança la javeline qu'il avait à la main gauche : peu s'en fallut que le grand-prêtre ne fût blessé. Aménophis, tirant en même temps son sabre, s'élança au milieu des gardes qui s'avançaient pour le saisir et pour couvrir le grand-prêtre.

A voir les coups terribles qu'Aménophis portait, et à entendre le bruit des armes qui retentissait dans tout le palais, on eût cru que c'était Diomède lui-même qui combattait encore une fois contre le dieu Mars. Déjà le sang des soldats qu'il avait abattus coulait à grands flots, et le grand-prêtre effrayé s'était retiré pour faire venir un nouveau renfort contre un seul homme. Il espérait qu'il allait bientôt s'en rendre maître, et que ce redoutable guerrier, contre qui tous les coups qu'on portait semblaient inutiles, serait bientôt accablé par sa propre lassitude, et par le nombre des ennemis qui l'avaient environné de tous côtés.

Cependant, Anaxaras qui avait vu qu'Aménophis, au lieu de songer à se retirer, suivait Cléorise, et qui ne douta pas que cette hardiesse ne le précipitât dans le plus grand des périls, était allé en diligence à la maison de cet officier du temple qui les avait introduits. Il appela les Libyens qu'il avait fait croire qui devaient entrer dans la fête qui se donnait; il leur ordonna de se saisir de la maison de Créon et des gens qui y étaient : ce ne fut pas une chose difficile à exécuter pour eux.

Anaxaras laissant seulement trois ou quatre hommes pour demeurer maîtres du passage, fit entrer tous les autres Libyens qui étaient répandus au dehors; et, leur ayant dit le danger où il croyait qu'était leur prince, il les conduisit jusque dans le salon. Aménophis, entouré de corps morts, ne pouvait presque plus soutenir ses armes, et il allait tomber entre les mains de son ennemi, sans le secours imprévu qu'Anaxaras amena.

Ce secours n'était pas proportionné au nombre prodigieux de soldats du grand-prêtre, qui se pressaient tous autour d'Aménophis ; mais leur frayeur fut si grande, à la vue de cette troupe d'étrangers qui venaient fondre sur eux, dans un lieu où ils ne croyaient pas qu'il fût possible de trouver aucun accès, que, s'imaginant dans cette aventure quelque chose de surnaturel, ils prirent la fuite, et la plupart se précipitèrent par les fenêtres.

Au bruit de tout ce qui se passait dans le palais, les amis de Crisotas s'assemblèrent. Ménécrate lui-même, à qui un Libyen courut donner avis du péril où était Aménophis, vint avec Crisotas, non-seulement pour secourir son ami, mais pour profiter du tumulte déjà commencé, et pour faire déclarer le peuple pendant que les troupes du grand-prêtre étaient occupées au dedans.

Ménécrate, moins ardent pour regagner son trône que pour secourir Aménophis, laissa Crisotas agir dans la ville; et, malgré les conseils et les prières de ce sage et fidèle sujet, il se jeta avec un nouveau renfort de Libyens dans le même souterrain par où les autres avaient déjà pénétré. Le grand-prêtre, malgré ce désordre affreux, n'avait pas laissé d'être occupé de son amour et d'y donner ses premières pensées. Il était retourné dans la chambre de Cléorise, et, se croyant déjà maître du téméraire mortel qui avait pu surmonter tant de barrières et d'obstacles pour entrer jusque dans les lieux les plus secrets du palais, en rassurant la belle Cléorise, il tâchait de s'éclaircir si elle n'avait point quelque part à la témérité de l'inconnu ; mais le nouveau tumulte qui s'excita à l'arrivée de Ménécrate interrompit bientôt cette jalouse curiosité. Les cris que poussaient au dehors les gens de Crisotas avaient rassemblé une grande partie du peuple. Le bruit répandu parmi ce peuple que le fils de leur véritable roi était vivant, qu'il attaquait les portes du palais pour en chasser l'usurpateur et pour remonter sur le trône, faisait grossir à tout moment la foule des ennemis du grand-prêtre, et il fut obligé lui-même de prendre les armes, après avoir conduit Cléorise dans un autre appartement plus éloigné du lieu où le premier combat s'était donné.

Anaxaras et Ménécrate, que l'amour ne troublait pas comme Aménophis, entendirent le bruit qui se faisait au dehors, et ils ne doutèrent pas que Crisotas et leurs amis ne fussent aux mains avec les troupes du grand-prêtre. Ils rassemblèrent autour d'eux les Libyens qui les suivaient, et ils obligèrent Aménophis, qui voulait chercher Cléorise, à venir plutôt avec eux pour tâcher de se rendre maîtres du palais, et de s'assurer ainsi non-seulement de Cléorise, mais de toutes les personnes qui y étaient. Ce ne fut pas sans donner plusieurs combats qu'ils trouvèrent moyen de descendre dans les cours de ce palais. Les gardes du grand-prêtre, épars de tous côtés, et s'animant les uns les autres à défendre leur souverain, disputaient aux Libyens tous les passages et toutes les avenues par où on pouvait y pénétrer; mais, comme à chaque moment le trouble et l'épouvante augmentaient, enfin, Aménophis, Ménécrate, Anaxaras et les Libyens arrivèrent à la porte qu'attaquait Crisotas avec ses amis et la plus grande partie du peuple, qui s'était jointe à lui. Les princes et les braves guerriers qui les secondaient, chargèrent avec tant d'impétuosité ceux qui, au dedans du palais, défendaient cette porte, que, malgré le grand-prêtre qui y combattait en personne, ils ne purent soutenir le nouvel effort qu'on faisait contre eux. Ils crurent que le palais avait été forcé de tous côtés; et, laissant la porte dont ils avaient longtemps défendu l'entrée, ils reculèrent pour sauver le grand-prêtre, ou du moins pour vendre chèrement leur vie; mais aussitôt ils virent cet infortuné tyran, que le désespoir obligeait à se précipiter au milieu des armes de ses ennemis, tomber mort d'un coup de sabre de la main d'Aménophis.

Ceux qui, un moment auparavant, ne respiraient que la fureur et la vengeance, au péril même de leur vie, ne voulurent plus la disputer; ils implorèrent la miséricorde des vainqueurs.

Crisotas, qui entra en même temps avec sa troupe, et qui vit Ménécrate victorieux, s'avança pour le montrer au peuple, et pour le prier de pardonner à ceux qui se rendaient à lui. Généreux Crisotas, lui dit Ménécrate, c'est à votre fidélité et à la valeur d'Aménophis que je dois le succès inespéré de ce grand jour; me préservent les dieux de le souiller par une barbare sévérité ! Je pardonne à tous mes sujets leur aveuglement passé. Le peuple accourait de toutes parts pour se jeter aux pieds de son nouveau roi, et de toutes parts les troupes de l'usurpateur mettaient bas les armes et tâchaient de mériter leur grâce par leur prompt retour dans l'obéissance.

Le jour commençait à paraître ; Ménécrate avait ordonné qu'on enlevât le corps du grand-prêtre, et que, tout indigne que ses crimes l'avaient rendu des honneurs de la sépulture, on ne laissât pas de lui en donner une telle que son ancienne dignité le méritait. Ce grand exemple de modération et de clémence acheva de gagner tous les cœurs. Aménophis, après avoir embrassé son ami, voulut le quitter pour retourner dans les appartemens où il croyait qu'il trouverait Cléorise. Anaxaras s'aperçut que le sang coulait sur ses armes, et il connut que ce prince était blessé. Il le pria de trouver bon qu'on le désarmât; mais Aménophis que son amour soutenait : Non, Anaxaras, dit-il, il n'est pas encore temps de songer à moi; songeons à chercher Cléorise à qui nous avons donné une si violente frayeur. Et en même temps, il tourna ses pas vers un grand escalier qui s'avançait au milieu du principal corps de logis du palais. Il montait avec précipitation, tout affaibli qu'il était et par ses blessures et par la perte de son sang. Anaxaras, qui voulait lui aider à se soutenir, avait peine à marcher aussi vite que lui. Ils entrèrent dans l'appartement de Cléorise, ils traversèrent tous les autres appartemens, ils revinrent dans la galerie, ils ne virent partout que du sang, des morts, des esclaves fugitives et tremblantes. Ils ne purent même rencontrer Péritée; ils s'informèrent où elle pourrait être, et ce qu'était devenue Cléorise : personne ne put leur en apprendre des nouvelles. Ils retournèrent plusieurs fois aux mêmes endroits qu'ils avaient déjà visités, et commençant alors à désespérer de trouver ce qu'ils cherchaient, Aménophis se sentit affaiblir; les forces lui manquèrent, et il s'appuyait déjà à demi évanoui sur Anaxaras, lorsque Ménécrate, suivi de Crisotas, arriva. Sa douleur fut extrême à la vue d'Aménophis qu'il crut mourant : O dieux! s'écria-t-il, de quoi me servira la couronne que vous me rendez, si vous me la faites acheter au prix de la vie d'un prince pour qui je voudrais sacrifier la mienne!

Anaxaras, quoique troublé de l'état où il voyait Aménophis, ne laissa pas de dire à Ménécrate qu'il croyait qu'au lieu de plaindre ce prince, il fallait songer à le secourir. On le désarma; on visita ses blessures : quoiqu'elles fussent grandes, elles ne parurent pas mortelles; en même temps, il poussa de longs soupirs qui firent connaître qu'il vivait. Ménécrate le fit mettre dans un lit magnifique, et qui se trouva être celui même de Cléorise. Les remèdes qu'on lui fit lui rendirent toute sa connaissance : il vit Ménécrate triste et affligé ; et, lui tendant la main : Mon cher prince, lui dit-il, soyez heureux, et que mes malheurs n'empoisonnent pas vos prospérités. En disant ces mots, il jeta ses regards sur toute la chambre ; il crut que ce devait être celle de Cléorise ; il appela Anaxaras, et il lui ordonna de s'en informer. Anaxaras, qui avait trouvé une esclave à qui il avait parlé de Péritée, et qui lui avait déjà dit que c'était l'appartement de Cléorise, en assura Aménophis, et en même temps il lui fit espérer qu'on la retrouverait.

La flatteuse idée de se voir dans des lieux et dans la même chambre où Cléorise avait passé tant de jours, ranima un peu Aménophis, et l'espérance qu'on lui donnait, toute incertaine qu'elle était, le fit résoudre à souffrir qu'on le laissât seul pour prendre un peu de repos. Ménécrate, s'approchant de lui, l'assura qu'il allait donner des ordres si précis, et employer tant de diligence à faire chercher Cléorise, qu'il osait lui répondre qu'on la trouverait. Ce prince exécuta sur-le-champ ce qu'il venait de promettre, et aussitôt, se laissant conduire par les conseils de Crisotas, il se rendit dans le temple, où tout le peuple était assemblé. Il fit faire des sacrifices; il monta ensuite à cheval pour se faire voir à ses nouveaux sujets et pour se hâter d'aller lui-même porter à Célidonie les premières nouvelles du grand événement qui allait la placer sur le trône. Il le dit à Crisotas; il voulut bien lui laisser croire que c'était la reconnaissance des grands services qu'il recevait de lui qui l'obligeait à jeter les yeux sur sa fille, pour partager avec elle sa couronne.

Crisotas, comblé de joie et pénétré de reconnaissance, l'accompagna à l'appartement de Célidonie, à qui il apprit les glorieuses pensées que ce prince avait pour elle. Ménécrate n'eut pas le temps de faire paraître dans ses discours le tendre amour que ses actions témoignaient assez; il était environné d'une si grande foule de sujets avides de le regarder, qu'à peine eut-il la liberté de demander à Célidonie si l'amour lui faisait sentir autant de joie que l'ambition pourrait lui en donner. Célidonie, confuse et embarrassée devant tant de témoins, ne répondit que par des regards tendres et par une rougeur modeste qui parut à Ménécrate plus éloquente que les paroles les plus vives. Il souhaita que Crisotas vînt, avec toute sa famille, demeurer dans le palais. Crisotas se disposa à lui obéir sur-le-champ, et Ménécrate revint avec empressement auprès d'Aménophis.

Déjà on commençait à voir rétablir un peu de calme dans le palais; les femmes qui avaient été au nombre des favorites du grand-prêtre s'étaient toutes rassemblées dans une grande salle, où elles attendaient la destinée qu'il plairait au vainqueur de leur donner. Ménécrate voulut qu'on les mît en liberté; et il ne retint dans le palais que celles qui étaient esclaves, et qu'il destinait au service de la nouvelle reine qu'il allait bientôt donner à l'île du Soleil. Déjà tout ce petit peuple de ministres et d'officiers du temple ou du grand-prêtre commençait à se rassurer et à rentrer chacun dans leur emploi; déjà Anaxaras avait parcouru tous les endroits les plus écartés du palais, pour chercher Cléorise ou Péritée; déjà, après s'en être informé à mille personnes différentes, il commençait à désespérer d'en apprendre des nouvelles, lorsque Péritée elle-même, toute en pleurs, et rentrant dans le palais par une fausse porte qui donnait sur le rivage de la mer, vint se présenter à lui. Ah! vous vivez, lui dit-elle, et, au moins, dans cet affreux désordre, les dieux vous ont conservé, et je ne craindrai plus pour ma vie, que je remets entre vos mains. Anaxaras, lui promettant non-seulement toute la protection qu'elle pouvait désirer, mais lui faisant même envisager pour elle une fortune considérable dans le grand changement qui venait d'arriver, lui demanda où était Cléorise, et il l'assura que Cléorise allait être plus considérée dans l'île du Soleil qu'elle ne l'avait jamais été. Péritée lui répondit qu'elle avait beaucoup de choses à lui dire au sujet de Cléorise, mais que le lieu où elle était ne lui permettait pas de commencer une conversation qui demandait beaucoup de temps, et plus encore de secret.

En effet, Péritée vit arriver Ménécrate environné de toute la foule et de toute la pompe qui le faisait connaître pour le roi. Anaxaras s'approcha de lui, et il le pria de donner quelque marque de bonté à Péritée, et de la faire conduire à l'appartement d'Aménophis. Il en expliqua tout bas les raisons au roi, qui, après avoir rassuré la jeune esclave, que sa présence faisait trembler, lui dit d'aller l'attendre dans un des cabinets de l'appartement d'Aménophis, où il pria Crisotas de vouloir bien la conduire lui-même; et, ayant encore quelques ordres à donner, il dit à Anaxaras de demeurer auprès de lui, jusqu'à ce qu'ils pussent retourner ensemble auprès du prince de Libye. L'espérance qu'on avait donnée à ce prince, et sa faiblesse causée par la perte de son sang, ayant suspendu pendant quelque temps la violence de ses agitations, il commençait à s'éveiller, après un sommeil assez tranquille, qui avait fait beaucoup de bien à ses blessures, lorsqu'il entendit un peu de bruit dans le cabinet où Crisotas avait conduit Péritée. Aménophis, l'esprit rempli de Cléorise, s'imagina que peut-être on venait lui en apprendre des nouvelles; il ordonna à un des Libyens qui étaient auprès de lui, d'aller savoir ce qui se faisait dans ce cabinet; et Crisotas, apprenant que ce prince était éveillé, vint lui-même pour lui rendre compte de ce qu'il voulait savoir. Il lui dit que Ménécrate avait trouvé Anaxaras avec une jeune personne qu'il avait voulu qu'on amenât dans cet appartement.

Aménophis sentit une grande émotion, et pria Crisotas de la faire entrer : il reconnut Péritée aussitôt qu'il la vit; il lui demanda avec empressement des nouvelles de Cléorise. Péritée, qui commençait à connaître qu'il fallait qu'Aménophis fût d'un rang et d'une naissance plus illustres qu'elle ne se l'était imaginé, lorsque, à la prière d'Anaxaras, elle lui avait procuré les moyens d'entrer dans le palais, s'approcha de lui avec respect. Seigneur, lui dit-elle, quoique j'ignore encore qui vous êtes, je crois qu'avant de vous rien dire je devrais vous demander pardon de vous avoir méconnu si long-temps, et de ne vous avoir pas rendu tous les respects que je devais; mais si vous voulez que, par mon obéissance, j'efface toutes mes fautes, ordonnez que je ne sois entendue que de vous ; je pense que ce que j'ai à vous dire mérite d'être tenu secret.

Aménophis pria Crisotas de le laisser avec Péritée, et d'ordonner que personne ne vînt troubler leur conversation ; Péritée alors, se voyant seule, prit la parole de cette sorte : Je crois, dit-elle, que vous savez, seigneur, que Cléorise, livrée au grand-prêtre par des pirates qui avaient accoutumé de lui amener souvent de belles et jeunes personnes, dont ce palais était tout rempli, y était depuis trois ou quatre mois. Le grand-prêtre m'avait attachée à elle ; et, dans les commencemens, j'avais tâché de persuader à Cléorise d'aimer le grand-prêtre, qui était éperdument amoureux d'elle ; mais il y avait déjà quelque temps que, n'ayant pu me défendre de prendre beaucoup d'amitié pour Cléorise, je ne la pressais plus avec la même vivacité que j'avais fait autrefois ; je pensais plutôt à me faire aimer d'elle, qu'à en faire aimer le grand-prêtre. Je puis dire, seigneur, que j'avais gagné une partie de la confiance de cette belle étrangère : elle ne m'avait point appris le lieu de sa naissance, ni le nom de sa famille, mais elle ne me cachait rien de ce qu'elle pensait ; elle ne dissimulait point avec moi l'horreur et l'aversion qu'elle avait pour le grand-prêtre; je croyais que cette horreur était peut-être causée par quelque tendresse secrète qu'elle pouvait avoir eue dans le pays d'où les pirates l'avaient enlevée, mais je n'eus pas long-temps cette pensée.

En effet, son cœur était libre; et elle ne haïssait le grand-prêtre que parce que ses mœurs et sa réputation lui paraissaient indignes du rang qu'il tenait. Je puis dire, seigneur, qu'il n'y avait dans le cœur de Cléorise que de la haine et de la tristesse, jusqu'au jour de la fête du Soleil, où, à la prière d'Anaxaras, je fis ce qui dépendait de moi pour vous donner le moyen de voir et de considérer Cléorise. Dès le soir de ce jour-là même, je la trouvai rêveuse d'une autre façon qu'elle n'avait accoutumé de l'être. Ce n'était plus cet abattement morne qui paraissait dans ses yeux, quand l'ennui et la haine seuls l'occupaient; il me semblait y démêler je ne sais quelle inquiétude, qui, dans sa tristesse, laissait voir un plaisir doux qu'elle trouvait dans ses rêveries. Vous savez ce qu'Anaxaras obtint de moi pour vous; et je pense, seigneur, que vous n'avez point oublié les discours que vous m'entendîtes tenir à Cléorise pendant que vous représentiez la statue de Dioméde. J'avoue que, me confirmant à tout moment dans l'opinion que j'avais qu'il se passait quelque chose de nouveau dans son cœur, piquée d'un peu de curiosité, je voulais l'obliger à m'en faire un aveu, et je ne la pressais de répondre à la passion du souverain pontife, que pour l'engager à m'en découvrir une autre, que je croyais qui commençait à naître dans son âme.

Aussitôt qu'elle eut connu le péril où les cris qu'elle avait faits sans réflexion vous avaient jeté, elle fut prête, deux ou trois fois, à revenir sur ses pas pour vous sauver, me disait-elle, par la seule pitié qu'elle avait de votre indiscrétion. Le tumulte et le désordre devinrent si affreux, que nous ne sûmes plus, ni elle ni moi, quel parti nous devions prendre; nous apprîmes que le grand-prêtre avait été tué, et qu'on avait proclamé un nouveau roi de l'île. Je me souviens, seigneur, qu'elle me dit, en rougissant, que c'était peut-être vous, et qu'elle ne savait si vous lui pardonneriez le danger où elle vous avait précipité. Comme elle achevait de me parler, nous voyons entrer dans la chambre où nous étions deux ou trois hommes, que leurs habillemens nous font connaître pour des étrangers. Un d'entre eux, déjà avancé en âge, s'approche d'elle, et aussitôt elle le reconnaît pour son père. Venez, ma fille, lui dit-il, profitons des momens que la révolution qui arrive ici nous donne, pour sortir de cet infâme palais. Les dieux, qui m'ont inspiré de venir dans cette île, où je ne doutais pas que les pirates ne vous eussent amenée, ont eux-mêmes fait naître cette occasion pour vous rendre votre liberté. J'ai un vaisseau tout prêt à partir, sur le rivage; suivez-moi; il faut nous échapper d'ici, pendant que le désordre qui y règne empêchera qu'on ne s'aperçoive de votre fuite.

Cléorise, en se disposant à le suivre, me pria de l'accompagner jusqu'au bord de la mer. Je voyais bien que la joie d'avoir retrouvé son père était balancée par la peine de s'éloigner si promptement de ce palais. Ma chère Péritée, me dit-elle assez bas pour n'être entendue que de moi, je voudrais, de tout mon cœur, que tu voulusses me suivre dans ma patrie, où je partagerais avec toi une fortune assez heureuse que les dieux m'ont donnée; mais je t'avoue que je n'ose t'en prier; je te conjure, au contraire, de demeurer ici; je serais trop ingrate, si je partais sans m'assurer un moyen d'être informée de la destinée de cet étranger, que tu m'as dit ne s'être exposé au péril où nous l'avons laissé, que pour me voir. Ma chère Péritée, fais-moi savoir, le plus tôt que tu pourras, s'il est vivant, et si c'est lui qui s'est fait reconnaître roi de cette ile. Je ne sais si je lui dois souhaiter une si haute fortune ; je veux croire qu'il la mérite, mais pourtant j'aimerais mieux qu'avec toutes les vertus dignes du trône, il ne fût point né pour y monter. Peut-être que s'il n'était pas roi, et s'il connaissait qui je suis, il ne me trouverait pas indigne de son souvenir. Si tu peux le revoir, dis-lui que ses périls m'ont fait frémir, et que son bonheur ne me sera jamais indifférent. C'est l'île de Crète qui est ma patrie, où mon père me mène, et c'est là que je souhaite que tu fasses tout ton possible pour me donner incessamment de tes nouvelles ; mon père s'appelle Arimante, et il est un des premiers d'une des républiques de notre île.

Voilà, seigneur, ce que me disait Cléorise, lorsque nous nous sommes trouvées au bord de la mer, où Arimante, nous donnant à peine le temps de nous embrasser, l'a obligée de monter sur son vaisseau, que j'ai vu partir aussitôt, et que j'ai accompagné de mes regards aussi long-temps que j'ai pu, en versant beaucoup de larmes.

Ah ! Péritée, dit Aménophis, lorsqu'elle eut cessé de parler, que de sujets de joie et d'affliction vous me donnez en même temps ! Grands dieux ! ajouta-t-il, il est donc possible que Cléorise ait eu quelque attention sur moi! mais vous me l'enlevez dans le moment même que vous me donnez le plaisir de le savoir; et vous me mettez hors d'état de la suivre! Aménophis allait continuer ses tendres plaintes, lorsque le roi entra dans sa chambre; et, voyant Péritée, de qui Anaxaras avait eu le temps de lui parler assez au long, il se hâta de lui demander si Cléorise était dans le palais. Aménophis, ne voyant qu'Anaxaras auprès du roi, leur dit tout ce que Péritée venait de lui apprendre. Au nom des dieux, ajouta-t-il, en regardant Ménécrate, daignez, prince, avoir pitié de mon impatience, et faites partir un vaisseau pour aller à l'île de Crète, en attendant que mes blessures me permettent de m'y rendre moi-même. Ma chère Péritée, ajouta-t-il en la regardant, oserai-je vous prier de monter sur le vaisseau que je suis assuré que le roi m'accordera, et d'aller vous-même porter à Cléorise les nouvelles qu'elle vous a demandées? Je me flatte, continua-t-il, qu'Anaxaras voudra bien vous suivre, et que le roi vous fera accompagner par autant de femmes que vous le souhaiterez, afin que ce voyage vous devienne moins ennuyeux, quand vous aurez avec vous les personnes avec qui vous avez accoutumé de vivre.

Péritée et Anaxaras répondirent presque en

même temps qu'ils étaient prêts d'obéir. Ménécrate donna les ordres qui étaient nécessaires au prompt départ du vaisseau qu'Aménophis demandait; et en même temps il eut soin d'en faire préparer d'autres, pour porter le prince de Libye, aussitôt qu'il serait en état de supporter les fatigues d'un voyage. Tous les mouvemens que le départ d'Anaxaras et de Péritée, et les préparatifs qui se faisaient pour celui d'Aménophis, donnèrent à ce prince pendant deux ou trois jours, auraient été capables de nuire beaucoup à ses blessures, si son amour ne lui avait fait trouver dans ces mouvemens mêmes une joie qui avança plus sa guérison que n'eût fait une tranquillité plus indolente. Anaxaras, impatient de rendre au prince de Libye un service que, par la connaissance qu'il avait des sentimens de ce prince, il regardait comme le plus important qu'il lui pût rendre, dès qu'il eut reçu ses derniers ordres, se hâta de partir avec Péritée, quoique la mer émue et les vents contraires fissent craindre au pilote quelque tempête prochaine; il espéra que les dieux favoriseraient son voyage, et que son départ procurerait du moins à Aménophis un repos qu'il croyait nécessaire pour assurer les jours de ce prince.

Pendant qu'Aménophis gardait encore le lit,

Ménécrate voulut être uni à Célidonie, comme son amour l'en pressait, et comme il l'avait promis à Crisotas. Il se servit du prétexte de l'état où était le prince de Libye, pour retrancher toutes les cérémonies dont la pompe aurait retardé son bonheur. Il épousa l'aimable Célidonie, et son bonheur augmenta encore sa passion. Le nouveau roi et la nouvelle reine, aussi charmés l'un de l'autre qu'ils le pouvaient être, passaient dans la chambre d'Aménophis tout le temps qu'ils pouvaient dérober aux affaires et aux devoirs de leur rang.

Aménophis se trouva en état de marcher plus tôt qu'on ne l'avait espéré, et, tout languissant qu'il était encore, il pressa le roi de consentir à son départ. Ménécrate, devenu heureux, ne voulait pas retarder le bonheur d'un prince à qui il croyait devoir sa couronne. Il fit faire tant de diligence, qu'Aménophis, lorsqu'il voulut absolument partir, trouva une flotte toute prête pour l'accompagner. Tous les Libyens qui étaient venus avec lui se rassemblèrent, et la plus grande partie des jeunes gens de la cour de Ménécrate se joignirent à eux, pour le suivre à l'île de Crète. On ne savait pas quel était le dessein qui le menait; on croyait qu'il allait entreprendre la conquête de cette île, et que, comme il était venu ramener Ménécrate dans l'île du Soleil, et lui rendre son royaume, il allait en chercher un autre pour lui-même.

Ménécrate, l'accompagnant sur le port le jour qui avait été choisi pour son embarquement, lui témoigna qu'il avait beaucoup de regret de ne pouvoir pas le suivre; mais, lui dit-il, vous me promettez que, aussitôt que vous aurez obtenu Cléorise, que sans doute Arimante ne vous refusera pas, et que je lui fais demander pour vous par mes ambassadeurs qui vous accompagnent, vous reviendrez ici avec elle partager avec Célidonie et moi le trône que nous vous devons. Vous régnerez ici avec nous, jusqu'à ce qu'il plaise aux dieux de vous donner le royaume de vos pères, ou d'accorder à votre valeur une occasion d'en conquérir un autre.

Aménophis répondit à Ménécrate avec tous les témoignages de tendresse et de reconnaissance dignes de deux princes aussi vertueux, et lui promit que, à moins que la mort ne rompît tous ses desseins, il reviendrait, ou possesseur de Cléorise, jouir auprès de lui de son bonheur pendant quelque temps, ou mourir désespéré entre les bras de son plus cher ami.

Il partit, et il prit la route de l'île de Crète. La mer paraissait assez calme, et durant plusieurs jours il eut les vents aussi favorables qu'il pouvait le souhaiter ; mais, lorsqu'on l'assurait qu'on allait bientôt découvrir l'île de Crète, la mer s'enfla tout d'un coup, le ciel se couvrit d'une épaisse nuit, le tonnerre gronda avec des bruits terribles, et il s'éleva une des plus furieuses tempêtes que les pilotes eussent jamais vues sur cette mer. Les vaisseaux du prince de Libye se choquèrent et s'écartèrent plusieurs fois les uns des autres ; l'art des matelots fut inutile ; la tempête dura pendant deux jours, et on n'espérait plus de pouvoir se sauver, lorsque, vers le soir, le vaisseau du prince de Libye fut jeté contre un écueil, où la mer le laissa renversé sur un banc de sable. Cet écueil, inconnu à tous les matelots, était comme une espèce d'île élevée sur un rocher, et inhabitée, quoiqu'on y vît quelques arbres assez verts. Autour de ce rocher il s'était formé un petit rivage de sable que la mer y avait jeté : Aménophis et les Libyens qui étaient avec lui descendirent sur ce sable ; et, après avoir relevé leur vaisseau qu'ils amarrèrent le mieux qu'il leur fut possible, ils prirent la résolution de camper sur le gravier où ils étaient descendus, et d'y faire des signaux pour rassembler les autres vaisseaux de leur flotte, s'ils n'avaient pas été engloutis dans les flots. Une nuit tranquille succéda à la tempête des deux jours précédens; le ciel fut clair et serein, et la lune brillante qui éclairait la mer et l'écueil donna envie à Aménophis de chercher quelque chemin qui pût le conduire au sommet de cet écueil, pour aller dans un lieu plus solitaire, passer, dans les douces rêveries que son amour lui inspirait, le temps que les Libyens fatigués employaient à dormir. Il trouva un sentier étroit et escarpé qui le mena à une petite plaine qui faisait comme une plate-forme sur le rocher; il la traversa toute entière, et il vit au bas, de l'autre côté de l'écueil, un vaisseau qui apparemment avait couru la même fortune que le sien. Il ne put pas démêler si c'était un de ceux de sa flotte, et il chercha inutilement quelque sentier pour descendre de ce côté-là jusqu'à la mer.

Comme il retournait sur ses pas, il aperçut, entre cinq ou six gros arbres, une lumière qui semblait sortir de la terre; il y alla, et, en approchant des arbres, il vit quelques hommes étendus sur l'herbe et accablés de sommeil et de fatigue; il ne voulut pas troubler leur repos; il s'avança jusqu'à une pointe de rocher qui s'élevait au milieu des arbres, et d'où, par une manière d'embouchure assez étroite et basse, sortait la clarté qui l'avait attiré jusque-là. Il avança la tête dans l'ouverture de cette grotte, et aussitôt il eut envie d'y entrer. Il y avait, vers une des extrémités de la grotte, une lampe placée à terre ; elle était faite avec tant d'art, qu'elle jetait beaucoup de lumière dans une partie de l'endroit où elle était, et l'autre partie n'était point éclairée ; en sorte que, lorsqu'on était derrière la lampe, on voyait parfaitement ce qui se passait au delà, et on n'était point vu.

Aménophis, en marchant doucement vers cette lampe, ne laissa pas d'apercevoir qu'il y y avait deux personnes qui étaient couchées dans l'endroit obscur sur des tapis, dont il y avait apparence qu'on leur avait fait comme une espèce de lit ; il tâchait de regarder et de démêler qui pouvaient être ces personnes, sans les éveiller, lorsqu'il entendit que l'une d'elles, appelant l'autre d'une voix basse et tremblante, et néanmoins fort distincte, dit : O dieux ! ma chère Éridice, éveille-toi ! Aménophis, à ces mots, s'arrêta dans l'endroit obscur de la grotte, sans faire aucun mouvement et sans être aperçu davantage. Hélas ! continua la même personne, je crois que l'ombre de ce malheureux étranger, dont je t'ai parlé, vient de se présenter à moi ; je me flattais vainement que ce pouvait être lui qui s'était fait roi de l'île du Soleil, par la grande révolution que je t'ai racontée ; il me semblait qu'il n'y avait rien de si grand, ni de si élevé à quoi il ne pût prétendre ; j'ignore encore quel il est, et je ne lui ai jamais parlé qu'un seul instant dans ce jour malheureux qui sans doute a été le dernier de sa vie.

Cette Éridice, à qui Aménophis entendait adresser ces paroles, où il lui paraissait qu'il avait beaucoup de part, ne répondit rien ; elle était si troublée de la prétendue apparition, que, sans écouter, elle se couvrait la tête d'un de ses bras, et de l'autre elle tirait le tapis qui était étendu sur elle pour se garantir contre le fantôme. Hélas! reprit l'autre personne, je sentais pour cet inconnu des mouvemens dans mon cœur que je ne crains plus de t'avouer et de m'avouer à moi-même. C'est moi, Éridice, qui suis cause de son malheur ; je n'en puis douter. Qu'il me parut d'amour dans ses regards, lorsque, vêtu en Dioméde, il se jeta à mes pieds!

Aménophis trouvait tant de plaisir dans les discours que la fausse idée de sa mort faisait tenir à cette personne, que, quoiqu'il ne lui fût plus possible de ne pas reconnaître Cléorise, et quoiqu'il eût une extrême impatience de la rassurer en la tirant d'erreur, il trouvait quelque chose de si flatteur pour lui à entendre dire par elle-même qu'il en était aimé, qu'il avait peine à interrompre des plaintes qui l'assuraient de son bonheur.

Mais, enfin, les larmes que répandait Cléorise le firent sortir de cette espèce de ravissement; et, tout transporté d'amour et de joie, il fit quelques pas, et, se jetant à genoux auprès d'elle : Je ne suis point mort, dit-il, belle Cléorise ; je m'étais embarqué pour vous aller trouver dans l'île de Crète, où l'on m'avait dit que votre père vous conduisait : la même tempête qui vous a jetée ici, m'y a amené ; ce sont les dieux qui veulent favoriser le plus tendre et le plus respectueux amant du monde. Divine Cléorise, continua-t-il, en connaissant qu'elle était plus effrayée de le voir lui-même qu'elle ne l'avait paru lorsqu'elle avait cru ne voir que son ombre, ne direz-vous rien à cet amant même à qui vous venez de faire entendre des choses si glorieuses pour lui, quand vous avez cru qu'il ne vivait plus ? Cléorise, étonnée, confuse, et se reprochant comme des crimes tout ce qu'elle venait de faire connaître si innocemment, n'avait pas la force de regarder Aménophis, qui avait tourné la lampe sur elle afin d'avoir le plaisir de la considérer. Elle détournait les yeux ; elle soupirait ; elle versait des larmes, et son silence accablait Aménophis de crainte et de tristesse. Cruelle ! lui dit-il, pourquoi refusez-vous même de me regarder ? Craignez-vous que, par ma naissance, je ne sois indigne de vous? Je ne suis pas roi de l'île du Soleil; mais je suis fils du roi de Libye, et c'est l'amour que vous m'avez inspiré qui m'a donné occasion, en punissant votre ravisseur, de faire remonter le prince Ménécrate sur le trône de son père. Que Ménécrate est heureux! il aime, et il est aimé! Pour moi, je renonce à la vie, puisqu'elle me fait perdre cette tendresse que l'opinion de ma mort vous avait inspirée; et je vais vous sacrifier le reste de mes jours, que votre indifférence rendrait trop infortunés.

Il se leva, et Cléorise, alarmée de son désespoir, l'arrêta avec une vivacité qui ne permit pas à ce prince de douter de l'intérêt qu'elle prenait à sa vie. Ah! prince, lui dit-elle, n'êtes-vous pas satisfait de la honte que vous m'inspirez, quand je songe à tout ce que la douleur que j'avais de votre perte vous a fait entendre malgré moi? voulez-vous en un même moment me faire mourir de confusion et de désespoir? vivez, si vous m'aimez; et oubliez ce que je vous ai dit, si vous m'estimez; du moins ne me demandez jamais de le dire. Éridice qui, tantôt effrayée quand elle avait cru voir une ombre, et tantôt agitée d'inquiétude et de crainte quand

elle connaissait que cette ombre était un homme
vivant, et que cet homme était un prince amoureux de Cléorise, commença à reprendre ses
esprits, et elle voulut aider Cléorise dans l'embarras où elle la voyait.

Éridice avait élevé Cléorise. Cléorise n'avait
jamais vu sa mère, et elle avait pour cette femme
la même affection qu'elle eût eue pour une véritable mère. Ma fille, lui dit Éridice, vous ne
pouvez plus rétracter ce que vous avez dit ; il
n'est plus possible que ce prince, qui l'a entendu, l'ignore ; songez seulement au lieu où vous
êtes ; et songez qu'il est à craindre qu'Arimante,
votre père, s'il entrait ici pendant qu'un étranger est auprès de vous, ne soupçonnât votre
vertu. Ah ! dit alors Aménophis, je n'ai point
pour Cléorise des sentimens que je doive craindre de faire connaître à un père. Il n'importe,
répondit Cléorise ; au nom des dieux, prince,
éloignez-vous ; et, s'il est vrai que vous ayez
pour moi des pensées que vous n'appréhendiez
pas que mon père désapprouve, attendez un autre temps pour les lui faire connaître, et gardez-en le secret jusqu'à ce qu'Arimante soit
retourné dans l'île de Crète, et que vous y
soyez aussi, puisque votre dessein était de
vous y rendre. Si vous m'aimez, ma gloire
doit vous être chère ; et que penserait-on d'une

entrevue telle que celle-ci, si elle était connue?

Aménophis voulut lui répondre; mais elle le conjura avec tant d'instance et d'autorité de sortir, qu'il fallut obéir; elle lui ordonna même de ne chercher à la revoir que dans l'île de Crète, dont elle lui dit que son père devait reprendre la route le lendemain, les vents, qui les en avaient éloignés, n'étant plus contraires. Aménophis, se contentant de l'assurer qu'il y serait aussitôt qu'elle, sortit de la grotte avec le moins de bruit qu'il lui fut possible, et il ne fut pas plus aperçu en sortant qu'il ne l'avait été en entrant. Le prince de Libye, plus amoureux qu'il n'avait jamais été, et plus heureux qu'il n'eût osé l'espérer, arriva au bord de la mer, où ses gens lui avaient préparé une espèce de tente qu'ils avaient faite avec une partie des voiles de leur vaisseau : il y entra, et se coucha sur un lit qu'on lui avait dressé; mais l'image de ce qui venait de se passer, la joie et l'amour agitèrent son sommeil de tant de pensées différentes, qu'il ne put pas être long, et qu'il acheva la nuit en s'entretenant des plus douces idées qu'une passion violente et satisfaite puisse donner aux âmes qui en sont véritablement occupées.

Aussitôt que le jour parut, ce prince vint sur le bord de la mer, où, comme si le ciel se fût intéressé à favoriser ses désirs, il vit sa flotte, que les signaux qu'il avait fait faire pendant la nuit, avaient déjà toute rassemblée autour du rocher où son vaisseau avait échoué. La plupart des officiers, qui reconnurent le vaisseau du prince, et qui apprirent qu'il était lui-même sur le rocher, descendirent dans des esquifs pour recevoir ses ordres. Dans un de ces esquifs, il vit son fidèle Anaxaras, qui lui apprit que le vaisseau dans lequel Péritée et lui s'étaient embarqués s'était ouvert dans le fort de la tempête; que l'infortunée Péritée et tous ceux qui étaient dans le même vaisseau avaient été submergés; que lui seul, s'étant abandonné aux flots, avait été reçu dans un des autres vaisseaux de la flotte que la tempête avait battue et dispersée. Je ne sais, ajouta Anaxaras, quel présage il faut tirer des obstacles qu'il m'a semblé que les dieux mettaient à mon arrivée dans l'île de Crète; mais je la voyais, et j'étais prêt à entrer dans un des ports de cette île, lorsque des vents furieux, qui m'en ont chassé, m'ont porté dans des mers inconnues, d'où lorsque les pilotes tâchaient de reprendre la route de l'île de Crète, je me suis vu attaqué par une seconde tempête, qui est la même dont vous avez été battu. J'ai vu périr l'aimable Péritée, et je vous avoue, seigneur, que sa perte m'a empêché de goûter le plaisir d'être sauvé moi-même. Aménophis embrassa Anaxaras, il donna quelques larmes au souvenir de Péritée, et en même temps voulant apprendre à Anaxaras l'aventure inespérée qui lui avait fait revoir Cléorise : Il n'est pas juste, lui dit-il, que les dieux nous donnent un bonheur sans aucun mélange d'adversité. La perte de Péritée est un malheur qui m'afflige sensiblement; mais, Anaxaras, quand vous saurez les faveurs que j'ai reçues ici du ciel, vous avouerez que je lui dois plus d'actions de grâces que de plaintes. Alors Aménophis, s'éloignant du reste de la troupe avec Anaxaras, pour n'être entendu que de lui, lui raconta ce qui lui était arrivé la nuit sur le haut du rocher; et aussitôt il lui ordonna de faire appareiller ses vaisseaux le mieux qu'il lui serait possible, afin de reprendre promptement la route de l'île de Crète.

Pendant que chacun travaillait avec beaucoup de diligence à réparer ce que la tempête avait gâté, Aménophis, tournant toujours ses yeux du côté de l'endroit fortuné où il avait vu Cléorise, se laissa insensiblement conduire par sa rêverie dans le sentier qui menait au haut du rocher; il y remonta; il jeta les yeux sur cette touffe d'arbres et sur la grotte où Cléorise avait passé la nuit; il n'osait en approcher, de peur de lui déplaire. Ce ne fut que lorsqu'il crut apercevoir qu'il n'y avait plus personne dans la grotte, qu'il y entra ; il semblait y chercher encore Cléorise ; de là il voulut revoir l'autre extrémité de la petite plaine, et il aperçut un vaisseau qui voguait déjà en pleine mer ; il ne douta pas que ce ne fût celui d'Arimante, et il revint promptement à sa flotte pour en presser le départ.

Au bout de quelques jours, il arriva à l'île de Crète ; il y prit port avec les ambassadeurs de Ménécrate. Il est aisé de penser que la première chose qu'il fit, ce fut de demander des nouvelles d'Arimante. On lui répondit qu'il y avait déjà quelques mois qu'il était parti pour aller à l'île du Soleil chercher sa fille, que des pirates avaient enlevée ; et on lui dit qu'on ne doutait pas qu'il ne dût bientôt revenir avec elle, parce qu'on avait su qu'il l'avait retrouvée dans l'île du Soleil, et que la révolution qui y était arrivée l'avait mis en état d'en partir sans aucune opposition.

Quelque espérance qu'on donnât au prince de Libye du prompt retour d'Arimante, et quoiqu'il se dît à lui-même qu'il n'y avait pas lieu de douter qu'il ne revînt bientôt dans sa patrie, ce prince ne laissait pas d'être inquiet et de s'abandonner à une tristesse qu'Anaxaras ne pouvait s'empêcher de condamner. Anaxaras était de quelques années plus âgé qu'Aménophis; et il aimait la gloire d'Aménophis comme il serait à souhaiter que tous les favoris aimassent celle des princes qui les honorent de leur confiance. De quoi vous affligez-vous? lui dit-il un jour, et qu'attendez-vous de cette passion qui vous a déjà fait courir de si grands dangers, depuis le peu de temps que vous êtes sorti de Libye? Je prétends, mon cher Anaxaras, ajouta le prince, me faire connaître à Arimante par les ambassadeurs de Ménécrate qui m'accompagnent, et j'espère qu'Arimante ne me refusera pas Cléorise, avec qui je veux qu'un nœud éternel m'unisse. Je vois, poursuivit-il, que cette résolution t'étonne; mais ne t'y oppose pas, tu le ferais inutilement. Anaxaras, n'osant contredire trop ouvertement le dessein du prince de Libye, et voulant néanmoins le ramener à des sentimens plus dignes de lui, feignit d'applaudir à sa résolution. Le lendemain de cette conversation, Anaxaras alla passer presque tout le jour à Gortyne, l'une des principales villes de l'île de Crète.

La passion n'avait jamais été si tendre et si violente qu'elle l'était alors dans le cœur d'Aménophis. Il se promenait seul sur le bord de la mer, où, s'abandonnant aux transports de son amour, son cœur en fut si pressé qu'il fut

contraint de laisser couler quelques larmes.
Mais ces larmes n'étaient pas de celles que la
douleur seule fait répandre ; elles étaient mêlées
de douceur et de charmes qui ne se trouvent que
dans l'amour. Anaxaras, qui arrivait de Gortyne, interrompit sa rêverie : Seigneur, dit-il
à ce prince en l'abordant, comme je crois que
votre amour n'a pas éteint en vous la noble
impatience que vous avez toujours eue d'acquérir de la gloire, je viens vous rendre compte de
ce que j'ai appris, et vous montrer l'occasion la
plus favorable qui puisse jamais s'offrir à vous
pour faire voler d'ici jusqu'en Libye le bruit
de vos exploits. Je pense que si Cléorise elle-
même était en Crète, elle vous donnerait les
mêmes conseils que je prends la liberté de vous
donner : je suis même persuadé qu'elle serait
fâchée de vous trouver ici, et de voir que vous
auriez méprisé des occasions de gloire qui sem-
blent se présenter à vous. Aménophis attentif,
et sentant renaître en lui des mouvemens de
son courage, regardait Anaxaras sans l'interrompre ; et Anaxaras, devenu plus hardi, reprit
ainsi son discours : Seigneur, il est arrivé des
ambassadeurs du roi de Chypre pour implorer
en faveur de leur maître la pitié et la générosité
des Crétois. L'infortuné roi de Chypre est prêt
à être détrôné par un prince son sujet, qui

s'est révolté, et qui a engagé dans son crime la plus grande partie des Chypriotes. Le roi de Chypre s'était marié dans un âge fort avancé, quoique d'un autre mariage il eût déjà un fils. La princesse qu'il épousa lui donna une fille un an après leur mariage. Il eut l'indiscrète curiosité de consulter un célèbre astrologue sur la destinée de cette fille, deux ou trois jours après qu'elle fut venue au monde. L'astrologue lui dit qu'elle ferait passer le royaume dans une famille étrangère. Le roi, quoiqu'il aimât tendrement la reine sa femme, ne put néanmoins s'empêcher de se souvenir qu'il avait un fils qu'il avait élevé pour être son successeur ; il fit mourir l'infortunée fille dont il était père, et qui n'avait encore vécu que huit jours. La reine, en apprenant cette mort, fut si saisie de douleur qu'elle mourut peu de jours après. Il ne songea plus qu'à conserver le seul héritier qu'il avait, et qui lui était devenu encore plus cher par les deux pertes que l'envie de le faire régner lui avait causées.

Les dieux l'ont puni de l'affection trop barbare qu'il avait témoignée pour son fils en sacrifiant sa fille. Il y a quelques mois que ce fils est mort, par un accident que les peuples ont regardé comme un châtiment des dieux sur le père. Aussitôt qu'il s'est trouvé sans héritier, un prince son sujet s'est élevé contre lui, et a voulu se faire reconnaître légitime successeur de la couronne, prétendant y avoir droit comme étant descendu de la race royale. Le roi, pour prévenir les suites d'une prétention chimérique, a dit que sa fille était vivante ; mais, comme il n'a pu la faire paraître, et comme tout le monde s'est souvenu de l'avoir vue morte, les déclarations du roi n'ont fait qu'irriter ses ennemis, et qu'en augmenter le nombre. Le roi a voulu faire arrêter prisonnier le prince rebelle, et cette entreprise a achevé de le perdre. Le prince a pris les armes ; il a trouvé plus de faveur dans l'esprit des sujets que le roi même. On dit que le roi a été obligé de se renfermer dans Macarie, d'où il a envoyé ici pour y demander du secours. La république lui en a accordé ; mais il n'y a point d'apparence que ce secours puisse être prêt assez tôt.

Qu'il serait glorieux pour vous, seigneur, si vous pouviez vous résoudre à partir dès aujourd'hui pour aller vous rendre l'arbitre de la couronne de Chypre! Et pourquoi, ajouta Anaxaras, ne vous y résoudriez-vous pas? En peu de jours vous aurez fini cette expédition, et vous reviendrez ici mettre aux pieds de Cléorise les lauriers dont vous vous serez chargé. Elle arrivera pendant que vous serez en Chypre. Vous pouvez laisser les ambassadeurs de Ménécrate pour attendre cet heureux objet de votre tendresse, et pour la préparer à vous recevoir après votre victoire.

Aménophis rêva long-temps avant que de répondre à Anaxaras. Ce dernier espérait de trouver dans la guerre de Chypre de quoi occuper Aménophis, et le guérir d'une passion qu'il appréhendait qui ne fît tort à sa gloire. Ce vertueux favori, à qui on ne pouvait reprocher qu'un peu trop de sévérité dans l'amour de la gloire, et qu'une espèce de dureté noble qui ne lui permettait jamais de dissimuler la vérité, était inquiet du trop long silence d'Aménophis, lorsque ce prince l'embrassa, et, comme s'il se fût éveillé d'un profond sommeil : Oui, mon cher Anaxaras, lui dit-il, je suivrai la gloire comme vous le voulez, quoique je ne puisse renoncer à l'amour. Je me souviens que Ménécrate m'a dit que le roi de Chypre lui avait donné une flotte pour le rétablir dans son royaume : j'entre dans les obligations de Ménécrate, et je veux, avec la flotte qu'il m'a confiée, voler au secours du généreux prince qui avait été touché des malheurs de mon ami, et à qui il n'a pas tenu que Ménécrate ne remontât plus tôt sur le trône. Partons dès cette nuit, mon cher Anaxaras, s'il est possible. Je vous charge de tous les soins du glorieux dessein que vous m'avez proposé, pendant que je vais donner mes instructions aux ambassadeurs, que je laisserai ici avec une lettre pour Cléorise.

Anaxaras fit tant de diligence, et le ciel fut si favorable à ses bonnes intentions, qu'à l'entrée de la nuit toute la flotte d'Aménophis fut en état de partir. Aménophis, comme s'il eût repris de nouvelles forces et une nouvelle ardeur en écrivant à Cléorise, monta sur un vaisseau avec une joie qui semblait promettre la victoire à ses troupes.

Les ambassadeurs de Chypre partirent avec lui, et au bout de trois ou quatre jours ils lui firent prendre terre à la rade de leur île, où il fit paisiblement sa descente sans que les révoltés en eussent aucune connaissance. Ils furent épouvantés au bruit de la marche de son armée; ils vinrent en grand nombre pour lui livrer bataille, et ils se campèrent devant lui dans un poste très-avantageux. Cependant les ambassadeurs du roi de Chypre trouvèrent moyen de retourner auprès de leur maître dans Macarie, ville capitale qui avait autrefois donné son nom à l'île; ils lui apprirent le prompt et grand secours que le prince de Libye lui amenait; ils lui dirent l'état où ils l'avaient laissé, et le prodigieux effort que les révoltés faisaient pour empêcher ce prince de pénétrer plus avant dans le royaume. Le vieux roi sentit ranimer son courage et ses espérances, et, malgré les oppositions de ses plus fidèles serviteurs, il exécuta la généreuse résolution qu'il prit de marcher avec le peu de troupes qu'il put ramasser pour se joindre à Aménophis. Il arriva précisément lorsque les deux armées étaient déjà aux mains. Les révoltés étaient en si grand nombre, que toute la prudence d'Anaxaras et la valeur d'Aménophis avaient beaucoup de peine à empêcher que leurs troupes, quoique mieux aguerries que les autres, ne fussent néanmoins enveloppées. Elles l'auraient été, si l'armée du roi, quoiqu'à peine conduisît-il avec lui deux ou trois mille hommes, n'eût fait faire aux révoltés un mouvement dont Aménophis profita. Le combat devint sanglant de toutes parts. Les révoltés, ayant connu que le roi était en personne à la tête de ses troupes, tournèrent leurs plus grands efforts contre lui : ils étaient persuadés que, s'ils pouvaient le faire périr, il n'y aurait plus personne dans le royaume qui osât s'opposer à eux.

Ce prince, avec un courage de jeune homme, à l'âge de plus de quatre-vingts ans, s'était engagé au milieu de la troupe où le chef des révoltés combattait ; ils s'attachèrent l'un à l'autre, et le vieux roi, dont les forces commençaient à s'épuiser, allait tomber vivant entre les mains de ses ennemis, déjà même il était sans armes, lorsque Aménophis arriva, et qu'il opposa au prince révolté une valeur à laquelle rien n'était capable de résister. Il écarta tous ceux qui s'étaient avancés pour saisir le roi ; il se mit au-devant lui, il ordonna à Anaxaras d'en avoir soin ; et, ne songeant plus qu'à vaincre ou mourir, il jeta tant de terreur parmi les révoltés, qu'aucun n'osait plus tenir devant lui. Le prince, qui était à leur tête, évita long-temps le combat contre un si redoutable ennemi ; mais il ne lui fut pas possible de fuir sa destinée : Aménophis le poursuivit, et, après lui avoir porté plusieurs coups, le fit tomber demi-mort à ses pieds. Quelques Libyens, qui avaient toujours suivi Aménophis, voyant le général des ennemis abattu, se jetèrent sur lui, et, comme il mourut entre leurs bras, ils lui coupèrent la tête pour la faire voir à ses soldats et pour les obliger à se rendre. Ce spectacle fit l'effet qu'ils avaient attendu ; toute l'armée rebelle se dissipa, et jeta les armes aux pieds du vainqueur. Aménophis revint fort tard dans son camp, où Anaxaras avait conduit le roi de Chypre.

Ce roi, délivré et raffermi sur son trône d'une

façon si miraculeuse, fut sur le point d'embrasser les genoux d'Aménophis, lorsqu'il le vit : Je vous dois, lui dit-il, la vie et la couronne; je ne vous offre point les restes de cette vie que peut-être les dieux finiront demain; mais recevez dès aujourd'hui cette couronne que je ne dois pas espérer de conserver encore long-temps dans l'âge où je suis. Prenez la place de ce fils infortuné que les dieux m'ont ôté, et souffrez que dès demain je vous conduise à Macarie pour vous faire reconnaître par vos nouveaux sujets. Je veux moi-même en être le premier, et désormais, abandonnant tous les soins de la royauté, je ne songerai plus qu'à attendre tranquillement la mort. Quelque résistance que pût faire Aménophis à des offres si généreuses, il ne détourna point le roi de Chypre de son dessein. Plus Aménophis témoignait de modestie et de désintéressement, plus le roi se confirma dans sa résolution. Pendant qu'Aménophis, se laissant persuader et se promettant qu'au moins Anaxaras ne condamnerait pas l'envie qu'il avait de partager avec Cléorise une couronne qu'il ne tenait que des dieux et de sa valeur, marchait avec le roi de Chypre, et qu'il était déjà à la vue de Macarie, ce roi reçut un courrier qui lui apporta des nouvelles dont il ne fit part à personne; mais on vit sur son visage une joie nouvelle et extraordinaire; il pressa davantage sa marche, et arriva dans son palais de Macarie plus tôt qu'on ne l'attendait.

Peu de momens après qu'il eut laissé Aménophis dans l'appartement royal, qu'il voulut bien qu'il occupât, il revint le trouver, et il le pria de venir avec lui dans les jardins, suivi du seul Anaxaras. Le roi les ayant conduits tous deux dans une allée où il ne pouvait être entendu de personne, il s'arrêta, et regardant Aménophis : Prince, lui dit-il, je n'ai point encore voulu vous dire à quelle condition je vous donne ma couronne; je craignais que cette condition ne vous parût difficile à exécuter; je suis délivré de cette crainte à présent, et je vais m'expliquer librement avec vous : vous ne pouvez être mon fils, soyez mon gendre. Ma fille n'était pas morte, je l'avais confiée à un ami fidèle; il vient de me la ramener; j'ai voulu la voir avant de vous l'offrir; j'ose croire, prince, que vous ne la trouverez pas indigne de vous; venez que je vous la présente, afin que je vous fasse voir ensuite l'un et l'autre à mes peuples. Aménophis, à ces mots demeura immobile; il pâlit; il voulut répondre au roi, et il ne trouva point de paroles; enfin, se reprochant pourtant à lui-même un silence qui lui faisait honte, et qui jetait le roi dans un étonnement qu'il était aisé de remarquer : Seigneur, lui dit-il, les dieux ne m'ont point fait pour régner, choisissez, pour la princesse votre fille, un prince digne de vous et digne d'elle, et souffrez que dès demain je remonte sur ma flotte pour retourner en des lieux où je vois bien que le ciel veut que je passe ma vie sans ambition; le bonheur que j'ai eu de vous rendre quelque service me comblera pour toujours d'une gloire que j'estime plus qu'une couronne. Ah! prince, reprit le roi, quel mortel déplaisir me donnez-vous! voyez du moins ma fille avant que de vous déterminer. Je sais par Anaxaras, continua-t-il, que le roi et la reine de Libye n'ont point d'engagement qui s'oppose au désir que j'ai de vous faire épouser ma fille; et le royaume de Chypre, ajouta-t-il, s'il est trop peu considérable pour votre valeur, est peut-être assez grand pour une ambition qui ne serait pas démesurée.

Anaxaras pria le roi de lui permettre d'entretenir Aménophis, et de vouloir bien le laisser en liberté avec lui : Je vois ce que tu penses, dit Aménophis à Anaxaras, aussitôt qu'ils furent seuls; mais n'espère pas que je me rende à tes raisons; j'ai acquis assez de gloire; j'ai assez sacrifié à l'honneur; il est temps que j'accorde quelque chose à l'amour; tu n'as plus rien à me reprocher. Anaxaras représenta à Aménophis tout ce que sa prudence et son affection lui purent faire imaginer de plus fort pour le détourner d'une passion qui lui faisait mépriser un royaume offert si généreusement. C'est régner, lui disait Aménophis, que de refuser ainsi de monter sur un trône que la victoire semble avoir élevé pour moi. Après tout, je suis jeune encore; et pourquoi, quand je me serai assuré la possession de Cléorise, ne pourrais-je pas aller chercher d'autres royaumes et une nouvelle gloire, avec d'autant plus d'ardeur, que je saurai que je partagerai avec Cléorise tout ce que la fortune me donnera? En parlant ainsi, il marchait à grands pas, et il se trouva au bout d'une allée qui le conduisit à un superbe appartement qui était au milieu des jardins du palais, et que l'on appelait les bains de Vénus. En effet, la fontaine où l'on disait que Vénus s'était baignée était au milieu d'un grand salon où aboutissaient les appartemens de ce petit palais, joints d'un autre côté par un superbe péristyle.

Aménophis et Anaxaras, occupés de ce qu'ils se disaient l'un à l'autre, arrivèrent jusqu'au péristyle, sans avoir remarqué le bâtiment et sans avoir aucune curiosité de le considérer. Ils étaient près à retourner sur leurs pas, lorsque Aménophis aperçut deux personnes qui traversaient le péristyle; l'une magnifiquement vêtue s'appuyait sur l'autre, qui paraissait déjà un peu avancée en âge. Aménophis jeta les yeux sur elle; et, n'écoutant plus Anaxaras, il fit un grand cri, et il courut au-devant de ces personnes qu'Anaxaras n'avait qu'à peine aperçues. Ah! dit Aménophis en les abordant, quel nouvel enchantement, divine Cléorise, vous a amenée en ces lieux, quand je suis prêt à en partir; et quand je viens de refuser la couronne et la fille du roi pour me conserver à vous? Cléorise, à ce discours, regarda tendrement Aménophis, et elle lui demanda s'il connaissait cette princesse qu'il refusait. Je ne la verrai pas même, répondit Aménophis. Mais, poursuivit-il, aimable Cléorise, ne m'est-il pas permis de voir Arimante? Où le trouverai-je? et ne me permettrez-vous pas d'aller me jeter à ses pieds pour vous obtenir de lui? Seigneur, répondit Cléorise, Arimante n'est plus mon père, et c'est le roi qui m'a donné la vie et de qui vous devez m'obtenir. Souffrez, s'écria Anaxaras, que je sois le premier qui aille porter au roi la plus heureuse nouvelle qu'il puisse recevoir : il dit, et il partit sans attendre leur réponse.

Aménophis était si transporté de joie et d'amour, qu'il ne pouvait faire aucun discours suivi : Cléorise, ayant appelé Arimante, lui dit d'apprendre au prince de Libye par quelle surprenante aventure elle se trouvait fille d'un roi de qui même elle n'avait jamais entendu parler jusqu'alors. Aménophis dit à Arimante qu'il avait ouï dire que le roi avait fait mourir sa fille, parce qu'on lui avait prédit qu'elle ferait régner un étranger. Seigneur, dit Arimante, le roi n'eut pas la cruauté de faire périr son propre sang; il fit courir le bruit de la mort de sa fille; les cérémonies funèbres qu'il fit faire persuadèrent que cette mort était véritable. Le roi, en me confiant ce précieux dépôt, me pria de l'adopter. C'est, seigneur, cette aimable Cléorise que vous voyez. Jusqu'aujourd'hui elle s'est crue ma fille. Les pirates de l'île du Soleil l'avaient enlevée : vous savez aussi-bien que moi par quel miracle elle est revenue entre mes mains; votre valeur y a beaucoup contribué, sans le savoir. Le roi, ayant perdu son fils, et étant réduit aux cruelles extrémités où vous l'avez trouvé, m'avait mandé de ramener secrètement ici la princesse, sa fille. Je l'ai fait, seigneur, avec un secours continuel des dieux. J'ai traversé tout le pays des révoltés, et il n'y a que deux jours que je suis arrivé ici, d'où j'envoyai en donner avis au roi.

Comme Arimante achevait ce discours, le roi lui-même arriva avec Anaxaras. Il embrassa

Cléorise et Aménophis, et leur dit que son grand âge ne lui permettait pas d'attendre, pour les rendre heureux, le consentement du roi et de la reine de Libye, et qu'il allait tout ordonner pour cet auguste mariage, qui comblerait sa vieillesse d'une satisfaction parfaite. Pendant les préparatifs qui se faisaient, Aménophis, impatient de faire savoir à Ménécrate tout ce qui lui était arrivé, lui renvoya sa flotte avec des ambassadeurs, pour l'assurer qu'il ne manquait à sa félicité que la présence d'un ami qui lui était infiniment cher. Il envoya d'autres ambassadeurs en Libye, au roi son père et à la reine sa mère, et il permit aux Libyens qui l'avaient suivi de retourner, s'ils le souhaitaient, dans leur patrie. Le bonheur de ce prince ne fut plus différé : le roi, après l'avoir fait couronner roi de Chypre, le conduisit au temple de Vénus, où on l'unit pour toujours à Cléorise. Ce mariage fut encore plus célèbre par la joie et par les applaudissemens des peuples que par la pompe des fêtes et des cérémonies, bien qu'elles fussent plus superbes et plus éclatantes que n'avaient jamais été celles d'aucun roi de Chypre. Aménophis a été un des plus illustres entre tous ceux qui y ont régné.

FIN D'AMÉNOPHIS ET DU TOME TROISIÈME.

TABLE
DES MATIÈRES

CONTENUES DANS CE VOLUME.

                                        Pag.

Mémoires de la cour de France, pour les années 1688 et 1689.
Seconde partie. 1
Histoire de madame Henriette d'Angleterre, première femme de Philippe de France, duc d'Orléans.
    Préface. 67
    Première partie. 73
    Seconde partie. 93
    Troisième partie. 117
    Quatrième partie. 163
Lettres sur la mort de madame Henriette. 193
Lettres de madame de La Fayette à madame de Sévigné. 211
Portrait de la marquise de Sévigné, par madame la comtesse de La Fayette, sous le nom d'un inconnu. 241
Avis des éditeurs. 249
Histoire de la comtesse de Savoie. 259
Histoire d'Aménophis, prince de Libye. 355

FIN DE LA TABLE DU TOME TROISIÈME.